山西文华·著述编 梁园东史学论著四种

中国政治社会史

《山西文华》编纂委员会 编

梁园东 著

山西出版传媒集团
三晋出版社

图书在版编目(CIP)数据

中国政治社会史 / 梁园东著. —太原：三晋出版社，2017.10
（梁园东史学论著四种）
ISBN 978-7-5457-1603-0

Ⅰ.①中… Ⅱ.①梁… Ⅲ.①政治制度史—研究—中国 ②社会史—研究—中国 Ⅳ.①D69 ②K207

中国版本图书馆 CIP 数据核字（2017）第 259680 号

中国政治社会史

著　　者：	梁园东
责任编辑：	秦艳兰
封扉设计：	山西天目·王明自
出 版 者：	山西出版传媒集团·三晋出版社（原山西古籍出版社）
地　　址：	太原市建设南路21號
邮　　编：	030012
电　　话：	0351-4922268（发行中心）
	0351-4956036（总编室）
	0351-4922203（印制部）
网　　址：	http://www.sjcbs.cn
经 销 者：	新华书店
承 印 者：	山西人民印刷有限责任公司
开　　本：	700mm×1000mm　1/16
印　　张：	19.25
字　　数：	250 千字
版　　次：	2017 年 10 月　第 1 版
印　　次：	2017 年 10 月　第 1 次印刷
书　　号：	ISBN 978-7-5457-1603-0
定　　价：	90.00 元

版权所有　翻印必究

《山西文华》编纂委员会

主　　任　楼阳生
顾　　问　王清宪
副 主 任　张复明
委　　员　李福明　李　洪　郭　立
　　　　　阎润德　李海渊　武　涛
　　　　　刘润民　雷建国　张志仁
　　　　　李中元　阎默彧　安　洋
　　　　　梁宝印

编纂委员会办公室
主　　　　任　安　洋（兼）
常务副主任　连　军

《山西文华》学术顾问委员会

李 零　李文儒　李学勤　袁行霈
唐浩明　梁 衡　张 颔　张光华
葛剑雄　杨建业

《山西文华》分编主编

著述编　刘毓庆　渠传福
史料编　张庆捷　李晋林
图录编　李德仁　赵瑞民

出版说明

山西东屏太行，西濒黄河，北通塞外，南控中原，是中华民族的主要发祥地之一。中华文明辉煌灿烂，三晋文化源远流长。历史文献丰富、文化遗产厚重，形成了兼容并包、积淀深厚、韵味独特的晋文化。山西省政府决定编纂大型历史文献丛书《山西文华》，以汇集三晋文献、传承三晋文化、弘扬三晋文明。

《山西文华》力求把握正确方向，尊重历史原貌，突出山西特色，荟萃文化精华，按照抢救、保护、整理、传承的原则整理出版图书。丛书规模大，编纂时间长，参与人员多，特将有关编纂则例简要说明如下。

一、《山西文华》是有关山西现今地域的大型历史文献丛书，分"著述编""史料编""图录编"。每编之下项目平列；重大系列性项目，按其项目规模特征，制定合理的编纂方式。

二、"著述编"以1949年10月1日前山西籍作者（含长期在晋之作者）的著述为主，兼收今人有关山西历史文化的研究性著述。

三、"史料编"收录1949年10月1日前有关山西的方志、金石、日记、年谱、族谱、档案、报刊等史料，以影印为主要整理方式。

四、"图录编"主要收录1949年10月1日前有关山西的文化遗产精华,包括古代建筑、壁画、彩塑、书画、民间艺术等,兼收古地图等大型图文资料。

五、今人著述采用简体汉字横排,古代著述采用繁体汉字横排。

《山西文华》编纂委员会

出版前言

梁园东,原名佩衮,字公宇,1901年出生于山西省忻县(今忻州市忻府区)温村,1927年改名为园东。其父梁际蓉是一位旧民主主义革命志士。梁园东从小在家乡读私塾,师从清末秀才梁哥九,熟读"四书""五经",为后来研究古史准备了初步条件。1916年,15岁的梁园东考入山西省立第一中学。1920年,考入北京大学预科班,两年后入哲学系就读。1924年,经王壮飞介绍,梁园东加入中国共产党。1926年北京大学毕业后,他被派到武汉,参加了中国共产党领导下的全国农民协会的工作,后又被派回太原,任国民师范教员。其时,他是山西党组织的负责人之一,组织了"滂沱社",筹办了《滂沱》杂志。1927年"四一二"反革命政变后,他逃离太原,只身赴上海,因党组织已被迫转入地下,从此脱离了组织。他先后在上海劳动大学、浦东中学任教,在大东书局任编辑,最后在大夏大学任历史系教授兼主任。1937年至1946年夏,他先后由大夏大学转湖南兰田师范学院、四川白沙女子师范学院、四川乐山武汉大学任教。其间,他积极宣传进步思想,热情支持学生们的爱国主义活动,博得"进步教授"的名声。1947年,因参加武汉大学学生组织的和平促进会而被捕,此即震惊全国的"六一惨案"。1948年,他参加了地下党领导的新民主主义教育协会。

1950年8月,梁园东应山西大学校长邓初民和副校长赵宗复的邀请,任山西大学历史系教授兼师范学院院长。1953年秋,师范学院独立建院,他被任命为山西师范学院院长,大力延聘教师,建立制度,重视科研工作,学院学习和学术空气相当浓厚。1956年秋,梁园东受九三学社中央的委托,负责筹备太原九三学社分社,任主任委员。1957年,梁园东被打成"右派"。1958年5月,被撤职降级。1960年,被摘掉"右派"帽子,恢复原级。1966年,"文化大革命"开始后,被遣送回忻县温村老家。1968年,突发脑溢血,于1月30日逝世。

在20世纪三四十年代,梁园东是一位与时代脉搏息息相通的文化战士,在各文史杂志上连续发表论文,与陶希圣、梅思平等进行论战,对顾颉刚代表的"疑古派"进行了有力的批评,与郭沫若商讨相关史事等。他的论文,一是有创见,一是面向现实,指导现实,是当时文化"反围剿"战斗的一部分。其20世纪30年代出版的著作有《中国文学史》《五代十国史》《爪哇史》《中国政治思想史》《外国史》等,20世纪50年代出版的著作有《中国现代史》《中国政治社会史》等。其较有创见的论文有《十年来之中国外交》《中国社会的基础》《中国社会的前途》《中国社会问题的核心——实在组织问题而非经济问题》《〈古史辨〉的史学方法商榷》《伪书讼冤导言》《清俞正燮的史学》等,计40余篇。

梁园东先生对中国史的研究颇有见地,其有关著作,至今仍站在学术前沿,对中国当下史学研究的方法及视角都有较大的启迪。所以,我们将其有关著作辑为《中国社会发展论集》、《中国政治社会史》、《梁园东史学论集》(全二册)、《中国原始时代的图腾氏族》(手稿影印),收入"山西文华·著述编",是为"梁园东史学论著四种"。论著所收梁园东先生的著作大多作于1949年前,个别著作作于1949年后,但由于研究范畴及研究思想一以贯之,且1949年前已个别论及,1949年后为深入论述,故酌情收录其中。

《中国社会发展论集》为其20世纪三四十年代社会发展类论文

的结集,颇有创见及学术意义。

《中国政治社会史》1954年曾由群联出版社出版了三册,探讨中国社会演变发展的规律,说明其演变发展的实况。

《梁园东史学论集》为其20世纪三四十年代文史类论文的结集,包括历史观、研究历史的方法、中国历史的相关问题等,基本上可以显示其学术思想的概貌,1991年曾由姚奠中、梁归智先生选编,由山西人民出版社出版。此次重新整理,将其发表于各杂志的十余篇读书提要附录于后,更为直观地显示了作者的治学精神。

《中国原始时代的图腾氏族》为手稿本,此前未出版过,深入探讨了中国原始部落的图腾。需特别说明的是,《中国原始时代的图腾氏族》一书为未完稿,个别章节只完成了一部分,个别有修改、批注的稿本,因整理者早年复印时未复印全,也有部分缺失,但现原稿已失,无处补充,只得留此遗憾。此外,《释子》《禹贡写定时代的新考查》《华夏名称及其种族的考查》三篇也为手稿,未公开发表过,鉴于其具有较高的学术价值,故作为附录,附于《中国原始时代的图腾氏族》一书中。

此次出版,与梁园东先生的孙女梁爱如女士协商,对原著作进行了少量的修订,主要是改正了一些错别字和较为错乱的标点符号,修订了个别史料。鉴于论著及文章多发表于20世纪三四十年代,语言具有鲜明的时代特征及个人习惯(如"感觉兴趣"),个别词语的用法虽不符合今日习惯,但古文中多有之,《现代汉语词典》中也时有收录,故一仍其旧,未作统一与修改。同时,很多译名与今译名多不同,仍保持作者当时的译名习惯;作者文中有个别英语、法语等外语,为作者当时的写法,不作修改;很多地名为作者写作时的地名及行政区划,也未作修改。兹略举数例,如下:

"根原""来原""原于"中之"原",现均为"源",论著因作于不同时期,多作"原"(主要见于《中国社会发展论集》《梁园东史学论集》中），个别著作中作"源"，未统一。又如"计画""撤消""身分""雅片（鸦片）""句践""稍为"等，《现代汉语词典》中录有相关词条，故未作修改。又如"支拄""发见""冒然""澎涨""连络""连系""真象""付与（赋予）""征伏（征服）"等，为当时用语，未作修改。其著作中对"的""地""得"不作区分，多为"的"，除"不值的""使的"等个别改为"不值得""使得"等外，"看的懂""迫的急""变的强大"等，一般不作修改。"哪"多作"那"，"它"多作"他"，"做"与"作"则混用，"绝不是""绝不止"则多为"决不是""决不止"，诸如此类，也保持其原文，未作修改。"著"旧与"着"个别意思通，故书中多有"随著（随着）""著重（着重）""存在著（存在着）"等，也一仍其旧。此外，关于文献名称，多简写，如《史记》简作《史》，《汉书》简作《汉》，颜师古《汉书注》简作颜师古《注》，昭公七年简作昭七年，等等。或省略《史记》《汉书》等，直接作《××传》。若前文已提及所述人物或史料，也直接作《传》《注》。个别史料名称不够准确，如《史记·太史公自序》作《司马迁自序》或《自序》，《史记·秦始皇本纪》作《始皇本纪》，《三国志》中《魏书》多作《三国志·魏志》，等等。其他如郭沫若的《周代彝器铭中无五服五等之制》，梁先生著作中作《周金文中无五服五等之制考》，诸如此类。为保持作者行文特色，未作修改。个别文献也如是，引用不是很严格，但基本意思与原文献同，仅略微作了修改。

限于学识和时间因素，漏校、错校之处在所难免，敬请读者明鉴。

三晋出版社
2017 年 10 月

序

　　本书拟从政治社会各种形态中,分析中国社会演变发展的规律,并说明演变发展的实况。几千年的中国社会是一个长期的封建社会。它所占的时间虽长,但它仍时时在演变中、发展中。如果我们能看见它活生生的演变实况,就绝不至有"停滞"之感,更绝不至有"循环""再现"等错误感觉。它的错综复杂的史迹,从它们彼此的联系、产生的法则和发展的规律等看,随时都证明了马列主义理论的正确性。对中国史作细密的分析,无疑问可丰富马列主义理论的内容。本书的分析和说明,只是一种试探,是一种学习,是否正确,还请读者多多指教。

作　者
一九五三.一一.一八

目 录

出版说明 ·· 一
出版前言 ·· 一
序 ·· 一

第一章　中国的原始氏族和它的发展
　　——传说的黄帝时代以前到尧舜时代 ······························ 一
　　一　原始氏族团体。氏族的组织及其生活状况。图腾
　　　　制度。·· 一
　　二　传说中的几个著名氏族。黄帝、炎帝和蚩尤的战争。
　　　　黄河流域文化开始发展。 ·· 三
　　三　氏族联盟制度。禹治水的传说。氏族社会的崩溃。
　　　　 ·· 五

第二章　国家的产生和奴隶社会的发展
　　——夏商时代 ··· 七
　　一　王位世袭制的开始。由世袭制分析私有制和阶级
　　　　制的发达。夏商两王朝的递变。 ··· 七
　　二　夏商时代文化的发展——农业、手工业的发达,铜器
　　　　的使用,文字的发达,祭祀祖先和伦理的起源,"阴
　　　　历"的起源。 ·· 一一

第三章　奴隶制度的动摇和封建社会的开始
　　——商代的灭亡和周代的兴起 ·· 一五

一　殷商武丁时代的扩张。由奴隶暴动在帝辛时代所
　　　　形成的种种矛盾。周人的兴起及其发展。………… 一五
　　二　周人灭商是农奴制战胜了奴隶制。周初的封建。
　　　　周初的隆盛。……………………………………………… 一八

第四章　典型的封建制度
　　——由西周到东周所完成的种种制度 ………………… 二二
　　一　宗法制度的起源及其作用。宗法制和封建制的关
　　　　系。宗法制的极限。"姓"和"氏"。………………… 二二
　　二　封建社会的等级制或阶梯制。封建国家的割据性。
　　　　隶属关系。封建仪式。超经济剥削。封建道德。 …… 二五
　　三　井田制即农奴制度。农民被束缚在土地上。劳役
　　　　地租。"井田"名义。工商业者亦隶属于封建领主。
　　　　自然经济。………………………………………………… 二八

第五章　社会生产力的发展和封建国家的兼并
　　——春秋、战国时代形态之一 ……………………………… 三二
　　一　周室统治权的动摇。共和元年。西周的灭亡。东周
　　　　——春秋、战国时代的划分。扰乱的根源。………… 三二
　　二　铁器的使用。牛耕。使用肥料。手工业和商业的独
　　　　立。社会分工的发达。铸造货币的使用。农奴暴动
　　　　的扩大。…………………………………………………… 三四
　　三　封建国家随产业发展而强大。几个落后的国家。各
　　　　国的兼并。五霸、七雄。周室的灭亡。……………… 三六

第六章　商品经济萌芽后的种种新现象
　　——春秋、战国形态之二 ………………………………… 四〇
　　一　新统治阶级——富人阶级的产生。新式劳动者——
　　　　农民改为商人服务，独立的小生产者和雇佣工人的出
　　　　现。农奴缺乏，引起封建领主的恐慌。……………… 四〇
　　二　"一国而二君二王"。贵族阶级的没落。…………… 四三

三 封建领主的追求改革。"废封建,立郡县"。"举贤才"。
游说和食客。 …………………………………… 四五
四 农奴解放的开始。实物地租。商鞅的"废井田,开
阡陌"。农奴从封建领主手里边解放出来,又束缚
在封建国王手中。 ………………………………… 四七

第七章 各阶层思想的反映和君主专制理论的形成
——春秋、战国时代形态之三 …………………… 五三
一 思想学说发达的原因。旧思想的失效。诸子百家。
刘歆的分类法——九流。 ………………………… 五三
二 最落后的道家学说。老子和庄子。反对现实,留恋
过去。老子对辩证法则的认识。老子的错误。庄子
的发展更坏。 ……………………………………… 五六
三 维持封建贵族统治权的儒家。孔子、孟子和荀子。
孔子的典型等级制度学说。孟子的温情主义。荀
子在儒家中最进步。 ……………………………… 五九
四 摇摆于统治者与人民间的墨家。墨家的阶级性。
……………………………………………………… 六二
五 法家掌握住春秋、战国发展的趋势。战国末年的统
一思想。韩非子的君主专制理论。法家的阶级性。
君主专制国家的矛盾和特征。 …………………… 六三

第八章 秦的统一及其对豪族地主的斗争
——秦代政治实况(公元前二二一——公元前二〇六年) …… 七三
一 秦国的进步是统一六国的基础。荀子称道秦政。
秦灭六国经过。 …………………………………… 七三
二 统一国家的障碍——豪族地主的形成。秦的对策
——统一的制度和政策。 ………………………… 七五
三 秦政是否暴虐。秦的赋税。秦的刑法。 ………… 八二
四 秦代制造小生产者的积极政策。秦的善政。 …… 八九

五　秦代二世而亡的必然性。亡秦的种种活动。陈胜、
　　吴广和刘邦。秦的灭亡。 …………………………… 九三

第九章　汉初和地主阶级的妥协及豪族地主的横行
　　——汉初政象（公元前二〇六—公元前一四〇年）……… 一〇二
一　地主阶级的特权（一）——包办官吏。郎官和郎官
　　六途。所谓"贤良方正"。门阀观念的形成。 ………… 一〇二
二　地主阶级的特权（二）——免税特权和其他经济特
　　权。对地主阶级的放任政策——清静无为。 ………… 一〇九
三　豪族地主阶级的横行——椎埋，攻剽，搏揜，掘冢，
　　盗铸。贵族为盗。官吏为盗。大儒为盗。 …………… 一一三
四　劳动人民的苦难——贫穷和死亡。奴隶劳动。雇
　　佣劳动。迁徙。 ………………………………………… 一一九
五　汉初国家的衰弱。君主不能专制。七国之乱。匈奴
　　和南越。虚伪的"文景之治"。 ………………………… 一二五

第十章　小生产者的反抗和汉武帝的改革
　　——武、昭、宣间情况（公元前一四〇—公元前四九年）……
　　………………………………………………………………… 一三四
一　小生产者经济的重要性。贾谊、晁错和董仲舒。汉
　　武帝改革的社会基础。 ………………………………… 一三四
二　汉武帝的政治改革。善良的"酷吏"政治。部刺史
　　的设置。采用"儒术"。 ………………………………… 一三九
三　汉武帝的经济改革。官卖盐铁。均输平准。徙民
　　实边。改良农业。 ……………………………………… 一四七
四　汉武帝对外用兵是不是侵略的。武帝的坏遗产——
　　外戚、宦官专政。 ……………………………………… 一五二

第十一章　豪族地主阶级的反攻及王莽
　　——元、成、哀、平到王莽时期
　　（公元前四八—公元二四年） ………………………… 一六三

一　汉武帝政治的失败。地主阶级的新战术——今文家学说的内容。今文家的"禅代"运动。………… 一六三

二　"元帝改制"。外戚王氏势力的形成。今文家的没落和古文家的出现。裂痕的加深。………… 一七〇

三　王莽的蛮干。王莽的笑话。恢复汉室的运动。…… 一七九

第十二章　东汉初年的一些设施和地方权力的扩大
　　——光武帝、明帝、章帝三世情况
　　（公元二五—八八年）………… 一八六

一　汉光武裁抑豪族。"度田"的乱事。解放奴婢，救济贫民。………… 一八六

二　汉光武的裁抑"三公"。尚书官制的起源。尚书官制的进步性。地方权力的扩大。………… 一九三

三　北方民族的变化。豪族发展下民族仇恨的加深。域外交通的发展。………… 一九八

第十三章　形成宗教的时代（上）
　　——和帝、安帝、顺帝至桓、灵间现象
　　（公元八九—一八三年）………… 二〇八

一　豪族地主阶级发展的顶点。所谓"东汉士风"。…… 二〇八

二　政治上的末路——外戚、宦官专政。党锢之祸。…… 二一四

三　灾荒，地震，疾疫。劳动人民的苦难。………… 二二三

第十四章　形成宗教的时代（下）
　　——和帝、安帝、顺帝至桓、灵间现象
　　（公元八九—一八三年）………… 二三一

一　方术。太平道和五斗米道。佛教的传布。………… 二三一

二　极端命运论和王充的《论衡》。统治阶级的腐朽——颓废，放荡，浮华。………… 二三七

三　劳动人民的创造。纸的发明。生产工具的改进。农业生产力的发展。医药的发达。………… 二四三

第十五章　黄巾起义。割据的实现。门阀政治。民族迁徙。
　　——东汉灵帝、献帝及三国时代
　　（公元一八四—二六四年）…………………… 二五三
一　黄巾起义。地主阶级的割据。………………… 二五三
二　曹操的改革。魏、蜀、吴三国的分立。三国的发展。
　　…………………………………………………… 二六一
三　门阀政治——九品官人法。门阀阶级的学说——玄
　　学。门阀阶级的争哄。………………………… 二七一
四　黄河流域人口的南迁。边疆民族的迁入。………… 二八〇

第一章　中国的原始氏族和它的发展
——传说的黄帝时代以前到尧舜时代

一　原始氏族团体。氏族的组织及其生活状况。图腾制度。

距今五千多年以前,那时候的中国,和现在大不相同。

那时,并没有一个统一的中国。当时生活在中国这个区域以内的人,已经很多——从四十余万年前以来,已有极古的人类,在今北京附近辛勤劳动,创造了我们最古的文化①。他们有的迁走,有的迁来,慢慢繁殖,到五千多年以前,现在中国各地区已到处都有人类分布。不过他们没有大规模的组织,只是东一堆,西一堆,分成无数的小团体,各自生活着。这种团体,大小不等,普通也有几百人。那时也没有"国家"这个名称,这些团体,多称为"族"。

这种"族"的组织,非常特别,他好像后世大家族的样子,而又和家族完全不同。族里边的人,都可说是"亲戚",而不是"亲属",他们没有后世父母、子女、夫妻、兄弟、姊妹等关系。每一族的男子全体,可以和另一族的女子全体配合,另一族的男子全体,也可和这一族的女子全体配合。生下来的孩子,绝不知道应有父亲,最多只能知道有母亲。所有的孩子,都是属于母亲那一族,而不属于男子的一族。那时女子操作主要劳动,所以女子的地位很高,族里边的事务,都由一个年长的母亲管理,称作"后"——后是最古的领袖称号,而是女子。

族里边人的地位,都是平等的,没有差别,有了工作大家去做,得到食物大家分着吃。遇有公共事项,如打猎、迁徙、赛神,或其他事情时,分别推举一个或两个领导人,领导着去做。这种领导对外工作的人,却是男子。凡领导人,一定要很公正、勇敢,很负责,如不尽职,立刻集议改选。领导人绝没有特殊的权力和地位,和族人一样劳动。

他们那时的生活,以打猎和牧畜为主——在更古的时候,连牧畜也不知道,只知打猎。由饲养家畜,看见家畜喜吃几种植物,因此渐渐发现了农业。最初的农业是由女子发现,且是女子们的专业,因此对于能生长谷物的土地,以为是女神主宰,称作"后土",谷物的生长也是女神主宰,称作"后稷"。他们打猎和种植所用的工具,都是石头做成,细致的工具用兽骨做,铜和铁绝不知使用。惟已渐能制造陶器,日常用具多用陶器。穿的衣服,是用树叶或兽皮缝制。住的地方,都在山洞里边,就是古人所说的"穴居"——另外据说还有"巢居"的,即像飞鸟一样,在树上搭巢居住——不过也可能搭成木架,造成简单的房屋,关关牲畜,比方后世用的"家"字,就是屋下养猪的意思,原来并非住人。总而言之,他们那时的生活,一切方面都是很简陋、很辛苦的,因生产力太有限,挨饿都是极平常的事。

他们那时另有一种奇怪事项,即是人都没有名字,只有共同的族姓,做全族和各个人的名称。说起这种族姓,也很奇怪:每一族都拿一种动物,或一种植物(也有用一种自然现象或一种工具的,不过很少),当作一种神,认为即是他们全族的祖先,也就成了这一族的"姓"——古代"姓"字和"生"字同用,说是什么姓,即等于说是什么生的。比方,有一族姓"巳",巳即蛇的象形字,说他们这一族姓巳,就是说这一族把蛇当成神,当成祖先,他们都是从神的蛇生出来的,所以就姓巳。又有一族姓"子",这一族把"玄鸟"即"燕子"当成祖先,子是雏燕的象形字,所以姓子。又有一族姓"风",风字本作"凤",凤即是凤凰,是风的神,这一族姓风,即是以凤凰做祖先。又有一族姓"奻",奻字本作"为",为是以手牵象的象形字,即这一族以象为祖先。诸如此类,大概现在知道最古的姓字,约莫有五十多个,大部分都可考查出他们的原形,是一种动物,或是其他的东西。这种族姓,世界上其他原始民族有的称作"图腾"(totem),都是一种制度。凡视作图腾的东西,就非常尊贵,每年一定要举行一次或多次大典礼来祭祀它。若遇迁徙或战争时,即把图腾神画在一面旗帜上,挑在前面,大家跟着走。他们这种团体所以称为"族"的意思,正是因为族字就是表示一群拿着弓矢的人,聚集在一面旗帜下的样子。以一面旗来代表一族,正如现在以国旗来代表一国的一样。

在五千多年以前,住在中国的人都大略如上边的情形生活着。这种生活虽然简陋,但也是过去几十万年的漫长时间中发展出来的。人类生活的特征,就在于人类的辛勤劳动,不断的创造,不断的发展。这种原始的生活,到了五千年前左右,就又有新的发展出来。

二 传说中的几个著名氏族。黄帝、炎帝和蚩尤的战争。黄河流域文化开始发展。

那时,住在中国境内的人,已经有好几种。在黄河以南,特别在沿海一带,是几种黑种人,大体上和如今南洋群岛的土人相似。他们分布在中国已相当久,对中国的原始文化当贡献甚多。在黄河以北,北面直达今长城以北,是几种黄种人,他们最初的根据地,实远在西北一带。那时西北一带,以如今的宁夏、甘肃为中心,南及青海、西藏,西及新疆和阿尔太山附近,人烟最为稠密。他们经常向东面发展,来来往往打猎、牧畜,其最东一支直达今辽东省一带,南及河南、山东之间。这些人是中国人的真正祖先,其种族和历史上的藏族极接近,应称作藏汉族。他们发展到黄河流域以后,有的自称为"华",有的自称为"夏",后来"华夏"一名遂成为他们的通称。他们的生活遗迹,从一九二〇年起,历在甘肃、宁夏、河南、山西、河北、热河、辽东各地曾大量发现过,除各种石器外,主要的是带彩色的各种陶器。这种彩色陶器,以在河南渑池县仰韶村发现的最为典型,所以称为"仰韶文化"。仰韶文化还没有文字,很有可能就是原始华夏种族的遗迹。

藏汉族的生活,初时也并不比黑种人为高,不过他们发展的较快。他们使用当时最进步的"新石器",生产力较大,经常感觉所要猎取的野兽、牧畜的草地和磨制刀矛的石头原料等等,不能满足需要,遂使族与族之间,发生了争夺自然界财富的冲突,形成氏族间最初的掠夺战争。其中最先兴起来的,是一种以"白虎"为族姓的太皞族,并且连合有几个互通婚姻的氏族,如凤鸟族(风姓),蛇族(巳姓),熊族——熊族分两支,一姜姓,一姬姓,姜姓属赤熊族,姬姓属黄熊族(罴)。其次为一种以"貊"或白色豹为族姓的部族,即是有名的蚩尤部落。再次为一种以"犬"为族姓,崇拜一种神犬,称作"槃瓠"的部族,后来一部分称作三苗,一部分被称作犬戎,犬族似乎是和熊族的混合种。此外尚有许多以其他野兽和水中动物为族姓的部族。这些部族曾和沿海一带的黑人,长期战争,黑人也并未即刻屈伏,有一时期,黑人且西进至河南、陕西间,惟后来大部被屠杀或被驱逐。以后藏汉族中间,也经常互相争哄。很久以后,熊族中的黄熊一族(罴),变的强大起来,更发生了几次古代世界中较大规模的战争,中国历史初期的许多传说,就是随着这些战争故事流传下来的。

据说,当黄熊族(罴)的领袖黄帝时——这不是一个人的名字,意思是指黄熊族中足以和上帝同被祭祀的领袖,赤熊族的领袖炎帝——亦称赤帝,意即赤熊族中和上帝一同被祭祀的领袖——正和貊族的蚩尤部落打的难解难分,黄帝趁这个机会,先把赤熊族并吞了,继即率领熊、罴、貔、貅、貙、虎各族,和蚩尤部落大战。经过数度极激烈的战争,黄帝显然很吃力,最后终于擒杀蚩尤,黄帝才统治了黄河流域。蚩尤虽失败,但这个强悍的领袖,后来被视作"战神",称为"兵主",以后一直到秦、汉间,每出兵打仗,都还要祭祀他。

自从黄帝部族占据了黄河流域以后,他们劳动的积极性大大提高,文化日益发展起来。比方,人已不再穴居,已可建筑房屋居住;已穿着舒适的衣服,并有冠履。耕种的技术逐渐进步,且已发现农业和节气的关系,有了简单的历法。此外或已有了纯粹图画的文字,在此以前是"结绳记事"的。除这些以外,最大的进步,恐怕还在政治和社会的组织方面。

三 氏族联盟制度。禹治水的传说。氏族社会的崩溃。

据黄帝以来传说的故事看,他们已不是各个氏族单独生活,而已有了部族的联合组织。传说中的太皋和炎帝,就显然不是一族,而黄帝部族更明白是十二个族姓合成。这种部族集团称作"州"——州是聚集的意思。州以上又联合成更大的部族联盟。联盟的组织系以各州的代表——称作"牧"或"伯"——组织联盟会议,为联盟的最高机关;再由联盟会议推举两个领袖,处理联盟事务,称作"帝"。这种部族联盟就是中国历史初期、有正式国家以前一种最大的组织。

黄帝以后的部族联盟,究竟由多少"州"合成,不十分明了,有一时期似乎是"十二州",有一时期是"九州"。联盟的领袖,黄帝以后先后被推举的有少皋、颛顼、帝喾、帝挚等部族代表,最后到了帝尧、帝舜。黄帝时代的领袖,是否系两个?传说的材料不大明了,惟有的说,黄帝"置左右大监,监于万国"②。这"左右大监",恐怕就是黄帝部族有两个领袖的痕迹。到尧、舜时代,领袖就分明是两个人。如帝尧和帝挚似乎共同治理过一时期,后来举出舜,尧、舜共同治理了二十八年。尧卒后又举禹,舜和禹共同治理了五十年。舜卒,又举皋陶,皋陶不一年即卒,又举伯益,禹和伯益共同治理了八年。像这样两个领袖并治,只有氏族联盟时代才有,后世的阶级社会是绝对没有的。

从黄帝到尧、舜的这个氏族联盟时代,是中国历史文化的孕育时期,有许多生活事项,都是产生于这个时期。其间最著名的一件事,是大禹治水的传说。据说当尧、舜时,洪水横流,人不能安居,先后经多人治理无效,最后用禹治理,按各大河流疏导,悉使入海,水患始除。这个故事虽有许多神话性质,但也有他的意义,当是表示牧畜和农业生活扩大,陆地的需要增加,对于某一区域以内的原始积水,略有疏导,遂被歌颂而扩大起来。

这时另外可注意的一件事,就是战争的频繁和扩大。在各部族中间常有冲突,有许多氏族因此消灭,或迁徙到他处。比方,赤熊族的姜姓,原先本是一大部族,后来常常战争,其支族多消灭,到历史时期只剩下四族。母猴族的颛顼部,原来也极占势力,后来也因战争分散,除一部分外,大部分都迁到黄河以南。至犬族的三苗,被排斥尤甚,早已被视为异族,时被征伐,远徙至长江流域,被视为蛮族。这些战争的日益延长和扩大,正如恩格斯批评北美洲伊洛可瓦氏族联盟所说:"伊洛可瓦人想压伏其他氏族的企图所示,正表示他们没落的开始。"[3]黄河流域强大的部族经常压伏其他氏族的企图所示,也正表示他们这个社会将要发生质的变化,他们原始的平等的生活,不能再维持,要进入一种较高级而却不合理的生活中去了。这种生活是什么样子的呢?在下一章细说。

【注释】

① 近三十余年来,中国各地发现的古代人类遗迹甚多。最古的为在今北京附近房山县周口店发现的猿人遗骨,称为"北京人",约在四十五万年前。其次为在今河套区域发现的旧石器时代中期的石器,称为"河套人",约在二十五万年前。以后各时代的旧石器和新石器,各地区发现的很多。

② 见《史记·五帝本纪》。

③ 见恩格斯《家族私有财产及国家的起源》。此书现通行本译作《家庭、私有制与国家的起源》(整理者注)。

第二章 国家的产生和奴隶社会的发展
——夏商时代

一 王位世袭制的开始。由世袭制分析私有制和阶级制的发达。夏商两王朝的递变。

古代的生活，从黄帝、尧、舜，到禹以后，发生了剧烈的变化。发生了什么变化呢？原来在禹卒后，按照当时的办法，本应再选举一个人，和伯益共治。不料禹的儿子启，却不让这么做。他统率他的部族，把伯益杀掉，也不经过其他部族的推举，更不另外加选一个人，就由他自己径做起领袖来，并且把不服从他的部族，都征服了，所有的人都放在他的统治之下。于是工作上的领导人，开始变成一个统治者。他的称号，古书上虽仍称作"帝启"，但普通都把禹和启当作称"王"的开始，"王"是统治者最初的称号。启死了以后，王位直接传给他的儿子——太康，以后也都是由他的子孙继承，这么一代一代传下去，就是"王位世袭"的制度。

这一种变化，绝不要单看成是政治上的变化，实在是广大的社会经济基础先已改变的结果。因为社会经济基础改变了，才使政治上不得不跟着改变。所以要了解这种改变的真象，必须在广大的社会上追寻他的根源。

这些根源里边，最主要的一项，是当时"私有财产制度"必已发达起来。因为有了私产制度，才会发生财产继承问题，就是一个人死了，他的财产究竟该归谁继承。古代人对财产继承的办法，很不一致，有的归儿子继承，有的归兄弟继承，儿子里边又有传少子或传长子的分别。不过无论怎样，总是表明财产要由最亲近的人继承，不能再归大家共有。这和从前是大不相同的，因为在从前生产力过低，一群人生产出来的东西，大家分着吃都嫌不够，哪能有剩余存积起来。但经过黄帝、尧、舜很长的一个时期，生活能力渐渐进步，打猎、牧畜和种植的技能，都日见高明，生产出来的东西，渐渐加多，共同生活的一群人用不了，就存积起来慢慢用。这剩余品的存积，就是私有财产发生的起点。其间过程，一定是先由各部族间小氏族的共同私有，再演进到各个人的私有。私有制最初萌芽于何时？现在没方法考查了。不过很可能在黄帝到尧、舜间，就已发生。因为这种制度绝不是短时期所能产生的，必须经过长时期的演进，才能完成，到禹、启之间，才能反映到政治上，激起王位也要继承的变化来。

不过王位世袭的办法，主要固然是由私有制发达的结果，但事实上还不止此。连带的还有一个重要条件，就是当时一定有了阶级制度。这和私有财产制度，差不多是相连而生的。在更古的时候，人和人中间都是平等的，没有阶级，在前一章我们已经说过。但自从有了财产观念以后，有的人觉着自己有许多财产很便利，很舒服，就更要设法增加他的财产，使财产更多起来。这种自私心，就是做一切坏事的根源。古代那些开始有自私心的人，最初发明的增加财产办法是抢劫，他们抢劫其他部族的牛羊或别的东西。其他部族当然不允许抢劫，结果就发生战争。战争的结果，失败的一方必被俘虏。对于俘虏，战胜者在初时只感到是一种累赘，只有全部杀掉。但后来渐渐觉得俘虏有的是劳动力，为什么不用他们来做事？这一个发现对于自私者很重要，遂开始压迫俘虏替他们劳动，牧牛羊、割草、刨地，或做其他粗笨的事。这就是有奴隶的起点。中国的奴隶，最初开始于什么时候，也不知道了。惟有的古书上说，黄帝灭蚩尤后，将其俘虏捆起来，称之曰"民"。古书中"民"

"隶"往往并称,隶就是奴隶,民隶并称,可知民字在古代也是奴隶的名称。说黄帝时已经有了奴隶,固然没有可靠的证据,不过黄帝以来战争那样频繁,因而发见用俘虏做奴隶的方法,不是不可能的。惟初有奴隶时,数量容或很少,后来随着财产观念的发达,奴隶必然愈来愈多。奴隶多了,政治社会各方面的组织就非改变不可。

古书上虽没有明白记载,但禹、启之间,奴隶已可能多到使奴隶制度成熟的地步,要不然就绝不会突然产生出王位世袭的制度来。因为奴隶多了以后,每一家和每一族都有许多奴隶,家长和族长就不仅仅是亲族中间的领导人,必然要变成管理奴隶的领袖,他们在奴隶甚或其亲族中间,必具有很大的权威。推而至于一部族的领袖,其权力就更大,无人能干涉。领袖权力既大,那他的领袖地位,就不允许族人推举,必然要由他一个人做,且必要由他亲爱的人继承,绝不让别人来替代。这是促成王位世袭很重要的力量。所以在禹、启之间,领袖由部族共推的制度,突然变成世袭,即可断定当时不惟私产制度已经发达,且必有了奴隶制度,这是完全合理的。

总而言之,自禹、启之间把领袖改成世袭后,以后即由他们的子孙一代一代传下来,据说共传了十四代,十七个国王,称为夏代。夏代传到最后一个国王桀时,为另一部族的国王商王成汤灭掉。夏、商两族,本是经常斗争的两个部族,这时商人很强盛,终把夏代灭掉,黄河流域都被商人统治。成汤建国后,王位也由他的子孙继承,和夏代一样。共传了十七代,三十个国王,他们的国号也称为殷。惟商代王位的传授,和夏代略有不同。三十个国王中,并非完全由父传子,中间有十四个国王是哥哥传给弟弟的,另外还有几代是传给侄儿的。这种传位方法,是母系社会的遗迹。母系社会以母亲作中心,所以要由兄传弟。夏、商时代已经是父系的,只是还保留些古代的习惯。古书上又记,夏代传了四三九年(有的说是四七〇年),商代传了六六二年(有的说是四九六年)。不过这些年代都不可靠,也许还要长一点。

夏、商时代是中国初建立国家的时期,他们有国王,有官吏,有军队,以压迫下面的奴隶,替他们劳动,这显然是国家的规模,和从前的部族联盟不同了。但他们的国家,不能和后世相比,也和欧洲古代的奴隶国家不同,他们是种"初期封建"的国家。因为他们的国家不是统一的,大大小小的部族还很多,而各个部族又不是独立的王国,大部分是隶属于夏、商国王的,他们应贡献国王以祭祀的用品,应受国王的号召,征伐敌人。凡是不隶属的就是敌人,常常战争。这些部族称为"邦"或"方"。下面的劳动者有两种,一种是奴隶,一种是农奴,而奴隶是主要的,当时称作"臣"。奴隶和牛马一样,完全替主人劳动;主人除任意打骂、杀戮外,又和其他财物一样,可随便赠送别人;祭祀时又可和牛羊排在一起,当牺牲用。不过奴隶打仗或做他事有功的,也可提升为官吏,或者受封爵为贵族,这一点是和后世的奴隶绝不同的。当时的封爵,夏代虽然不明了,但在商代,已显然有侯、伯、男、田等爵位。比方,成汤时有个重要人物伊尹,本来是有莘氏的奴隶,被赠送给成汤,后来受封为伊侯,成了贵族。至于农奴式的劳动,因为只以一部分收获物作为贡赋,缴纳贵族,不如奴隶全由贵族支配,所以在当时并不重视。

自己不肯劳动,把别人压迫作奴隶来替自己劳动,这本是极不合理的。不过在氏族社会以后的夏、商时代,奴隶劳动却成了必要的。奴隶在当时看作是生产工具,氏族社会末期的生产力,如果没有这种"会说话的工具"加进去,就发达不起来。有了奴隶,历史才更进一步,产生了夏、商的国家组织,产生了夏、商时代的高度文化,才使中国进入有史时期。历史是劳动者创造的,夏、商时代的奴隶,真的做牛做马,但也真的创造了中国历史的第一页!

二　夏商时代文化的发展——农业、手工业的发达，铜器的使用，文字的发达，祭祀祖先和伦理的起源，"阴历"的起源。

他们创造了些什么呢？

在五十年以前，今河南省安阳县附近的小屯村，发见了许多古物。这些古物里边，有铜器、陶器、骨器、石器，而更重要的是有许多龟甲和兽骨，上边都刻有文字。根据这些文字，我们知道这些古物是商代的遗物。商代从第十九个国王盘庚时起，到最后一个国王帝辛——纣——时止，共十二个国王，约二百余年，都建都于这一带或其附近。这些古物，就是这一时期的奴隶们创造出来，遗留下来的。从这些古物上边，尤其从那些龟甲、兽骨文字——简称为甲骨文——上边，可以看出他们各方面的生活，都是很进步的。这些古物虽只是商代最后二百余年中的遗物，不包含商代初年，更不包含夏代，但我们再根据各种古书的记载，和这些古物结合起来研究，对商代初年以及夏代的生活情况，也可约略推知。这些情况，也就是当时对文化上的创造，有几项对后世直到最近以前，都还有重要影响。

首先，他们的生活，已和后世的中国人一样，主要依靠农业，牧畜仅占次要地位，至于更古的打猎生活，这时已显然不重要了。龟甲、兽骨上边，常有向其祖先卜问年光好坏的刻辞。如卜得年光好，就称为"受年"，或称"受禾""受黍"；如年光不好，就称"不受年"。当时的"年"字写作，像一个人的头上戴着禾稼，意思就是表示，每收割一次就是一年。以收割一次表示一年，可见对农业生活的重视。牧畜虽属次要，但饲养牲畜数目之大，实远非后世所能比拟。比方贵族们经常祭祀其祖先，都要用牛、羊、犬、豕做牺牲，平常祭祀一次，用三五只牛羊，或犬或豕，那是极普通的。而有时要用一二百只羊及三四百头牛作一次祭祀用，可见牧畜业还很发达。牧畜的动物,和后世一样,马、牛、羊、鸡、犬、豕都有,只是多一种象,把象也当成家畜饲养,这是后世的中国所绝没有的。

从甲骨文和其他遗物中,也可看出夏、商间的工艺技术,有很大的进步。他们除用麻布做衣服外,更有绸制的衣服。养蚕的起源,传说本很早,据说在黄帝时已知养蚕。这事虽不能证实,但夏、商间贵族们皆用丝织品做衣服,这是不成问题的。甲骨文中还有祭祀"蚕神"的刻辞,和如今江、浙一带养蚕人家一般。他们的日常用具很复杂,铜制、骨制、陶制、石制的各种用具都有,惟主要的是铜器,应用最广的器皿和兵器以及精细的工作器具,如钻、凿、错、锯、针、锥等物,都是铜做的。这些铜器虽都是商代的,真正的夏代铜器还没有发现过,不过我们不能因此得出结论,说夏代还没有铜器,仍在石器时代。固然有的人这样主张,但是不正确的。因为商代的铜器,已经是制造极精美的青铜器,青铜是黄铜和锡的合金制成,这是铜器技术很高的阶段。按进化程序,在青铜器以前,一定要有一个仅能制造粗糙的黄铜器的阶段,那就一定是夏代。这种黄铜器,容易腐蚀,不能长期保存,所以没有夏代的铜器发现,并不足怪。古书上关于夏代制造铜器的传说很多,据说战国间还有禹时造的残钟留存[①],却是可能的。惟商代末年,是否已略略知道用铁,现在还是疑问,不能断定。

从甲骨文上更可直接看出,那时已显然是盛用文字的时代。甲骨文的文字,和后世的文字不同,有很多字到现在也不能认识,不过后世的文字,确是从这种文字演变来的,毫无可疑。这种文字已很复杂,字数很多,绝不是短时期所能造出来的,正和铜器一样,必已经过很长的演进时期,很可能也是创于夏代。一直到现在,固然也没有夏代的文字发现过,但春秋时孔夫子称当时通用的文字为"夏言"[②]。为什么称"夏言"呢?恐怕就是因为中国文字是夏代流传下来的。

从甲骨文上又可看出,中国人祭祀祖先的风俗,那时已盛行,且比后世还要重视。商代的贵族们简直把他们的祖先当成神,凡有什么事情要问吉凶,就祭祀他们的祖先卜问。甲骨文就是由这样产生的:每问一件事情时,就在他们祖先的神位前,用龟甲占卜,占卜的结果为吉为凶,就把所占卜的事刻在龟甲或其他兽骨上,以备征验。他们几乎每一举一动,都要向其祖先卜问。为什么他们这样尊重其祖先呢?这不是什么道德的理由,也不是感情的原因,完全是政治上的需要,是假借他们的祖先来统治奴隶。因为他们的祖先建立王业,在其他部族和奴隶中间,都存有极高的威望,后世子孙把他们的祖先常常提起来,足以慑伏奴隶;积而久之,更把祖先当成神样的看待,爽性变成宇宙的统治者,更使所有的人不得不服从,这样贵族们的统治权,就永远巩固,不至破坏。这是原来祭祀祖先的真正理由。到了后来,年长日久,变成普遍的习惯,就忘其所以,以为是纯粹道德的事项了。因此,我们要了解,祭祀祖先的风俗,绝非起于有甲骨文的商代,必然是和阶级制度、王位世袭制度同时开始的,换句话,就是起于夏代。在夏代以前也绝不会有,夏代以前知有母而不知有父,谁还知道祖宗三代!到了夏代就知道了。有一本古书叫《礼记》,里边有一篇《祭法》,讲到古代帝王们所祭祖先的名字,很明白的表示出来,在夏以前的帝王如尧和舜,并不祭祀他们的父亲,到了夏代才开始祭祀启的父亲禹。这个传说很有道理,正可表明祭祀父亲是和阶级制度成立、王位开始世袭同时发展出来的。因为这些东西正是一套:有了私产制就有阶级制,有了阶级制就有世袭为王的统治者,有了统治者就要想种种方法维持其统治权,这祭祀祖先,正是维持统治权的方法之一。因为把奴隶们信服或畏惧的祖先名字常常提出来,奴隶们就不敢不服从,这是从思想意识上维持统治权的方法。

和祭祀祖先有同样政治作用的是道德。中国人最重视道德,尤其重视忠和孝的道德行为。这种道德起于什么时候呢?也是起于私产制度、阶级制度初成立的夏、商时代。秦、汉间有几本书都说"夏道尚忠"[③],汉代的大学者郑康成以为孝的道德始于禹[④],这些话都是有道理的。正因为有了阶级，奴隶对主人必须忠，统治者遂创出忠的道德；正因为有了私产制度，继承财产的子孙就必须孝，这不只是一种义务，而是保持财产的方法。有一本专讲孝道的书《孝经》，据说是孔夫子做的，那上边说，做官的能"保其禄位"，老百姓"谨身节用"能保其财产，就是孝道，正是这个道理。所以忠是维持阶级利益的道德，孝是保持财产的道德，这样的道德，必产生于这样的时代，那是毫无可疑的。

此外夏代还有一种和后世极有关系的事情，就是"历法"。从前通用的"阴历"，也称"夏历"，是从汉武帝时采用的，使用已两千年，这种历法据说就是初创于夏代。春秋时孔夫子尝称道夏代的历法最好，也许是事实。又如后世计算日期用的"干支"，如甲、乙、丙、丁等十天干，子、丑、寅、卯等十二地支，在甲骨文中已确实用来纪日。这种干支，古书上有的说是创于黄帝时代，但不论怎样，在夏代已知使用，确系事实。因为甲骨文中记载商人的祖先，有名王亥和上甲的，都是夏时代的人；夏代的帝王也有名孔甲和履癸（即帝桀）的，可见夏代已使用了。

以上这些事项，都是夏、商时代发展出来的，可见这两个时代虽古，但和后世的生活还有密切关系。不过，这些事项，只是历史的一面，在这些事项的背后，还包含着无数的纠纷、冲突和斗争，以推着历史前进。这些事情又是什么呢？待下章细述。

【注释】

① 见《孟子·尽心下》谓："禹之声尚文王之声……以追蠡。"意思是说，孟子时尚存有禹的残钟，钟纽将绝，钟面剥蚀，但比周文王的钟却好听。"追"是指钟纽，"蠡"是剥蚀的意思。
② 《论语》记："子所雅言，诗书执礼。"雅言就是夏言，雅、夏二字古通用。
③ 董仲舒《春秋繁露》和刘向《说苑》，都说"夏道尚忠"。
④ 郑康成注《孝经》"先王有至德要道"，云"先王谓禹"，"至德要道"即是指"孝"。

第三章 奴隶制度的动摇和封建社会的开始
——商代的灭亡和周代的兴起

一　殷商武丁时代的扩张。由奴隶暴动在帝辛时代所形成的种种矛盾。周人的兴起及其发展。

商代自从第十九个国王盘庚迁都到现在的安阳县附近后（当时称为殷），生活安定下来，到第二十二个国王武丁时，就大行发展。据古书所记，武丁曾远征在今西北陕、甘间的鬼方，又征伐今河南、湖北间的荆楚。甲骨文记武丁对邻国征伐的事更多，如西北方的土方、苦方，西方的羌，都是和商人常常战争的。其他较小的方国还很多，大都变成商人的属国。当时的战争，主要为抢掠奴隶，甲骨文中常有俘人若干的记载。武丁把商人的势力扩充的很大，就地域论，已包有今黄河流域的大部分，所以他的子孙尊称他为"高宗"，意思就是崇高的祖宗。除直辖领土外，商业上的来往，已达今长江流域，如铸造青铜必须用的锡和占卜用的一种"田龟"，都是和长江流域的民族交换来的。

商代经过武丁的扩张，领土骤然庞大了许多，这应当是奴隶和其他劳动人民的血汗换来的。可是统治者不明白这个道理，反以为真是他们祖宗的威灵所致，所以武丁和他的继承者祖甲，在这个隆盛时候，都是忙于改革祀典，修建庙宇，尽量丰厚地祭祀他们的祖先。祖甲以后，继承的国王，益发连祖宗也不记得了，就只知自己享乐。周代的著名贵族周公旦，批评这些国王说，"不知稼穑之艰难，不闻小人之劳，惟耽乐之从"[①]，自系实情。在这些情形里边，包含着对奴隶们更残酷的剥削，自不待说。在社会发展以后，奴隶们的生活毫不能改善，反更加辛苦，更加劳碌，奴隶们没有别法，只有起来反抗。所以武丁时代的发展，反成了衰乱的前奏。经过几代的衰乱，到了最后一个国王帝辛时，一切矛盾再不能弥缝，遂致灭亡。

帝辛，旧日史书里边称作纣，和夏代末年的桀，向来被视作是所有一切帝王中最坏的两个国王。其实，一个时代要变更，在已腐烂的旧的生产关系中，固然也产生不出好的人物来，但时代要变更了，基本上并不是个人好坏的关系。而且旧日历史的记载者，因为他们的立场不同，对个人好坏的评论，也不能作准。究其实，帝辛的荒唐，未必比其他统治者更坏。他好酗酒，玩弄女人，这都是帝王们极平常的事。只是他为满足自己的欲望，总觉着奴隶不够多，常常引诱邻近国家的罪犯和逃亡奴隶，收留起来使用，惹得邻近国家都不满意，骂他是"逋逃主"。这些逃亡的人，当然对他表示恭顺，他就任用这些逃亡的人，做大大小小的官吏，监督自己国内的劳动人民。于是他自己的贵族们，也不满意，都怪他自己的老成人不用，反用些毫无风度的野人作官吏，骂他败坏祖法。而帝辛所招收的这些流亡人物，为表示效忠起见，当然只有拚命压榨，尽量搜括。结果，奴隶们受不了，只有起来暴动，用当时的话来说，就是"小民方兴，相为敌雠"[①]。于是邻国不满意，自己的贵族们不满意，劳动人民们又到处骚动，这个国家自然不能维持了。不过在这许多纠纷里边，基本上只是奴隶制度已根本动摇的问题。那时奴隶并不是不够多，而且一定还很多，只是在社会生产力发展以后，统治者的需要不断提高，而奴隶们的生活不能改善，不肯积极生产。在这种对比下，以统治者看来，就是奴隶不够多，除尽量压迫所有的奴隶劳动外，只有增加奴隶的数目，遂致发生上边所述的一切纠纷。但纠纷愈多，统治者愈要扩大自己的势力，以统治一切；而他的势力愈大，反对他的人也愈讨厌他，就愈要起来反抗。这是生产关系和社会生产力不适合以后，经常看到的现象。帝辛的统治，就陷入这种不能解决的"九连环"中。他见各方面的人都反对他，就愈要扩大自己的威权。传说他有所谓"炮烙之刑"，用烧红的铜柱，让罪人去抱，以威吓反对他的人，不是不可能的。但这些还不算，他最得意的是征伐东夷，甲骨文的记载是"征夷方"。夷方指今山东一带，后来周朝称作东夷。其地有好几个强大的奴隶王国，一向对商人很恭顺，这时也叛变起来。帝辛要"杀鸡给狗看"，当然也为俘掠奴隶，就用全力来征伐他。结果经过一年多的大战，确是把夷方征服了。这事大约在帝辛即位后的第十五年，是他最得意的时代。他克东夷后，掉转头去，想收拾西方的许多国家，这些国家以一个新兴的小国称作周的为首。他想收拾他们，却没有那末容易，反倒惹出大祸来！

新兴的小国周，说起来是一个老部族的后裔，他们是黄熊族姬姓的一支，以农业神后稷为祖先。姬姓本是个大族，夏商以来不甚得势，其族多散布在陕西、四川间，过半游牧半种植的生活，到夏代末年才渐渐繁盛起来。商代盛时，他们无法向东发展，只沿汉水东进，分布在如今湖北、河南间，与后来的楚国祖先杂处，这是个很重要的关键，和周人强大、灭商，有重要关系。到了商代末年，武丁、祖甲间的隆盛时期过后，周人才强盛起来。他们的一个祖先后来尊称为太王的，才定居在今陕西岐山县附近的周原，开始称为周。由太王经王季至文王祖孙三代，对商人叛服不常，有时受商的封爵，有时被征讨。传说文王的父亲王季，就是被帝辛的父亲文丁所杀。到帝辛时，商人的矛盾加深，文王就尽力布置，连络反对商人的许多国家，如姜姓、姒姓、妫姓、芈姓等族，结成一个大同盟。就这些族姓分布的区域看，是从今陕西出武关，经河南南部，一直到山东，所有的国家都联合在一起。所以孔夫子说，文王时"三分天下有其二"，确是事实。这些事大约都在"纣克东夷"以后。帝辛对周人势力的膨胀,当然感到不安,要想收拾他,传说曾把文王囚起来要杀他,却又为周人伪装的恭顺放掉。不久文王去世,其子武王继位,终于把早已布置好的力量,发动起来,一举而把商灭掉。帝辛据说是投到火里边自己烧死。

周武王灭商的这一年,由种种方面推断起来,很可能是公元前一一二二年。这一年,也许是中国史上所能知道比较可靠的、最早的一年。

商代虽被灭亡,但商人的国家并未消灭。这是古代的通例,凡灭掉一个国家,只是取消其独立的统治权和建立对新国家的从属关系,被灭的国家还可分得一部分土地和人民,以奉祀其祖先,除非其祖先没人奉祀了,这个国家才真正被灭。所以商代虽被灭,而帝辛的儿子武庚,仍被允许在其原来的地方(朝歌,今淇县境)建立商国。不料武王灭商后不久即死去,其子成王继立。武庚乘周室的不安定,连合向来效忠于商人的各民族,大举反攻。这一着很使周人震动,乃由周人最能干的一个贵族,武王的兄弟周公旦,亲自率师征讨,经过三年大战,才把武庚和其联合的许多国家都消灭掉。这一次战争,恐怕是中国古代史上规模最大的一次战役,据说有五十个国家真正被灭,周人的统治权也因此扩张到山东境内。另外周室的另一个贵族召公奭,专门经营北方,把山西、河北境内的各民族也全部征服了。所以周初两三代中间,所建立的国家,实比夏、商两代要大了许多倍。

二 周人灭商是农奴制战胜了奴隶制。周初的封建。周初的隆盛。

周代所以能有这样迅速的发展,完全因为他们对劳动人民有了新式的较进步的组织。商代的统治者,对农奴式的劳动不予重视,因为觉着不如对奴隶的全面剥削来的彻底而痛快。但奴隶永远过着牛马般的生活,对劳动自然不感觉兴趣,生产效率势必减低,实不如农奴式的劳动,虽然不能全面剥削,但农奴从贵族的手里边占有一点点私产(工具、房屋和土地等),他们的生活就可安定下来,仍然为贵族们服役。周代的统治者,在反抗商人的过程中,经过无数次的体验,才觉着这种方法实较好,遂普遍采用农奴劳动,和商人那种愚蠢的、落后的,只知拚命扩大奴隶数目,以求增加生产的办法对抗。结果,商人失败了,周人胜利了,也就是农奴制战胜了奴隶制。不过这并不是说周代就没有奴隶,相反的,周代奴隶还很多,而且也不断的增加。只是奴隶脱离了生产,只给政府机关及贵族家庭做各种杂事,和后世的婢仆一样。从事生产劳动的基本上是农奴。农奴在周代通称作"庶人"或"庶民",就是众人、众民的意思。庶人已不能随便杀戮,周初的贵族头子周公旦,再三告诫其贵族和官吏,"应保殷民"③,不准随便杀戮,要"庶狱庶慎""勿误于庶狱"④,如果"乱罚无罪,杀无辜",那就"怨有同,是丛于厥身"⑤。这是周初劳动人民已不能任意杀戮的明征,也就是说,周初的劳动人民已经是农奴的待遇,而非奴隶了。至于奴隶,周代一直都很多,普通称作僮、仆、隶、奚、奴、妾等。原来奴隶的专称"臣"字,到了周代,变成下级对上级的普通称呼,上级为"君",下级为"臣"。不过虽然变了,而凡称臣的,不论地位如何高,仍然保有奴隶的身份,有替君主死节的义务⑥,臣和奴、侯等,仍然可以被主人随时杀戮。这就可见,有奴隶身份的,确是和普通劳动人民不同,普通劳动人民从周初以来已不能任意杀戮,而奴隶却是可以任意杀戮的。这是农奴制和奴隶制的大界限。奴隶制的残余,一直保存到秦、汉以后,主人还是可以任意杀戮奴隶的⑦。

周代既采用了农奴劳动制,跟着来的就建立起剥削农奴的体系,也就是分成许多等级的"封建制度"。中国所谓"封建",表面上固然只是"封土建国",但"封土建国"的本质,实在就是令贵族们各据一方,就地剥削农奴,和欧洲中世纪的封建领主完全相同。有人把周代的封建国家，了解为氏族部落，或奴隶王国，那都是错了的。周代贵族的封土建国制，萌芽于商代，在前一章我们已说过，商代已有侯、伯、男、田等封国。不过商代的封国都是奴隶主，是为管理和剥削奴隶群的，和剥削农奴的封建领主不同。

周代的封建领主，大部分建立于武王、成王两代。其中一部分是周室的子弟及同姓族属，如文王子周公旦封于鲁（今山东曲阜县）、康叔封于卫（今河南省淇县境）、武王子唐叔封于晋（本封唐，今山西翼城县）、同姓召公奭封于燕（今河北宛平县）等是。据说仅武王时代所封的兄弟之国就有十五人，其他姬姓国有四十人。再一部分是周室的亲戚，如姬、姜两姓世为婚姻，武王的夫人就是姜姓，且姜姓各国对周室的灭商有大功，所以首封姜姓太公望于齐（今山东临淄县），其他姜姓国还很多。又如武王女婿于妫姓胡公，故封于陈（今河南淮阳县）。武王母为姒姓，故封姒姓东楼公于杞（今河南杞县）等是。这些亲戚、子弟的国家，是周室的主要封建国。另外还有许多古代国家的后裔，对周室亦表示隶属关系，也经过封建的礼节。如武庚灭后，又封商人后裔微子于宋（今河南商丘县），芈姓荆楚仍封于楚（今河南内乡县）等甚多。据说周初的封建国家，大大小小有一千八百多个，周室为各封建国家的共主，号称"天王"。

周人用这些办法，把商代末年的许多矛盾给解决了：农奴的生活较奴隶略为改善，可以安心生产；贵族们各有领地，由所领的农奴供养，在当时生产力状况下，可以不必再起争夺。于是全部社会安定下来，就形成周初的隆盛局面。据说在武王以后，成王、康王两代，先后有周公、召公、毕公辅政，"制礼作乐"，刑罚不用，很有一派兴隆气象！这显然是生产关系和生产力相适合的结果。不过，周代所完成的这种封建制度，主要的固然只是领主剥削农奴的制度，但要把这种剥削制度维持得住，却还需要许多办法或组织。所谓周公"制礼作乐"，就是订立许多办法，来维持他们的剥削权利。而且许多办法，也不是周公一时能想得出来的，它是随着社会的发展，不断增加,不断完成。到了后来,这种制度成为一种非常繁复的体系。两千多年以来的中国社会,一直到最近以前,都或多或少受这种制度的支配或影响,所以我们对这种制度有比较详细了解的必要。这些办法是什么呢？于下章再行详说。

【注释】

① 见《尚书·无逸篇》。
② 见《尚书·微子篇》。
③ 见《尚书·康诰》。
④ 见《尚书·立政》。
⑤ 见《尚书·无逸》。
⑥ 《国语·晋语》记臣子的义务:"三世事家君之,再世以下主之,事君以死,事主以勤。"
⑦ 宋王栐《燕翼诒谋录》谓:"五代诸侯跋扈,枉法杀人,主家得自杀其奴仆。"事实上秦汉以后虽常禁杀奴隶,而始终未能禁绝。

第四章　典型的封建制度

——由西周到东周所完成的种种制度

一　宗法制度的起源及其作用。宗法制和封建制的关系。宗法制的极限。"姓"和"氏"。

封建制度,在古代社会说起来,实在是比较复杂的一种制度。他们对贵族分配财产的办法,剥削农奴的办法,社会上各种人中间的关系,下至于琐碎的生活事项,都有详密的规定,统名之曰"礼"。当然这许多办法或礼,并不是短时期所能规定的,更不是周公一个人所能制定,是在长时期中发展出来的。以现在看来,封建社会的全部制度,在周初建立完成,经过西周数百年的发展,到春秋时代,也就是公元前八世纪到六世纪间,才达到最高点。当时把封建统治的一切办法,都视为礼,这些礼制,举重要的说来,有以下几项。

首先,封建制度是贵族政治,是为贵族剥削农奴的制度。贵族如何分配领地及农奴,以施行剥削,这是首先必须解决的。规定这些办法的,名曰"宗法制度"。宗法制度的意义有二:一是团结贵族集团,一是分配财产。

在前几章我们已经说过,私有财产制度发生以后,必然要引起财产继承问题。夏、商以来,或由少子,或由长子,或由兄弟继承,都可,但中间有一个问题,就是继承国王财产的只能是一个人,若国王子孙很多,那除少子或长子外,其余子孙该如何分配呢?如分配不得法，弄得彼此争哄，贵族就无法维持其统治权。宗法制度就是为解决这种问题的。夏、商间的解决办法不详，大约和原始时期氏族的分化相近，子孙多了以后，就各为一集团自行发展，古书中记夏、商两代分化出来的氏族很多，当系由此而来。这样自然的分化，当然不能团结成较大的力量。所以商代末年已经产生了一种简单的宗法制，即凡直系子孙称为"大宗"，旁系子孙称为"小宗"，或某一国王的子孙即自成一宗，如成汤的子孙称"唐宗"，祖乙的子孙称"祖乙宗"，文武丁的子孙称"文武丁宗"等等。这样比较可以团结得广阔点，但还不能把所有的贵族团结在一起。其能团结所有贵族的，是周的宗法。其法系先确定"嫡子继承制"。所谓嫡子，是国王嫡妻（即正妻）所生的长子，才能继承王位。其余不论长幼，都为"别子"。别子都各成一系，亦由其嫡子（嫡子亦称世子）继承下去，就是"大宗"。别子的其他儿子称为"祢"，亦各由其子继承，称为"小宗"。如此类推，一代一代下去，大宗、小宗永远分得清清楚楚。凡大宗、小宗，都有宗庙，在小宗的宗庙里边，对大宗的祖先永远祭祀，虽经百世，也不改变。且又规定，小宗对大宗有服从的义务，名曰"敬宗"；大宗对小宗有保护的义务，名曰"收族"。这样传衍下去，无论经过多少世代，大小宗总是一层一层联系在一起，在理论上，也就是贵族们都团结在一起了。

大宗保护小宗的办法，就是分配财产。天子将其土地分封给别子，使立一国，成为诸侯，即所谓"封土建国"。诸侯的世子继位后，再将其领地分封给"祢"，成为大夫，其领地称作"食邑"或"采地"。大夫的世子继位后，亦将其领地分配给他的兄弟们（当然也是"祢"），成为士。所以照封建的规矩，只封兄弟不封儿子，文王的儿子由武王封，武王的儿子由成王封，就是因为封建是执行大宗义务的。不过照这样分下去，愈到后来，可分的财产愈少，大夫还有较大的一份财产可分，到了第四代的士，还勉强可分，五代以后恐怕就没有东西可分了。所以任何大宗的财产分配，都有个限度，只限于五世,所谓"君子之泽,五世而斩"①,五世以后差不多等于断绝关系,从第六世起就明白规定"亲属竭矣"②,所以从第五世起,就另立姓氏,自为一族,也就是说要各奔前程,自寻生路了。这"另立姓氏",也是宗法制下的特殊办法。那时"姓"和"氏"不同,姓是女子用,氏是男子用。如夏姓姒、商姓子、周姓姬、齐姓姜等等,都是女子用。文王的夫人姒姓,故号太姒;武王的夫人姜姓,故号邑姜;晋国的女子称晋姬、秦国的女子称秦嬴等皆是。若男子,就不能称姓,平常把齐太公望称作姜太公,周公旦称作姬旦,那都是错了的。男子只能称氏,氏的来源有好几种:有以国名或封地为氏的(如秦国的后裔为秦氏,梁国的后裔为梁氏等),有以官名为氏的(如作司马官就为司马氏,作太史官就为史氏等),有以职业为氏的(如春秋时有人名伶州鸠,因为是伶人;有人名匠庆,因为是匠人),有以其祖父的字为氏的(如祖父字孔父,子孙即为孔氏,祖父字子良、子国,子孙即为良氏、国氏等。但也有以父名为氏的,如父名伯贲,子即以贲为氏,名贲皇;父名儋季,子即以儋为氏,名儋括)。姓永远不变,氏可常常变更。其所以有这种差别,是因为姓是图腾制度的遗迹,专用以表示婚姻关系,同一图腾不能通婚,即同姓不能通婚,故姓由女子专用,永远不变。氏是表示身份或宗法系统的,故由男子使用,可因地位、职业而异。在宗法制下,从第五世起,祖产无可分配,亲属将竭,就得选择一个氏名,自成一族,表示另谋生路。由此可见,宗法制下的财产,绝不是全族共有的,它是因亲疏远近而有分别,所以礼最重"亲亲之杀","别亲疏,明贵贱",是礼的重要任务,我们不应把周代看成是"氏族共有制",这是不须多说的。即就团结论,当然也非常有限。在理论上固然可有"百世不迁之宗",但事实上数代以后已各自成族,虽然在宗庙中,或由姓氏上,可以知道其祖先及大宗,但已彼此不相照顾,子孙们或流离失所,或逃奔外国,亲属已竭,到那时恐怕对不起,都不能团结了!

二 封建社会的等级制或阶梯制。封建国家的割据性。隶属关系。封建仪式。超经济剥削。封建道德。

其次,照宗法系统分配财产的结果,表现在政治上,成了天子、诸侯、大夫、士的等级,这是另一方面。天子是政治上的"共主",也就是宗法上的"共祖"。所以封建时代"家""国"是合一的,家即是国,国即是家。古人说,"欲治其国者,先齐其家",又说"家齐而后国治"③,这在封建时代贵族政治下,确是如此,但到后世就绝不能通。有些书呆子,在秦、汉后治理国家,也要先从"齐家"做起,那真是呆的无以复加!那时天子虽名为"共主",然实际上只是名义,他对各诸侯国家的政治,并不能干涉,凡军事、财政、赋税、司法等事,各诸侯皆自行治理,并不必向天子请示,所以古书说,"诸侯……南面而治,有不纯臣之义"④,就是指这种情形。不惟诸侯如此,即大夫,在其采地上,也可自由任命家臣治理,或自由加重对农奴的剥削,甚或杀戮,也不必向诸侯请示。这种情形是典型封建时代的重要特征之一,即所谓"等级支配制"。就是说,当时的统治权并不集中,非如后世的统一国家,权力都集中在皇帝或中央政府手里边的样子。封建时代的统治权,是散在各个等级里边,天子的固然最大,但诸侯在其国内也有其独立统治权,大夫在其采地也有独立权力,下而至于士,有田地,有农奴,也有独立主权。这种政治形式,好像阶梯一样,又好像塔一样,有人拿埃及的金字塔相比,称为"金字塔式"的政治。至于在诸侯中间,又有所谓公、侯、伯、子、男等五等爵位,即庶人至奴隶中间,又可分成好几等。当时人说,"天有十日,人有十等"⑤,就是说明封建社会,简直就是个"等级社会"。因此,封建时代的各诸侯国,都是半独立的,是割据的,彼此不相统率。我们对后世称兵割据的军阀或地方官吏,都称为"封建军阀"或"封建割据",就是这个原故。

但这样繁杂的等级,怎样维持在一起呢?维持的方法没有别的,只有依靠点名分关系。中国所谓名分,即"隶属关系",或"人身的附属关系"。所谓名分或隶属关系,就是说上下的等级定后,下一级承认为上一级的臣属,那就"永远"应当服从上一级,受上一级的支配。这里"永远"两个字的意思,必须注意,就是名分确定后,再不能改变,不惟本人一生应服从,甚至他的子子孙孙也永远受支配。在确定这种名分关系时,必举行一定的仪式,可称为"封建仪式"。如天子封一个诸侯,必须以所封的土地、农奴及其他财物,如铜器、玉器和弓矢等,郑重授给诸侯,再谆谆告诫,不要背弃祖宗。受封的诸侯,必须宣誓效忠,拥护王室。传说封建时,天子还要把一撮土授给诸侯,为诸侯建立社稷的基础。这撮土是由天子的"社神"那里拿来,这就表示王室和诸侯间有了根本的联系。诸侯封大夫以及大夫以下各等级的人,欲得较上一级的保护,或觅职业,都得经过这种仪式,惟仪式的繁简当然不同。最普通的,是下一级把名字刻在木板上,并说明一定对主人尽忠效死,然后把木板——称为"策"——交给主人收藏,这样君臣的名分关系就定了。关系定后,下一级对上一级,即臣对君的义务很多。如诸侯对天子,有缴纳贡赋,参加朝、聘、会、盟,受号召出兵打仗等事。不过这些义务,也按亲疏远近有所不同,亲近的,贡赋和朝会的次数较多,愈远愈少,远到边荒的蛮夷之邦,终生能来一朝也就算了。在其他各级中间,贡献礼物、侍候主人、主人有难报仇替死等等,都是经常的事。尤其那些疏远的贵族士,他们既无多的财产,又不肯劳动,惟一的职业,就是称臣于大夫,以求一官半职。战国时孟夫子说的好,"士之仕也,犹农夫之于耕也"⑥。他们要做官,就必须养成一套做官的本领。凡士人,必能文能武,文能赋诗,武能扛鼎,平常讲究行侠尚义,怎样忠于主人,怎样替主人尽节死难。大概臣事君的礼节,以这个阶层发挥的最多。这种士人,和欧洲封建时代的武士,完全一样,是专门"帮凶帮闲"的阶级。此外,工匠的徒弟对师父、商人的学徒对老板以及其他各色职业中间,都赖这种名分或隶属关系维持。所以这种隶属关系很重要,是封建社会另一个重要特征。下一级隶属于上一级,上一级就借此剥削下一级。这种剥削方式,并不必通过金钱的关系,只凭君臣、上下的名义,就可无条件的剥削。这种剥削,是封建社会的又一个重要特征,称作"超经济的剥削"。所谓"超经济"的意思,是说他们单凭贵族的特权和势力来剥削人,不必经过经济的作用就可剥削。超经济剥削和隶属关系,是构成封建社会最主要的两条骨干。

等级支配、隶属关系和超经济剥削,既是封建社会的要素,所以封建时代的思想家们,就尽力维持这些要素,使他合理化,变成天经地义,教人不敢怀疑。比方,他们把"封建共主",称为"天王"或"天子",意思就说他是代表天的,他的一切行为都是天所命,或说是上帝的意思。天子以下的各级贵族,也是效法天的,试看"天尊地卑"⑦,天地都有尊卑,那末人里边有尊卑贵贱的分别,就不容怀疑了!像这一类的理论很多。这样一来,贵族们的特权,都有深刻的根据,那他们要你侍候,要你贡献礼物,甚或要打要杀,那都是应当的,不应反抗。这样就把贵族们的超经济剥削权力维持住,不能动摇。所以中国古代虽没有这些名词,但实际上是过的这种生活,圣贤们的一切教训,都是教人往这方面做。又如分成许多等级,互相隶属是必要的,于是圣贤们就按各个等级,各立一种道德,使彼此遵守,这种等级就不会破坏。各种等级无非是君臣、上下,遂有"君仁臣忠",或"君义臣行""上惠下和",以及父慈、子孝、兄爱、弟敬,或"贵贱有等,长幼有序,朝廷有位"等等道德教条。这些道德都是按等级使用,绝不能通用。比方,君对臣绝不能说忠,臣对君绝不能说仁;父对子不能说孝,子对父不能说慈。这是因为本是在等级支配制下产生的道德,所以道德的作用就是专门辨别等级。我们说中国的旧道德是"封建道德",正是因为他是等级式的道德,是专为维持封建的等级支配制,教一部分人始终隶属于另一部分人的道德。

三　井田制即农奴制度。农民被束缚在土地上。劳役地租。"井田"名义。工商业者亦隶属于封建领主。自然经济。

以上这许多制度或办法，看起来虽然复杂，但归结起来只有一个目标，无非是从各方面安排天罗地网，来剥削农奴劳动。广大的农民群众要生活，就得耕种土地，因为当时除耕种外其他生活事项还没有发达起来。贵族们就利用这种情形把土地占领起来，谁要生活，就得依附他，隶属于他，受他超经济的强制剥削。上边的许多办法，是维持这种剥削权力的种种方法，至于直接向农奴进行剥削，另有一套办法，称为"农奴制度"，在中国名为"井田制度"。这种井田制度在中国已经争论了好几千年，有的认为是一种理想，事实上未曾有过；有的以为确实有过，到如今也不能解决。其实，这种争论，根本上有一个共同的错误，是把井田制看成均田制，以为是替农民平均分配土地。这种想法实在太天真了！那有封建地主肯为农民平均分配土地的道理？井田制度的真象，只是封建领主对农民征收劳役地租的方法，这是封建时代最原始、最残酷的剥削制度。他的办法是这样：所有的农民都被束缚在土地上，任何情形下都不能离开。战国时自称提倡"仁政"的孟夫子，教封建领主把农民管理住，令他们"死徙无出乡"，就是束缚农民的"仁政"！孔夫子极力推崇的大圣人周文王，定了一条著名的法律，叫作"有亡，荒阅"⑧，意思是说，凡有逃亡的人，务必要大大的搜查，非把他追回来不可！这就是要把农民紧紧捆在土地上。捆在土地上以后，每个农民都配给一份地，让他耕种。这一份地普通是一百亩——那时一百亩约合现在四十八亩余，正是一个人的劳动力所能担负的。农民领得这份地后，名义上是归农民使用，后世误解为平均土地即因此。殊不知农民要使用这份土地，却不好受，必须付出许许多多劳动力做代价。首先，他们必须替贵族耕种土地，大约领百亩地，至少须替贵族耕十亩地，这十亩地称作"公田",意即君主的田地,必须先把公田耕种好,才敢耕种自己的份地。因为是领一百亩替贵族耕十亩,所以称为"什一之税"。照此计算,一个极平常的领主,有一二千个农奴不算稀奇,就可替他耕种一二万亩地,所以我们在《诗经》里边常看到有一两千人甚至二万人同时耕作的事⑨,就是农奴替贵族耕作的情况。其次,农奴每家须经常预备几个人——大约家有五口人,就须预备二个人——替贵族做各种杂事,并担任兵役,如贵族修城盖房、婚姻丧葬、田猎打仗,都由农奴替他劳动。而且做这些劳动,不惟毫无报酬,且须由农民自备粮食工作。这一份费用,就须由农奴所领份地的收获物中自行支付。再次,凡行军打仗所用的一切军需用品,如车马、衣粮、军器等等,都须农奴供给,也是在农奴的收获物中支付。这样一来,农奴领上一百亩份地,供给这许多担负以后,剩余下能归他一家人自己消费的,还能有多少呢⑩?这就是中国井田制度被后世歌颂为仁政的真象!

　　不过,这种制度为什么要叫作"井田"呢?说来很简单,因为那时劳动生产率很低,一夫受田百亩,所能生产的东西有限,要满足贵族们庞大的需要,势必不可能,所以把受田的农奴,每互相靠近的九家,编成一组,共同劳作,共同担负,这样既可增加劳动效能,又可积少成多,备办用品。因为是田地互相靠拢的每九家编成一组,把这种组织投射到田地上去,就形成个"井"字形式,所以称为"井田"。在劳动时每三人又称"一屋",屋是"具"的意思,仿佛如今北方耕地时一牛一驴称为"一具",三人成一具,大概是两人耦耕(古代未发明牛耕以前,全由人力耕种,为增加效力计,总是两人结伴耕种,称为耦耕),一人休息替换,三三相具,即成一井。至备办军需用品时,那就很复杂:先把每九家的物资集合起来,积到十个井的数目时称为一"通",才可备办全副武装的甲士一人和徒兵(即步兵)二人。再积到一百个井时称为"成",就可备办打仗用的革车一乘、甲士十人、徒兵二十人。如此递升,积到一万井的农奴物资时,称为"同",就可备办革车百乘、甲士千人、徒兵二千人,这是一个较大的卿大夫之家。再积到十万井,就可备办兵车千乘,就是诸侯。积到百万井,可以备办兵车万乘,即万乘之主的天子。不过这当然是大概情形,未必真的这样整齐,但天子、诸侯和大夫各大小贵族所有的一切需要,都是由每九家一组的农奴劳作及备办而来,照当时的生产力状况看来,确系事实。这就是中国农奴制度,也就是井田制度下,对农奴剥削的全貌。

至于那时的工商业者,和农奴一样,也是隶属于贵族的,不过比农奴要自由点。那时社会生产力不发达,工业制造品和需要交换的物品不多,工商业都不能成为一独立部门,只由贵族们收养一批工匠和商人,替他们制造或交换必需用品,当时称为"工商食官"⑪,就是这个道理。因此工商业的组织都极其狭小,都是由各家庭的成员世袭其职业,还不能扩张成为广大的社会事业,贵族们的日常需用,基本上都是由农奴供给。所以封建时代的生活,都是"自给自足"的,和其他区域隔离的。这种自给自足的经济,称为"自然经济",就是因为制造品和交换品都不发达的原故。

照以上种种办法看来,周代的封建统治,确是想的详密、周到,好像一定能统治千年、万年的。殊不知不论统治的怎样牢固、严密,总限制不住社会的发展,在社会发展以后,那些统治的枷锁,都要一个一个被打破。周代的劳动群众们,在严密的统治下,怎样发展起来呢?在下章细述。

【注释】

① 见《孟子·离娄下》。
② 见《礼记·大传》。原文谓:"四世而缌,服之穷也。五世袒免,杀同姓也。六世亲属竭矣。"亲属竭,谓只是同姓,无亲属关系。
③ 两句皆见《大学》。
④ 见《公羊传注》。
⑤ 见《左传·昭公七年》。

⑥ 见《孟子·滕文公下》。

⑦ 见《周易·系辞传》。

⑧ 《左传·昭公七年》记:"周文王之法曰,'有亡,荒阅',所以得天下也。"

⑨ 《诗经·周颂·载芟》篇有"千耦其耘"语,是两千人同耕。又《周颂·噫嘻》篇有"十千维耦"语,是两万人同耕。

⑩ 《左传·昭公三年》记晏婴语,谓:"民参其力,二入于公,而衣食其一。"是农民的收获物三分之二交与地主,这比后世"十税其五"还要重。

⑪ 见《国语·晋语》。原文谓:"公食贡,大夫食邑,士食田,庶人食力,工商食官。"

第五章　社会生产力的发展和封建国家的兼并
——春秋、战国时代形态之一

一　周室统治权的动摇。共和元年。西周的灭亡。东周——春秋、战国时代的划分。扰乱的根源。

周代的严密统治，固然也安定了些时候，但安定并不多久，即照他们自己说，也只有成王、康王两代，成、康以后就慢慢摇摆起来了。第四代昭王时对他的封建邦已经有点统率不住，南伐楚，大败，归时渡汉水，楚人买通水边的人，让他坐一条用胶水糊起来的船，走在中流船破，溺死。第五代穆王好巡游，曾经跑到如今甘肃祁连山附近，拜访一个古代部族名"西王母"的——这个名词是说"西边的王国名母"，母不是国王的名字，那地方的民族称为膜人，这是古代一个著名部族，夏代以来已称西王——又顺便到今天山附近一游，才返回来。他这末游的固然痛快，但却没有防备东边有许多国家，尚未隶属于周室，就乘机作乱，以今江苏徐国的偃王为首，结合三十六个国家，大举伐周。那时周穆王还没有回来，幸而他坐的车是有名的"八骏马"拉着，可以日行千里，所以不到几天就跑回来，费了许多力气，总算把这个乱事平定了。周室的统治就这末摇摇摆摆，摇摆到第十个国王厉王时，愈不像样子了，不顾人的死活，专门搜括，弄得人人叫苦。他见大家都不满意,就益发凶狠,凡有叫苦的,一律都杀掉。结果大家见面谁也不敢讲话,"道路以目"。这末过了三年,农奴们再忍不住了,就来了个大暴动,要杀他,他吓的跑掉,由其他贵族出来维持,才安静下来。这是历史上明白记载农奴暴动最早的一次。

当时出来维持的贵族,是共国的诸侯名和,所以从厉王跑掉后的下一年起,就称作共和元年。这一年是公元前八四一年,是中国史上所能知道的最早的一个可靠年代。在这以前的年代都是推测的,从这一年起,才有一年一年的编年史记载下来。

共和行政维持了十四年,才由厉王的儿子宣王继位。周宣王似乎要恢复他父亲已失掉的威风,或者是要借向外扩张,以镇压国内的不安,所以即位后南征北伐,用兵不休。结果,除灭掉今安徽境内一个淮夷小国称为噩侯的外,西北方面却败于戎人,并不得意。到了他的儿子即周室的第十二个国王幽王继位后,戎人里边的一支称为犬戎的,大举侵周,久已摇摇欲坠的周室不能抵御,隶属于他的诸侯们也不来援救,周室的都城镐京(在今陕西西安西南)遂于公元前七七一年被犬戎攻破,诸侯们的共主竟被杀死。

镐京破后,周室的根据地陕西一带尽为戎人侵占,周的贵族们不能安居,纷纷向东迁徙。周幽王的儿子后来称为平王的,被贵族们拥戴即位于申(今河南南阳县),另外一个儿子称为携王的也即位于携(今河南境),于是周天子演出了"双包案"!这样经过了二十一年,携王被杀,周平王看见镐京的老家回不去了,才定都于洛邑(今河南洛阳西北),成为东周,以别于建都镐京时代的西周。

入东周后,周室的统治权就不仅仅摇摆了,简直根本动摇起来。诸侯们"强吞弱,大并小",成天在战争,一直扰乱了五百多年,这是中国史上有名的大乱时期。这个大乱时期普通又分作两期:从公元前七二二年(周平王四十九年、鲁隐公元年)至公元前四八一年(周敬王三十九年、鲁哀公十四年),凡二百四十二年,因有孔夫子所作《春秋》一书记其事,故称"春秋时代"。此后不久,至周威烈王二十三年（公元前四○三年），渐演为"七国交战"，直至秦始皇统一时止（公元前二二一年），凡一百八十三年，称为"战国时代"。

东周时代这个大乱，不是偶然的，这是许多矛盾的总暴露。这些矛盾里边最基本的一件事，是农奴们要想翻身了，他们不愿再受贵族们无尽止的压榨，要争取较自由、较幸福的生活了。因为农奴们要翻身，贵族们当然恐慌，只有加强压迫和束缚，以维持其统治权。但是大大小小的贵族，都要加强自己的力量，势必侵犯到其他等级的利益，结果就产生了"强吞弱，大并小"或"以下犯上""臣弑其君"的现象。因此封建社会的各个等级中间，都以斗争的姿态出现，都不愿遵守仁慈、恭顺、效忠等教条，于是"君不君，臣不臣，父不父，子不子"，由天子、诸侯、大夫、士，以至大宗、小宗，各种名分关系都被打破，遂演出极无秩序、极其混乱的状态。周厉王的被逐和周幽王的被杀，尚只是这种混乱的发端，入东周后就愈演愈烈了。

二 铁器的使用。牛耕。使用肥料。手工业和商业的独立。社会分工的发达。铸造货币的使用。农奴暴动的扩大。

不过农奴要翻身，是时时刻刻有这种要求的，只是到了东周时代才能发挥出伟大的力量，使整个统治阶级都动摇起来。因为在从前要翻身还不可能，到了东周时代，社会生产力渐渐发展，生活的方法加多，生活的路径扩大，农奴们不必一定依靠贵族的土地，可以找得他种生活方法，自然就不愿受贵族的束缚，翻身才变为可能。这时社会生产力方面有几样极显著的发展，比方铁制的工具，是东周初年或早在西周末年才盛行使用起来。冶铁的技术可能知道的很早，但制造铁器不大容易，所以西周时代普通工具都还是铜制。到东周初年，手工业和农业工具才普遍采用铁器，只有兵器还用铜做，及春秋中叶后，兵器也都用铁制了。铁器的采用当然增加了工作效能。又如西周时代都是人力耕种，即"踏耒而耕"，春秋中叶后才发现了牛耕,以牛耕种,工具也跟着加大,才由耒改成犁。这两种发现,又大大增加了耕作的效能。又如西周时代还不知使用肥料,耕地皆采用"休耕"的办法,每种一年,土地必休息一年或两年。初用肥料虽不知始于何时,但战国间已普遍,孟子、荀子的书中都提到用粪肥田的办法。因为这些新的工具和技术的发现,从前不能耕种的荒地,现在都能耕种,农奴们自可逃出贵族的管辖,自行生活了。

工商业方面,从前和农奴一样,也是依附贵族的,到春秋时代,都成了独立的行业。手工业中,小如制鞋、制帽,大如纺织、冶铁,都成了专业。尤其冶铁工业,在战国中叶后盛极一时,凡开矿制铁器的,都成了大作坊主。当时社会分工已很发达,各地区都有特殊的制造品,如齐国的纺织工业,长江流域的铁制农具和刀剑,河北境内燕国的甲胄和角器,秦国人用细竹合起来制成的矛戟柄,以及郑国的刀,宋国的斧、斤,楚国的箭干,胡地(内蒙古东南部)的弓矢,都是极著名的。因为分工细密,交换自然发达,所以商业的繁盛尤为前所未有,所有的手工业者事实上都成了商品生产者。春秋、战国间大商人很多,如郑国一个商人弦高,在经商中偶然遇到秦师袭郑,竟能代表郑国以其商品犒劳秦师,使秦师退走。孔夫子的弟子子贡,以经商致富,与诸侯分庭抗礼。越国的宰相范蠡,宁可弃官不做,情愿经商,终致大富。因此,这个时代,显然已不完全是自然经济,各种物品都以货币计价。如一石谷普通值铜钱三十,一个人一月中吃的盐也需钱三十;一斤黄金值铜钱四千;一个很好的宝剑和名贵的象牙床,都值千金;一个贵族的园圃称为温囿的,每年的出产值八十金等等。因为钱的用途广,各封建领主都竞行铸造货币。当时的钱也称"刀"或"布",有的简直像一把小刀,有的像农业工具的耒或耜,有的已和后世的铜钱一样作圜形。不过这种铸造货币是战国时代才发达起来,这是纯粹的自然经济时代所绝没有的。由这些事实看,可以知道由春秋到战国,商品经济已渐渐发达了。

因为以上这些新事实的产生,使农奴和同样隶属于贵族的工匠、小商人等,都得到翻身的机会,他们经常暴动,或大批逃亡,以追求新的生活。在暴动中,有的贵族被杀,有的国家竟因此灭亡。如春秋时今陕西境内有一个梁国,梁国的诸侯好兴土木,经常迫使农奴们修城造房,农奴们疲累不堪,都逃亡,后来秦国来侵,无人守御,梁国遂亡。又如陈国的贵族庆虎、庆寅,迫使农奴修城过严厉,农奴们忿怒,大起暴动,先把监工的人都杀死,最后连庆虎、庆寅也杀掉。又如卫国的庄公,使工匠们修造房屋过久,不得休息,工匠们愤怒,遂与反对庄公的臣子们结合,把庄公驱逐。又如有一年齐、鲁、宋、卫等八国诸侯相会,欲修一个城,当时用的农奴、工匠很多,工作紧迫,工人们都不高兴,乃故意在一天晚上放了一个谣言,说齐国有乱,齐国的贵族们都心慌意乱,急于回国,只好停止筑城。像这种事例很多,都可见当时的人民们已经稍为有点力量,不能全由统治阶级摆布了。

三　封建国家随产业发展而强大。几个落后的国家。各国的兼并。五霸、七雄。周室的灭亡。

在社会生产力发展下,被压迫的人们固然开始起来追求新的生活,同时在统治阶级方面,有的封建领主,也能适应新的生产力的需要,作种种的改革,把他的统治权放在新的基础上面,遂使他的国家变的强大起来。比方齐国,齐国在春秋初年是最前进的国家。他们靠着海,盛产鱼、盐,有些聪明的统治者,老早已提倡制盐业和捕鱼业。那时齐国又盛产蚕桑,统治者也极力提倡,故丝织工业也极发达,当时齐国号称"冠带衣履天下",就是说全中国人戴的帽子、穿的衣服和鞋,都是用的齐国货。齐国因为有这些新的生产事业,所以他很富强,在春秋初年几乎代替周天子统治着各封建邦。又如晋国,晋国在今山西南部,直到如今也是富足区域,古代盛产桑麻,尤其以麻布最著名。山西北部多狄人小国,长于畜牧,晋国人一方面和他们通商,多得皮革、弓矢等物,一方面常常战争,把晋国人锻炼的很强悍,所以晋国很早就变成一个军事封建的国家。晋国的封建制度和他国不同,他们不是宗法关系,而是军阀制度,从春秋初年起就废止公族制,就是说国王的亲属不能执政,执政的必须是军事上有功的领袖。因为这些条件,所以晋国在春秋时代一直是最强盛的国家。又如秦国,秦的立国较迟,在西周中叶初封时只是一个附庸,即是附属于诸侯,尚不能成一国家。及周室东迁,陕西一带为戎人侵占,周平王命秦人驱逐戎人,即以所得土地赐之,秦国才得列为诸侯。以后逐渐扩张,把西周原有领土即渭水流域,全部占据。渭水流域在古代是最富足的地方,土地既肥沃,又南近巴蜀(今四川),北近戎、翟,在手工业和商业发达以后,西北和巴蜀的许多物资,都须经过渭水东运,所以秦国的农、工、商业都占优势,故能特别发展。又如楚国,楚国的根据地,本在今河南、湖北间的丹水流域,西周中叶后逐渐扩张至长江流域,渐渐包有今湖北、湖南、安徽、江西间地。那时长江流域的经济尚未发达起来,可是有许多木材、金属、海产物,都是黄河流域所没有的。楚国的领地既广大,天然物资又多,所以在春秋、战国间一直是强大的国家。春秋末年,长江下游的吴、越两国,一度兴起,和楚国争强,但最后也为楚国所并。

除以上这几个国家,因经营工商业,能适应新的生产力,都有特殊的发展外,其他许多国家,却都显得落后萎缩下去。比方宋国,初建国时本是个大国,地位最高,但入春秋后,仍然固执旧式的生活方式,工商业毫无足称,以致各方面都显得落后,人也显得愚鲁起来。春秋、战国间,凡说愚笨可笑的事,都出在宋国。如农夫有的"揠苗助长",有的"守株待兔";有的晒太阳觉着舒服,以为是了不起的发现,就要"献曝"于其君,欲邀重赏;有的向齐人请教发财的方法,齐人对他说,富人的行径和强盗一样,他就真的做强盗,被捕治罪,他还大惑不解。又如鲁国,齐、鲁是邻国,纺织业也相当发达,可是他们自以为是周公后裔,"犹秉周礼",封建色彩特别浓厚,即人民中也喜欢学文学,轻视工商业,所以春秋以来鲁国也只是个二三等国家,人民也以愚鲁著称。有一个故事说,一个鲁国人搬家,东西物件仔细检点,惟恐丢掉,结果,家搬完了,东西倒没有丢,却忘记了搬太太,给丢掉了。这些故事正是意味着人民的生活落后,思想意识固陋可笑,所以才成了嘲笑的对象。此外,其他国家,如曹、卫、陈、郑等等,在初封时都是选择的好地方,可是在典型的封建生活下是好地方,但新生活发展后不知进步,就成了落后区域,只供其他国家宰割了。

春秋、战国间就是这样一个时代:社会生产力发展,下层民众到处骚动,追求新的生活,统治阶级也极力想种种方法,维持其统治权力,各方面都这样尖锐地斗争着。结果,有的统治者变的强大起来,愈强大就愈要扩张;有的却在斗争中失败,微弱下去,愈微弱就愈被侵凌,因此就形成极剧烈的争夺战争。这时那个"封建共主"的周天子,已全然无用。所谓"共主",本来只是个名义,这时更成了空头衔,只有一任各封建邦互相争夺。在争夺中,反倒是有几个强大的诸侯,变成实际上的领袖,号称"霸主"。春秋时先后有"五霸",即齐桓公、宋襄公、晋文公、秦穆公、楚庄王。他们各自率领一部分诸侯,互相对抗。那时政治、文化的中心,都在黄河流域。黄河流域各国都自称华夏,秦近戎,楚近蛮,皆视作蛮夷之邦。这种民族上的区分,就成了斗争的题目。齐、宋、晋三国代表着华夏,和秦、楚对抗。另外又假借封建的礼节,说是要"尊崇王室"。实际上无非是拿这些题目,以文饰那种"争城争地"赤裸裸的争夺。"五霸"中宋襄公不过是个配角,他以宋国特有的那种落后性,和楚国打仗,却在战场上大讲仁义,不防楚国人射了一箭,中个正着,因此致死。所以有人把宋襄公去掉,把吴王阖闾或越王勾践加进去的。吴、越两国是在春秋末年也加入这种争夺,在短期内也相当强盛。

总而言之,不管"尊崇王室"也好,争华、夷界限也好,争夺的结果是强大的愈强大了,微弱的就消灭了。据说春秋初年还有二百多个封建国家,经过二百四十二年的战争,只剩下十几个,其间齐国并吞了三十五国,晋并二十余国,楚并四十五国,其他不能细数的当然还很多。到了公元前四〇三年,即周威烈王二十三年时,发生了大变化,即春秋时最强大的晋国,被他的三个军阀家族韩、赵、魏所瓜分。不久齐国亦为他的大夫田氏所篡。因为这个变化,所以以后就另划为战国时代。

到了战国时代,事实上只有七个国家在活跃,即韩、赵、魏、燕、齐、秦、楚,号称"七雄"。"七雄"的竞争,老实说,比春秋时代要漂亮点,他们绝不讲什么"尊崇王室",而且自己也都称起"王"来。到了公元前二五六年,周室最后一个国王,数起来是第三十四个国王,称作周赧王的,爽性被迫把土地献给秦国,自己跑到秦国"顿首称臣",这样周室才正式亡了。战国时代也不讲什么民族界限,他们只是战争,谁富强谁就是领袖。在战国初年,齐、楚、赵、魏几国,都还势均力敌,秦国并不最强。及公元前三六〇年,秦孝公用商鞅变法,把秦国的政治、社会、经济,完全用最进步的组织改造过来,才变成最强大的,其他六国远不及。以后六国有时"合纵"拒秦,有时"连衡"事秦,左右都没办法,到了公元前二二一年,终被秦国统一,这是五百多年大乱最后的结局。

不过,这五百多年大乱,绝不止这样争争扰扰,你争我夺,最后统一了就完事,其间必是产生出新的生产关系,和已发展的生产力相适合起来,才能得到这个最后的结局。这些新的生产关系有些什么?在下章细说。

第六章　商品经济萌芽后的种种新现象
——春秋、战国形态之二

一　新统治阶级——富人阶级的产生。新式劳动者——农民改为商人服务,独立的小生产者和雇佣工人的出现。农奴缺乏,引起封建领主的恐慌。

春秋、战国的扰乱,根本上只是农奴要翻身,不愿再受封建贵族的束缚这一件事所引起来的,这一件事办不到,那社会就永远不能安定。但是要把这件事办到,却也不容易,非把各种生活方式及组织制度,根本改造过来不可。春秋、战国的扰乱,事实上就是在那里改造一切,所谓"五霸""七雄",所谓"尊王攘夷"等等,都不过是表面的现象,本质上是在大行翻造,换句话说,就是在那里制造新的生产关系及其建筑物,以和新的生产力配合。扰乱了几百年,算是产生了许多新事项,打破了许多旧事项,农奴们的生活,总算改善了一些,然后国家统一了,社会才安定了。

究竟产生了些什么新事项,打破了些什么旧事项呢?

首先,最有关系的一件事,是社会上产生了几种新的阶级。在典型的封建社会内,只有两种阶级,一种是统治阶级的贵族或封建领主,一种是被统治着的农奴。但春秋以降,随着社会生产力的发展,产生了一种新的统治阶级,也产生了几种新的劳动者。这种新的统治阶级，即是前一章已经说过的商品生产者及商人。他们不是贵族，没有封地，也没有爵禄，但是他们掌握着新的生产手段和资料，如工具、原料、森林、矿山等等。他们通过专为他们服务的各种形式的劳动者，取得制造品，卖给消费者，赚得许多钱，用钱来支配一切。这种人春秋、战国时代通称为"富人"，以和那种有封地、有爵禄的贵族区别。这种富人在当时数量上固然还不很多，但是已把封建贵族的权力分了一部分去。春秋时晋国的贵族叔向，说晋国的富商虽无功庸爵禄，但能"金玉其车，文错其服，能行诸侯之贿"（意即与诸侯交往）①。子贡也毫无官职，但"结驷连骑，束帛之币，以聘享于诸侯，所至国君无不与之抗礼"②。这就是说，社会上的财富，从前本来都是贵族所有的，现在却为富人阶级分了一部分去，居然可以和诸侯们分庭抗礼了。也就是说，封建贵族的统治权已为商品生产者和商人分了一部分去了。

但是事实上还不止此，他们不仅仅把社会上的财富分了一部分去，而且连贵族们私有的财富也要分去；再进一步，不仅仅要把贵族们私有的财富分去，且要把贵族们特有的身份特权，也要剥夺了去。总而言之，富人阶级是要把种种封建统治，加以分解和腐蚀，而代以他们自己的统治，用金钱来统治。这种转变固然不是短时期所能完成的，实际上以后又经过了两千多年，也没有把这种过程完全成功，但这种转变是开始或萌芽于春秋、战国时代，确系事实。

比方，贵族们紧紧束缚着的农奴，这时束缚不住了，至少有一部分变成商品生产的劳动者，为那些小作坊主或商人服务。这里边有好几种人。有的还是农奴，但已不纯粹，他们除替贵族劳动以外，尽可能要拿出多余的时间和精力，再为自己生产些可以出卖的东西，以换取其他生活必需品。战国初年，魏国的农业经济家李悝，计算农民的收获物，至少要拿出三分之一变成钱，购买其他用品，主要的为衣着，把卖谷物的钱全部购买衣料，都嫌不足③。这就说明了战国初年的农民，已不是自给自足的生活，也不能全为地主服务，他们要卖谷买布，客观上已在为商人劳动了。其次为逃亡的农奴或工匠，他们有某种手艺，或借贷，或由商人供给原料，以生产商品，变成小生产者，或变成零售商人。如《韩非子》载，鲁国有一家长于制帽和鞋的小生产者，拟到越国做生意，有人告诉他说，越人披发跣行，既不戴帽，也不穿鞋，去了那里无生意可做云云。这虽是个寓言，但显然表示出当时的小手工业者已是独立的生产者，可以自由迁徙，和从前隶属于封建领主下，"民不迁，农不移"④的情形，完全不同了。再其次为一种更不幸的逃亡者，他们除了自己的劳动力以外，什么都没有，就只有把自己的劳动力出卖给小作坊主或其他雇主，以换取金钱或别的用品——这就是"雇佣工人"的出现。这种雇佣工人是代替封建经济的资本主义生产的一粒种子，战国间农业和工业方面都已渐渐出现。如战国中叶的齐襄王，少时曾变易姓名为人佣作⑤；战国末年有名的音乐家高渐离亦为人佣保⑥；《韩非子》亦记有"卖庸而播耕"的人，以求得美食并赚得工资。不过这种雇佣工人在当时并不能很多，必须商品经济大行发展，封建社会完全解体，农民普遍破产以后，才能形成。正因为雇佣工人的缺乏，所以当时比较大规模的生产者，如冶铁、开矿、制盐及大的纺织作坊，不得不依靠第四种劳动者——奴隶。如秦国宰相，原来是大商人的吕不韦，他有"家僮万人"。四川的大铁厂主卓氏，"富至僮千人"。齐国的大盐商刁间，专门喜欢使用奴虏，使逐渔盐商贾之利，富至数千万。这里所谓"家僮"及"奴虏"，都是奴隶劳动，以后直延至汉代，奴隶劳动愈益扩大。很多人误解这种现象，以为秦、汉间还是奴隶社会。殊不知这是封建社会开始解体，商品经济初行发展，农民尚未大量破产，雇佣工人未大批产生时代的现象。若竟认为是奴隶社会，那就相差的太远了！事实上，这些家僮或奴虏，是商品生产者对资本的原始积蓄，他们为大量生产盐铁，又不能大批雇到完全出卖劳动力的工人，遂不择手段，只有招收或俘掠各种极端贫困或犯罪的人来奴役了。

以上这几种劳动者，无论哪一种形式，都是从封建贵族领有下转变过来的——或部分转变，或全部转变。也就是说，原先本是贵族阶级的财产，现在却被商业资本家剥夺去了。这样剥夺的结果，如果数量并不甚多，当然无足重轻。但由春秋到战国，农业人口之转变为工业的及商业的人口，愈来愈多，使封建地主感到劳动力的缺乏，大起恐慌。《孟子》中记有一个诸侯梁惠王，向孟子提出一个问题，说是："我对人民总是尽力爱护，比方河内遭了凶年，我就赶快移其民于河东，并运粮食到河内。这样救济，河东遭了凶年，也是如此。细看别的国家，并没有像我这样用心周到的，但别国的人民不见减少，我的人民也并不加多，还是什么原故呢？"这是梁惠王感觉到他的劳动力缺乏，才这样"用心"。他说别国人民不见减少，其实别国的诸侯也正和他有同样感想，也正在那里发急。这种发急和恐慌，是使统治者不得不改良其统治方法的根本原因，也就是改建上层建筑的条件，这一点下文再说。

二 "一国而二君二王"。贵族阶级的没落。

封建地主劳动力的被剥夺，是商业资本侵蚀下最深刻的一件事。还有比较显明的，是封建地主在几百年中由榨取积累来的财富，也直接被剥夺了去。因为商人的商品，正是以封建贵族做市场，齐国的"冰纨绮绣纯丽之物"，赵地的玩好弄物，江南的珠玑玳瑁，代北的旃裘，都是以贵族做对象。贵族经常拿出其私蓄，购买这些物品，在商人贱买贵卖的原则下，日子一久，都要变成商人的俘虏。有一个极端的事例，是最后一个"封建共主"的周赧王，周室八百年的积蓄，到他手里边时本已所余无几，他又天天换取商人的物品，最后无物可换，只得向商人借债。他不知道高利贷的可怕，愈积愈多，无力偿还，有一次被债主们迫得没办法，只得藏到一个台上躲避，后来人就把这个台称作"避债台"。这不过是无数事例中的一个。贵族如此，农民就更不要说。商人就这样通过商业资本和高利贷资本，不管什么人的财富，都要集中在他们手中，所有的人就直接间接都在他们支配之下。因此战国间有人慨叹说，"一国而二君二王"⑦！就是说除国王外，商人在无形中也是个国王，这就可见当时商人的猖獗了！

和商人的猖獗恰恰相反的，是本来握有支配权力的一般贵族阶级，反倒没落下来。贵族的没落，基本上是商业资本从种种方面侵蚀所致，不过表现在外面的也有种种原因。比方，前边我们已经提到过的，春秋初年封建国家尚有二百二十多个，到战国时只剩下七国，就是有二百一十多个国家完全被灭。这二百一十多个国家的贵族，当然丧失一切权力和身份，只有变成平民。至于那些存在下来的国家，也不等于说他们的贵族就都存在下来。我们前边已说过，在宗法制下，疏远的贵族已都有变成平民的可能，而在春秋、战国间，宗法制已不能维持，贵族中间经常互相争夺、并吞。如春秋初年晋献公尽诛群公子，致使晋无公族；宋文公时因其兄昭公的子孙反抗，遂大屠贵族，凡与昭公一系有关系的武、穆、戴、庄、桓各族，都或杀或逐。像这一类事情，春秋、战国间实举不胜举。战国时赵国的大夫左师问他的太后说，"今三世以前至于赵王之子孙为侯者有乎"？曰无有。这就是说，仅仅三代以前赵王的子孙，连一个有封地的都没有了。各国的贵族这样掉下来以后，能做平民还是较幸运的，很多贵族是被迫作奴隶。如晋国的军阀贵族，栾、郤、胥、原、胡、续、庆、伯等八族，后来都"降在皂隶"；战国时春申君说韩、魏受秦侵略，贵族们"离散流亡，为仆妾者，盈满海内"。当时贵族们的遭遇，大抵如是。这些没落的贵族，若看到那些"金玉其车，文错其服"，和诸侯分庭抗礼的富人们，能作何感想呢？《诗经·小雅》有一首诗题作《正月》的，是这些没落贵族绝妙的一篇自白。那上边先说，"父母生我，胡俾我瘏？不自我先，不自我后……忧心茕茕，念我无禄"。这是怪怨他的父母："为什么不先不后把我生在这倒霉的时代……该怎么办呢，已毫无俸禄了！"下边又说，"彼有旨酒，又有嘉殽，洽比其邻,昏姻孔云,念我独兮,忧心殷殷!……哿矣富人,哀此茕独"!这是说他偏偏和一家富人做邻居,富人好酒好肉正在结婚,他却孤独地只一个人,所以不自觉地叫起来说,"奢侈的富人们啊,可怜可怜我这孤独人罢"。又有一首诗题作《北门》的,是卫国的贵族发牢骚,说:"出自北门,忧心殷殷!终窭且贫,莫知我艰!已焉哉!天实为之,谓之何哉"!又有一首题作《大东》的,据说是谭国的贵族作的,他先说了自己的穷困劳苦以后,又羡慕的说:"东人之子,职劳不来;西人之子,粲粲衣服;舟人之子,熊罴是裘;私人之子,百僚是试!"这是说,东家的人职务很忙碌,西家的人衣服很漂亮,船商的儿子能穿极好的皮裘,一个卑贱家庭的儿子也能做官!我们如果有权不必遵从注疏家的曲解,那么这首诗显然也是羡慕富人的。

由这些没落贵族的自白,和那些被惊为一国二王的商人势力对照,不难看出,春秋、战国时代,实在是个剧烈的、巨大的变革时代。无情的阶级斗争,使原来认为"天尊地卑"一样的贵贱等级,这时天地也不能不变化了。

三 封建领主的追求改革。"废封建,立郡县"。"举贤才"。游说和食客。

因为有这些变化,那些尚未没落下来,尚在当权执政的王侯贵族们,就不得不起来作种种的改革,以企图巩固他们的政权。这些改革,就形成变化的另一面。春秋以降,各封建国家,不论大小,都在追求改革中,只是改革有的有效,有的无效。比方有的国家,只是极力整顿残破的封建制度,如赵盾治晋,芳掩治楚,子产相郑,都不过是编制农奴、禁止逃亡、修理沟洫以及整饬官职等事。这些改革虽能在一时期表现振作气象,但究竟不能挽救剧烈的变革。其能适合社会需要,建立新的组织制度,使纷乱的局面终于安定下来的,实为"废封建,立郡县""废井田,开阡陌"诸点。

封建制的废除,是指封土建国制亦即阶梯政治的废除,已开始于春秋初年。从那时起,诸侯们兼并得新的领土后,有的固然还封给其贵族们作为领地,而有的却不封建,往往由诸侯自领,直接治理。这种直接治理的地方称为"县"。后来县设的多了,在县以上又设郡,以统县。县的设置,初见于公元前七世纪末年,那时楚文王灭申、息二国,即改为县;约略同时,秦武公灭邽冀戎,亦县之。此后各国渐行仿效,县的设置日多。以后又过了一百多年,到战国初年,县以上的郡才普遍设立开。不过,当时各国都是封建制与郡县制并行,只有秦国在公元前三六〇年时,秦孝公用商鞅变法,才把贵族们的封地一律取消,都改为县制,并吞得其他国家领土,一律设郡。至于功臣,名义上也给块土地,食其租税,号为"封君",然和从前的封建已大不同,封君无权再把他的封土封给别人,所以秦国是最能彻底实行这个新制度的。郡县制所以终能代替了封建制,其根本原因是在于国王们要专制,要集权。因为他们看出春秋以来的扰乱,很显明地是诸侯或大夫割据封地,任意争夺,上一级的国王或诸侯无法控制所造成。欲矫正这个乱源,只有不再封建,把所有的领土都由国王直接统治起来,才能安定。郡县制就是适应这种需要而产生,郡县的官吏都由国王直接任命——县称县大夫,或县尹、县令,郡称郡守——其任期既无一定,可由国王随时撤换,不似封建诸侯或大夫的世世承袭;同时郡县官自身毫无权力,不过是代表国王去治理,也不似封建诸侯或大夫的有独立权力。这样权力都集中于国王,一切都由国王专制,就不至再有春秋以来那种方式的纷扰。封建国王的这种要求,即是要专制、要集权的要求,显然是促成统一国家的有力条件。而这种要求的成为可能,根本上是商品经济发达的结果。商品经济发展后,必然要造成统一的国内市场[⑧],这是政治上统一的先决条件。正因为国内市场逐渐形成,封建割据才被人厌弃,封建国王的要求集权才变为可能。所以统一国家的出现,实完全是商品经济发达的结果。由分裂割据而成为集权统一,这是上层建筑方面最巨大的一种改变。

和这种改变有连带关系的,是国王们既发见专制或集权的新的统治方法,因此他们任用各种官吏时,也不遵守封建制度下必须有封地的贵族、公卿、大夫执政的办法,他们往往不管什么人,不论亲疏、贵贱,只要能替他们办事,能替他们富国强兵的人,都可任用,中央官吏也好,地方的郡县官吏也好。这种制度也开始于春秋初年,如辅佐齐桓公称霸的一批人,像管仲、鲍叔牙、宁戚等,都不是齐国的贵族,管仲、鲍叔牙都做过商人,宁戚据说是贩牛的出身。又如另一个霸君秦穆公所用的辅佐,如百里奚、蹇叔、公孙枝、由余等,也都是其他国家的人,都非秦国贵族。这种风气到战国间愈盛,各国的大小官吏,都不论身份和出身,只要有本领,能为人主致富强,就立被任用。因此当时专门有一种游说之士,奔走各国间,三言两语说的投契,即可做官。各国国王、贵族,也都喜欢收养这些游士,以便有事时任用,号为"食客"。收养游士最多的,如齐威王时多到千余人,他们都住在齐国的稷门下边,所以称为"稷下先生"。齐国一个贵族孟尝君,收养食客更多至三千余人。其他如赵国的平原君、魏国的信陵君、楚国的春申君以及秦国的吕不韦,食客都在千人以上。这班游说之士,出身极不一致,但都非以贵族的资格被任用,而是以才能任用。这样,也说明了封建制度的破坏和贵族阶级的没落,因为封建贵族已不能单独掌握政权,其他阶层的人也要来参加政治了。这是上层建筑方面又一种巨大的改变。

四　农奴解放的开始。实物地租。商鞅的"废井田,开阡陌"。农奴从封建领主手里边解放出来,又束缚在封建国王手中。

最后,在一切改变中,最基本也最重要的一种改变,是隶属于封建贵族的农奴们,也得到了解放,虽然是不彻底的和不完全的解放,但至少有一点,他们已变成自己耕地的主人,可以自由买卖其所占有或使用的土地。换句话说,农奴们只要有钱,也可变成地主,而没有钱时，也可把他的耕地卖掉，无人能干涉。就这一点说，农奴的身份显然提高了。这一点改变，是几百年中农奴不断斗争的具体收获物。封建的统治者在农奴经常暴动或逃亡之下，既感觉到恐慌和骚扰，已如前说，他们就不得不设法改革，欲使农奴们安静下来，以便照常替他们服务。这种改革当然经过很多的考验，最后才觉着有效的办法，莫过于统治者不再直接管理土地，把土地交给农民，让农民所有，统治者只征收赋税，这样既可照旧搜括榨取，而农民一旦变成自己耕地的主人，当然高兴，就可提高了劳动的兴趣，不惟安心生产，且必努力生产。这种改变，不是短时期完成的。由春秋到战国，我们最先看到的是，农奴制度下最原始的剥削方法，也就是中国所谓井田制度主要特征的"劳役地租"，已经改成"实物地租"。如前边已经提过的战国初年人李悝，他说一农夫治田百亩，能收获一百五十石，应缴"什一之税"十五石云云，这十五石"什一之税"，就是实物地租。当时和以后劳役地租虽还存在，但已不是地租的主要形态。由劳役地租改成实物地租，对农奴的待遇和身份固然没有改善丝毫，但实物地租下的土地，已不啻是农民私有的，在耕种时自然比耕贵族的"公田"要感觉兴趣，产量当然增加。我们前边说农奴可有多余的生产品和商人交换，就是基于这种原故。

实物地租显然是启发农民私有土地的一个条件，因为农民私有土地可以增加产量，统治者在觉察这种道理后，才肯作进一步的改革，爽性把土地所有权交给农民。这种改革，春秋以降，有些国家也偶然采用过，但都不彻底。彻底采用这种办法的，也是公元前三六〇年替秦孝公变法的商鞅。商鞅既把秦国的封建领主都撤消，政治上采用了郡县制，经济上也采用了新的土地制度，所以跟着"废封建，立郡县"来的，就是"废井田，开阡陌"。这"废井田，开阡陌"六个字，包含的内容甚复杂，主要有以下几点：

（一）封建领主撤消后，领主们的领地，一律交给农民所有。商鞅嫌秦国的农民不够多，大量招收三晋（指韩、赵、魏三国）的逃亡农奴,使到秦国领地耕种,而且尽量让他们领种,不加限制,打破井田制下"一夫授田百亩"的办法。农民领地后,除对国家缴纳田税外,其如何使用或买卖转移,国家一切不问,就是说变成了农民的私有财产。农民所缴的田税,照后来秦、汉间的通制看,是"十五税一",也比周代通行的"什一之税"为轻。

（二）凡耕地的农民,皆不担任兵役,就是说把从前农奴制度下的兵役制免除。商鞅令秦国的人民专门打仗不耕地,从三晋来的农民专门耕地不打仗,这样就把农民的担负减轻了不少。

（三）战争用的军需军器和各种装备,在从前都须农奴集体备办供应,这是井田制度的另一重要内容,已见前述。商鞅也把它一律废止,改由国家统筹办理,只向农民征收"赋"（古代赋和税不同,赋指军赋,税指田税）,作为供应经费。这种赋,以后来秦国的制度看,当即"算赋",每一成年男女征收一百二十文钱,这比井田制下农奴直接供应一切军事用品当然要轻多了。

（四）以上这几点,是"废井田"的主要含义。不难看出,农奴的身份既提高,他们的枷锁也被解除了不少。至于"开阡陌",是另外一件重要事项,虽然是相关连的。阡陌是指田地间的陇亩界限（南北曰阡,东西曰陌）,因为井田制是适应人力耕种的制度,一夫授田百亩,人力耕种,势必要划成小方块,如种菜蔬的"畦"一样,才能进行。但春秋末年以来,既发现用牛犁耕种,牛犁比人用耒耜耕种,当然须较大的面积才能回旋,阡陌纵横的小方块畦子,当然非打破不可。但井田制不废止,农民使用土地面积的限制不取消,那要采用这种大的工具耕种,绝不可能。只有商鞅废井田后,把土地交给农民,一任他们耕种,不加限制,农民才有采用这种新工具的可能和热忱。"开阡陌"就是把原来适应人力耕种的陇亩界限都取消,变成大的面积,以采用牛和犁的新工具,这样生产量势必大大提高。

由此可见,商鞅的"废井田,开阡陌",实在是一种极重要的改革,他的确把农奴的枷锁解除了不少,同时新式工具也能普遍采用。

这样的结果农民自然可以安心生产,所以商鞅以后不久,秦国的宰相蔡泽称道他说,"商君决裂阡陌,以静民生之业"⑨,可见商鞅的改革,确是把春秋、战国几百年中的困难给解决了。秦国根据这些改革,终于统一六国,不是无因的。不过商鞅的改革,绝不要误会成是革命。他虽把农奴的枷锁解除了不少,但不惟没有把农奴真正解放了,而且是在建立新的农奴制。他规定:人民"僇力本业,耕织致粟帛多者复其身("复其身"就是说免除他的力役),事末利("末利"指工商业)及怠而贫者,举以为收孥"⑩。这就是说,人民都须从事农业,耕种收获多的有赏,从事工商业的有罪。这样就把人民仍然束缚在土地上。同时,他又规定:"民有二男以上不分异者倍其赋。"⑪这就是说,人民只准耕织劳动,替君主做农奴,而不许成为族大、人多、地广的地主。因为家族愈分异的快,那就土地所有的面积愈小,替君主纳税的户口单位也愈多;反是,若土地和人口永不分异,那就势必成为高门大族,这样不惟纳税的单位减少,且有侵占君主财富即割据的危险。所以商鞅替秦国建立的新法,其根本精神,只是要把君主变成唯一的封建大地主,而使所有的人民都成为农奴——既不许做比较自由的工商业,也不许做侵占君主权力的地主——这是商鞅变法的真意。但近来一般都根据董仲舒的话,以为商鞅变法,是造成了新的地主阶级⑫。殊不知地主的存在和发展,恰恰是商鞅所反对的。商鞅明明规定民有二男以上必须分异,又哪里是制造新地主呢?商鞅的本意,只是要使全国人民都农奴化,只有一个封建君主做着唯一的大地主,统治着,专制着。他的变法,是把农民从许多封建领主手里边解放出来,又束缚到贵族头子封建国王手里边去;他是要人民都向统一的封建国王服务,而不要向分散的各种地主服务——这是商鞅变法的本意,也就是秦、汉以降君主专制国家政权性质的真相。

总而言之,春秋、战国的扰乱,绝不是仅仅扰乱而已,他是在那里拆毁旧的建筑物,建造新的楼房。纵然这座新楼房基本上还和旧的一样,但他所用的材料,大部分和旧日不同了。他有了独立的工商业者,有了专门用钱剥削人的富人阶级,有了好几种新式劳动者,有了半独立半自由的农民。这许多不同的生活者,由商品经济把他们联系在一起,为商品经济造成一个广大的市场,供它发展,因而一个统一的国家和统一的政府,就成了这许多小生产者客观上的要求。而在封建统治者国王方面,也为有效地剥削这些小生产者,感觉到把割据的不统一的贵族分封制弃掉,改用集权的、专制的方法进行剥削,要好一点,所以也追求统一。因为这些规律的支配,就促成统一帝国的实现。

不过,这座新楼房当时还是客观的东西,只是一种规律,在一般人主观上、意识上还不能都掌握住。要把它掌握住,实行建筑起来,还需要列宁所谓"社会建筑的工程师"制图设计,然后才能下手建筑,这就是普通所谓思想家、教育家的责任。因此当时产生了许许多多思想家,各人根据各人的认识,来承担这种工作,这就是历来所艳称的春秋战国思想学术的发达。当时那些诸子百家究竟讲些什么?我们在下章细述。

【注释】

① 见《国语·晋语》。
② 见《史记·货殖列传》。
③ 见《汉书·食货志》。
④ 见《左传·昭公二十六年》晏婴语。
⑤ 见《史记·田敬仲完世家》。
⑥ 见《史记·刺客列传》。
⑦ 见《管子·轻重甲》。《管子》一书是战国间人辑的,故定为战国间现象。原文记管仲对齐桓公说:"今君之籍取以正,万物之贾轻,去其分皆入于商贾,此中一国而二君二王也。"
⑧ 列宁说过:"市场是商品经济的范畴。"又说:"国内市场是在商品经济发生以后产出的,它是由商品经济的这种发展所造成。"见列宁《俄国资本主义的发展》第一章。

⑨ 见《史记·蔡泽传》。

⑩ 见《史记·商君传》。

⑪ 见《史记·商君传》。

⑫ 《汉书·食货志》载董仲舒语,商鞅"改帝王之制,除井田,民得卖买,富者田连阡陌,贫者无立锥之地"。按井田制下,土地只能封赠,不能买卖,商鞅废井田,只是替买卖土地制造好条件,而土地能够买卖,却是商品经济发达的结果。

第七章　各阶层思想的反映和君主专制理论的形成
——春秋、战国时代形态之三

一　思想学说发达的原因。旧思想的失效。
　　诸子百家。刘歆的分类法——九流。

春秋、战国时代，生活方面既已起了种种剧烈的变化，反映在思想方面，当然也非起巨大的变化不可。旧日人多喜欢说，春秋、战国是中国思想学术最发达的时代。其实并不是思想学术最发达，实在是这个时代的社会变动最大，比鸦片战争以前二千年中任何时期的变动为大，所以思想方面也表现的最复杂。这个时代的变化，由前几章所述不难看出：一方面，差不多是整个古代生活的解体，由夏、商以来就已存在的贵族阶级，由他们所结成无数的小团体，奴隶王国也好，封建国家也好，这时都被打破，要建立较大的生活集团；同时一向认为天地一样不可变化的贵贱等级，这时贵族垮台了，而被他们统治的庶民、奴隶等，倒有的阔起来——这些变化不能说是不惊人的。在另一方面，原来贵族们统治着农奴和奴隶，彼此过着分散的、隔绝的生活，这时被商业资本的侵蚀分化，生活方式显然复杂多了，除旧的封建王侯贵族外，有新兴的用钱剥削人的富人阶级，有自耕的或半自耕的小土地所有者，有作坊主，有小手工业者，有大大小小的商人，有雇佣工人，有农奴，有奴隶。这许多不同的生活阶层，当然各有各的要求，各有各的想法，如果都能表示出来，恐怕诸子不能限于"百家"了。

因为有这些剧烈的变化，首先使我们看到的是，所有的古代思想，在这时候，一般说来都失了效验，不大被人相信。这是因为古代思想所支持的，认为了不起的那些东西，这时都垮了台，并没有如传统思想中所说的那样不可动摇。比方，动辄以为受有天或上帝命令的周天子，这时被他的臣下百般凌辱，上帝号令不动了；一向以为受天神或许多祖宗威灵保护的贵族们，这时也都保护不住了。在这些活生生的事实面前，又哪里能教人依旧相信原来本是统治者自己造出来的鬼话呢？所以早在春秋初年，有许多进步的思想家，对那些古代思想已坚决不相信。如公元前六六二年，虢国的一个知识分子史嚚说："国将兴，听于民，将亡听于神。"①又如宋襄公时，有一年，有五块陨石落在宋地，又有六个海鸟名鹢的飞过宋都，宋国人以其惯有的落后性，认为这些事情不平常，必主某种灾难，大家骇的不得了。恰巧这时有周室的著名知识分子叫作内史叔兴的，因事到了宋国，宋襄公就很郑重地提出这事，问他主什么吉凶呢！内史叔兴敷衍他一阵后，出来对别人说："君失问，是阴阳之事，非吉凶所生也，吉凶由人。"②这就说的很明白：在从前，本以为一切吉凶、祸福都是由天或神祇主宰的，现在内史叔兴却断言是"吉凶由人"。这还不算。当时的人，不惟不相信神鬼，即连一些人认为是天经地义的"君臣之道"，有些进步的思想家也不相信，而以为是可变的。比方，鲁昭公被他的臣子所驱逐，流落到外国好多年，终于死在外国。当时晋国一个权臣赵简子，也是有能力驱逐其君的，似乎对这件事别有会心，就问一个知识分子史墨说："为什么鲁国的君主被其臣子驱逐，死在外面，就没有一个人起来干涉呢？"史墨对他说："社稷无常奉，君臣无常位，自古以然！"又说："三后之姓，于今为庶……天之道也！"③这就明白指出，时代变更，君臣替代，才是天道，绝没有永远不变的统治者。由这些事例可见，春秋、战国间人，正因为目击当时翻天覆地的变化,才觉着旧有的一切道理,都靠不住,都不得不追求新的真理。又加以各种阶层都起了分化,新的、旧的各式生活者,都要按自己阶层的需要,提出意见,企图在政治上、社会上、经济上形成适合自己的一套,遂有"诸子百家争鸣",产生了许多思想学派出来。

这些诸子百家之学,战国到秦、汉间的人,很多加以分类说明。最普通的是西汉末年的刘歆,他总括为十家,即:儒、道、墨、名、法、阴阳、农、纵横、杂及小说家——其中小说家,据说都是些"街谈巷议之言",不足称道,只有九家可称,所以后世习称为"九流",平常说"三教九流"("三教"指儒、佛、道),即本于此。不过这九家里边,也有几家没有学术价值。比方"杂家",是指那些杂取他家学说,凑成自己主张的一种人,并不能成为一独立学派。又如"纵横家",是指那些游说之士,或主"合纵",或主"连衡",多不过是种外交政策,并无学术价值。另外又有几家,虽足成为一派学说,但或无多大影响,或是书籍失传,无法研究。比方"农家",他们主张"君臣并耕",要推翻阶级制度,使人人都自己耕地来生活。这个意思是好的,但他们的学说只是在《孟子》书中提了一提,据说有一个许行和他的几个信徒,推行这种主张。当时信从的人既少,也没有书籍流传下来,我们无法研究。又如"阴阳家",本是自古以来流传的一种思想,他们不用神鬼观念解说宇宙万物的来源和变化,而是以阴、阳和金、木、水、火、土几种元素为宇宙万物的基础。这是古代朴素的唯物主义,老早就流传着。到战国间,有一个邹衍,把这种理论应用到人类社会上来,说社会的变化,也是受阴阳五行转变的支配,有什么"五行转运"之说,谓每一时期各有金、木、水、火、土一种元素主宰着,并且前一时期和后一时期必有"相生"或"相克"的关系,这样就把唯物论的阴阳五行说,变成唯心论的,为后世看相算命的迷信家所本。但不论唯物论的阴阳说,或唯心论的阴阳家,其书籍都失传了,现在除秦、汉以前的古书中略提一二语外,也不能详细研究了。此外如"名家",这是有学术价值而却不是一独立学派,且其书籍也失传了。所谓"名家",是指辨别"名""实"关系的一种人,如辩论"白马非马""坚石非石"之类。这种辩论,以现在的话说来,是讨论思想的方法,也就是逻辑问题。这种学问当然是必要的,不过各家学说都各有其思想方法,不能有独立的逻辑学派,也不能有独立的名家。战国时代所谓名家,实际是墨家和道家的思想方法论,其他各家也都有其名学。所以名家不必单独研究,而研究各家学说时,却首先必须了解其思想方法。

因此,刘歆所分的九派学说里边,大部分不必详说,或不能详说。其对当时和后世有重要影响,值得详细分析叙述的,只有儒、道、墨、法四家。

二 最落后的道家学说。老子和庄子。反对现实,留恋过去。老子对辩证法则的认识。老子的错误。庄子的发展更坏。

这四家里边,以道家最为落后,他们大约是古代奴隶王国残余的贵族,连封建生活也嫌复杂而麻烦,要返回古代简单朴素的生活去。这派的代表人是老子和庄子,他们的事迹都不十分清楚了,近人对老子究竟是什么时候的人,都起了怀疑。有些人以为老子还在庄子以后,差不多已是战国末年的人。其实就现存的《老子》和《庄子》两部书,研究其思想发展程序,那《老子》的作者实在《庄子》以前。《老子》的作者,据相传的说法,是姓李名耳,普通称作老聃,其人在孔子以前,曾作周室的"柱下史"官,孔子曾向老聃问礼。庄子姓庄名周,是战国中叶的人,约和孟子同时。老子和庄子都是当时楚国的人,以现在说来都是河南东南部的人。他们的思想是同样的立场,而庄子比老子实在更要坏点。他们都反对当时的现实生活,认为一切文物制度、礼乐刑政,都要不得。春秋、战国的大乱,据说正是因为文物制度过于发达的原故。老子有名的话是"民多利器,国家滋昏""法令滋章,盗贼多有""绝圣弃智,民利百倍""剖斗折衡,而民不争"等等。同样意思的话,在庄子书中也很多,不过说的更抽象点。有很多人看了这类话,以为老子有革命思想。那是大错特错的。其实他们反对当时的现实生活,正是说明了他们在现实生活中不得意,是没落者。他们的理想生活乃是"小国寡民,使有什伯之器而不用,使民重死而不远徙。虽有舟舆,无所乘之;虽有甲兵,无所陈之。使民复结绳而用之。……邻国相望,鸡犬之声相闻,民至老死不相往来"。这种生活是什么时代呢?试看,工具简单,文字也没有,而劳动的人民却被限制的死死的,不能来往,这显然是奴隶社会的现象。"小国寡民"正是奴隶王国的写照。老子等人大约都是古代占有奴隶的贵族苗裔,到封建社会都被打下去了,只给封建领主做些小官吏,所以愤而咒骂封建社会的一切,要返回他们祖宗的得意时代去——这是道家思想的真正出发点。

不过,如果只是这样泼妇骂街似的咒骂一场,还有什么学术价值!思想家的长处和短处都在这里,他们正是能把一切事实掩没或概括起来,提高成一种抽象的系统,名之曰理论或学说。老子一派人只是因为不能随着时代进步,而留恋过去。他们不明白这是落伍者逃避现实的梦境,而却要把事实掩没过去,拿一种抽象的系统来支持其梦境。他们追问:为什么从前的朴素生活能安乐,而现在反不能了呢?他们因此发现了事物的辩证法则。老子说:"有无相生,难易相成,长短相形,高下相倾……是以圣人处无为之事,行不言之教。"这话就是说:凡事物,都是对立的两方面互相矛盾、互相依存而成立的,故"有无""难易""长短""高下"等等,都是互相对立又互相依存。既然这样,"有无相生,难易相成",那末,"有"的结果必是"无","易"的结果必是"难","治"的结果必是"乱","巧"的结果必是"拙"。圣人知道这个道理,所以不从"有"出发,而是从"无"出发,因为"有无相生","无"是可以生"有"的,因此才说"圣人处无为之事,行不言之教"。从"无"可以到"有","无为"实"无不为"。因此老子主张"无为而治"的学说,故谓"我无为而民自化,我好静而民自正，我无事而民自静"。于是再进一步，把"无"看成"道"，即是当作自然界的法则，故说，"天地万物生于有，有生于无"，"道常无为而无不为"。这些道理说来说去，说穿了，只是为支持他们的梦境。从前简陋的生活为什么能安乐呢？这是因为"无为而民自化"。现在"法令滋章""民多利器"，为什么反而越乱呢？这是"民之难治，以其上之有为"，是从"有"必然到"无"的结果。假若跟着老子的这种道理去做，那就只有"剖斗折衡""绝圣弃智"，而去追逐"小国寡民"的生活了！

老子认识了事物的辩证关系，原是不错的，但他的大误处，是把事物"对立的统一"和"互相矛盾、互相依存"的关系，当作机械的对立，矛盾的发展，当作循环的发展。他知道"有无相生"，遂说"有生于无"。殊不知"有"并不能生"无"，"无"也不能生"有"，只有"有""无"统一在一起，才能相生，才能发展。老子为他的阶级性所限，只知留恋过去，不知有发展，以为"有""无"既是相生，那末将"有"舍去，从"无"即可到"有"。殊不知"有"和"无"是对立的统一，是矛盾的发展，如果舍去"有"，那就连"无"也没有了，根本什么东西都不存在，又从何产生"有"呢？因此，老子的学说，在其出发点上原不是消极的，原是要"无为而无不为"的，可是结果上却变成真正的"无为"，任何事也做不出来。这就是因为老子本是代表落伍的阶级，他是留恋过去，逃避现实，并不是求进步、求发展，所以他的学说也只有"无为"，而不能"无不为"了。

老子对于事物辩证运动的理解，既已错误，到了庄子，根据老子的理论去推演，就益发错误。庄子以为既然"有无相生，难易相成"，那岂不是"有"和"无"、"难"和"易"是一样的，又何必有这种分别呢？因此庄子主张"齐物"，他以为一切差别都是不必要的，都可等同起来看，凡长短、高低、大小、是非、善恶、美丑，本质上都是相等的，不必分别。庄子说："物无非彼，物无非是……是亦彼也，彼亦是也。"他举了许多譬喻，说明这种道理，如最大的泰山和极小的沙粒一样,活了八百岁的彭祖和生下几天就死掉的婴儿一样,一飞几万里的大鸟和只能在树枝上跳跃的小鸟一样。照此类推,生和死也一样,故说"古之真人,不知说生,不知恶死"。人和物也一样,"天地与我并生,而万物与我为一"。这样一切差别都没有了,大家都一样,都逍遥自在,这就是人生最高的境界。庄子这种道理,说穿了,无非是要掩没现实世界中的事实,而逃避到梦境中去!他比老子更坏的地方,是老子尚欲从"无"到"有",有点积极的意图,庄子连这点意图也没有,只有一味的逃避;老子尚欲挣扎,庄子就连挣扎的意思也没有了。他所谓"逍遥",是落伍者主观上唯一的出路而已。

总而言之,老庄的学说,把没落阶级所能找到的立场,都已尽量找到,所以后世凡是失意的军阀、官僚,或脱离现实的知识分子,无不以老庄为最伟大的导师,实际上老庄也正是没落阶级的祖师爷啊!

三 维持封建贵族统治权的儒家。孔子、孟子和荀子。孔子的典型等级制度学说。孟子的温情主义。荀子在儒家中最进步。

较道家的阶层稍为进步点的是儒家。儒家是春秋、战国时代刚刚开始被分解、被腐蚀的封建贵族阶级的代表者。儒家的三位大师,孔子、孟子、荀子,人们都很熟习。孔子名丘,字仲尼,春秋时的鲁国人;孟子名轲,字子舆,是战国时邹人;荀子名况,也称荀卿,是战国时赵人。孔子一直被尊为"圣人",是各方面最完全的人物。其实按思想上说起来,孔子远没有孟子和荀子进步。孔子是最典型的封建主义者,孟子和荀子已经是改良的封建主义者了。

孔子认为春秋时代的扰乱,完全是典型的封建制度不能维持的结果,所以他的学说全部都是要恢复残破的封建制度和维持人与人间的封建关系。他极力主张"尊周",要礼乐征伐都自天子出,使各国诸侯都听天子的号令,而各国的大夫却应按次序服从他们的诸侯。因此凡有诸侯对周天子不礼貌或大夫反叛诸侯的，孔子就痛心疾首地主张讨伐。他答复齐景公问政治怎样才能办的好，他说只有"君君、臣臣、父父、子子"。这就是说，各个等级按各个等级的道理去做，政治自然就好了。所以他自己说，如果有机会办理政治时，第一步就是"正名"。这个意思也是说，必须按各个等级正名定分，君尽君道，臣尽臣道，永远不要错乱，就是政治。孔子维持这种名分或等级，最基本的一个办法，是用"礼"。礼是什么？礼是专门辨别尊卑贵贱、君臣上下、亲疏远近的一种工具。换句话说，礼就是维持封建阶级阶梯式政治的方法。凡生活中一切事项，如房屋、衣服、用具以至一举一动，都分别规定，不能踰越，就是礼。礼定好后，各个等级各按自己的身份施行，并且以一定的态度对待另一等级，就是"道德"，如君仁、臣忠、父慈、子孝、上惠、下和等等。这种道德，不是孔子所首创，乃是总结以前的经验而建立的，它是等级的道德，不是平等适用的公共道德，也就是说，是十足的封建道德。这些礼和道德，最高的和最具体的表现，是在祭祀神祇和祖先的时候，所以孔子把祭祀看的极重，以为如果能把祭祀的意义搞清楚，那治理国家就如同举起手来看巴掌一样的容易！一切这些都是孔子的重要主张。有人以为周代不是封建社会，又以为孔子不代表封建阶级，请看这些主张，不是封建社会的产物，是什么社会阶级的思想呢？

　　孟子是继承孔子的，不过因时代变迁，所见的事实不同，所以孟子的思想比孔子进步多了。比方孟子时，旧的封建制度，即由周天子为首的封建制度，已万万不能恢复，所以孟子已不那样顽固，一味尊周。他要改建，他劝梁惠王"王天下"、齐宣王"王天下"，甚至他瞧不起的齐襄王也劝他王，不过他劝来劝去，总是劝诸侯贵族去王，他可绝不去劝庶人（即老百姓）王天下。这就说明他究竟是孔子的信徒，仍然是为封建贵族服务。而且他替这些"新王"设计的国家，也仍然是等级分明的阶梯政治，也是把农民束缚在土地上的农奴制度。他劝贵族们把农民紧紧束缚住，"死徙无出乡"，规规矩矩的"供养君子"。不过他究竟比孔子进步,他要建立新的封建制度,已经不和孔子一样,只知压迫"乱臣贼子",他采取了浓厚的温情主义,以为要王天下,必须施行"仁政"。所谓"仁政",就是分配给农民以足够的土地,不要过分剥削,使农民都能温饱,就不扰乱,天下就安定了。这是很明白的,孟子主张"仁政",是为维持封建贵族的统治权,并不是为人民。有些人看见孟子有"民为贵,社稷次之,君为轻"的话,就以为孟子有民主思想。殊不知孟子所谓"民为贵",是说在维持统治权上人民是必要的,如桀、纣之失天下,就是"失其民"的结果。若是孟子真觉人民可贵,哪能把人民只当作是"供养君子"的奴隶呢?

儒家的思想到了荀子,就离典型的封建制度愈远,而已和后世的政体接近。荀子已不甚主张完全的封建制度,即阶梯政治。他倡导中央集权,倡导君主专制。他不惟不尊周,也不随便劝贵族们"王天下",他主张"天子唯其人",必须"圣王"才可做。所谓"圣王",必须是最聪明、最能干、最强大的人。这样的"圣王",人民就必须畏惧服从,无敌于天下。这样的"圣王",当然就是后世的专制君主了。荀子较孔子、孟子进步的地方,是他所设计的国家以内,已不完全是贵族统治,而却不分贵贱,完全以才能为主。他说:"虽王公士大夫之子孙,不能属于礼义,则归之庶人;虽庶人之子孙,积文学身行能属于礼义,则归之卿相士大夫。"这样的重视才能、不重视贵贱的阶级地位,这是孔子、孟子所绝不能的。荀子也极重视"礼治",而且把礼的作用、效能说的最深刻透彻的,也只有荀子。但荀子已不完全用礼治,而已强调"法治"。他主张对一切不守法纪的人,只有用严刑峻法制裁,谓"征暴诛悍",为"治之盛";若"罪至重而刑至轻",人将不知什么是坏事,必至大乱。这种主张,已和法家极接近了。

四　摇摆于统治者与人民间的墨家。墨家的阶级性。

比儒家的政治意识进步,而却无坚定立场以树立一种新主张的,是墨家。墨家创始于墨子。墨子的事迹知道的更少了。据说墨子姓墨名翟,这是否他的本姓名,都很难说。他当是鲁国人(旧说宋国人),大约生于春秋中叶,死于战国初年。他对当时封建国家腐败奢侈的政治,极为不满。他认那些贵族们,"亲戚则使之……面目姣好则使之……是故不能治百人者,使处乎千人之官;不能治千人者,使处乎万人之官",结果使民"饥而不得食,寒而不得衣,劳而不得息,乱而不得治"。我说墨子的政治意识较儒家进步,就是因为他处处站在人民的立场,反对那些贵族们的生活——他反对贵族们的奢侈,就主张"节用";反对贵族们把钱财都用到丧葬方面,就主张"节葬""短丧";反对贵族们沉湎于音乐,就主张"非乐";反对封建国家间的战争,就主张"非攻"。他反对这些事,都是站在人民立场,以为对人民毫无益处。但虽如此,他却并没有号召人民反抗贵族的意思,他仍然拥护封建贵族,认为人类最好的行为"仁义","不从愚且贱者出,必自贵且知者出",其理由是"夫愚且贱者,不得为政乎贵且知者,(贵且知者)然后得为政乎愚且贱者",因此断定"贵且知者"才能产生"仁义"。又如他的国家,还是封建国家,有天子,有诸侯万国,有"君子"和"贱人"的分别,和儒家一样,君子也是治人的,贱人是被治的。所以墨子虽然不满意贵族们的政治,极力攻击他们,但他所主张的政治还是贵族政治,他正和儒家一样,也不过是希望贵族们改良其作风而已。改良的方法和孟子相同,也是"尚贤",惟较孟子为彻底。他说,"不党父兄,不偏富贵,不嬖颜色,贤者举而上之,富而贵之,以为官长,不肖者抑而废之,贫而贱之,以为徒役"。他推原贵族们的腐败奢侈和好攻战,都是由于自私,所以再一个改良的办法是"兼爱"。他说,"当察乱何自起?起不相爱。臣子之不孝君父,所谓乱也。子自爱,不爱父,故亏父而自利;弟自爱,不爱兄,故亏兄而自利;臣自爱,不爱君,故亏君而自利,此所谓乱也"。"若使天下兼相爱……视人家若其家,谁乱?视人国若其国,谁攻"?我们细察墨子这些议论,很可看出他的政治主张,本质上实和儒家差不了多少,还是替贵族服务,并没有新的办法。有人以为墨家是代表农民阶级,或有说是代表工匠的。其实墨家出身必仍是贵族,不过当是最低的贵族,属于士的阶层。墨家长于防守战争,其门徒中"多勇士"④,都可证明其属武士阶级。这一阶层生活上接近农民,故极知人民生活之困苦,同时他们是依靠贵族生活的,故绝没有推翻贵族的意思,只不过建议"尚贤""兼爱",为贵族略略谋画,以改良其统治方法而已。他们摇摆于两种阶级之间,这是十足的小资产阶级的人格和意识。墨家有一特点,为他家所没有的,是他们有类似政党或教会的组织,有领袖,有法律。其领袖称作"巨子",由其门徒公举,代代相传,直至战国末年。可见这派很有一番野心,但他们并不能真正为人民服务,所以始终也没有什么成就。

五　法家掌握住春秋、战国发展的趋势。战国末年的统一思想。韩非子的君主专制理论。法家的阶级性。君主专制国家的矛盾和特征。

在诸子百家里边,虽然同样都是维护封建阶级的统治,而却最能理解当时一部分的新发展,而与以极有效的改革,使几百年的扰乱终于安定下来的,是法家的学说。我们前边说,封建的国王"感觉到把割据的不统一的贵族分封制弃掉,改用集权的专制的方法,进行剥削,要好一点"。这些方法,正都是法家设计出来的。所以,凡是法家,都主张君主集权和专制,而裁抑贵族大臣。正因为如此,所以凡是法家,都要招旧贵族的忌刻,都不得其死。因此,我们毫不用夸张，法家实在是秦汉以降二千年来君主专制国家的理论建设者和导师。

法家的学说是战国时代的新产物，其真正创始者实应推慎到。慎到，赵国人，约略和孟子同时。稍后有申不害，韩国人。慎到和申不害都曾著书，主张用威势（慎到）或权术（申不害）治人，他们的书都失传了。其次即为商鞅。商鞅实在是法家中的伟大政治家。他本是卫国人，佐秦孝公变法，把秦国一变而为最新的国家。和商鞅同时的还有一个尸佼，也是赵国人，商鞅变法时用尸佼的计画很多。商鞅以后，封建国家必须统一在一起的趋势，已非常明显了，思想家类能看出。即如儒家的公羊家一派，显然产生在战国末年，他们假借孔子的《春秋》，盛倡"大一统"之说，又明白主张"黜周"，又反对"世卿"（"世卿"即封建官吏的世袭制度）。这些都可看出，即连最保守的儒家，也主张要改建一个完全新式的统一国家了。不过新国家的理论，说的最完备的，实应推韩非子。

韩非本是韩国的贵族，为儒家荀卿的弟子，他对道家老子的理论又有极深湛的理解。他实在是战国中叶后各家新学说的集大成者和统一国家全部理论的建设者。普通仅仅把他看成是一个法家，还嫌不够。我们试以韩非做代表，看看战国末年这些法家的主张怎样。

首先，他们对春秋、战国的扰乱，比其他各家认识的都深刻。他们虽和儒家相同，也以为诸侯、大夫强大，是扰乱的根源，但处理的方法却全不同。儒家是要用"名分"的力量，把强大的诸侯、大夫都压缩在等级制度之下，不相踰越，以恢复典型的封建秩序。而法家的主张，却是要把这些强大的诸侯、大夫去掉，集权于国王，由国王来专制。《韩非子》的《爱臣篇》说："昔者纣之亡，周之卑，皆从诸侯之博大也；晋之分也，齐之夺也，皆以群臣之太富也；夫燕、宋之所以弑其君者，皆此类也。"又说："是故诸侯之博大，天子之害也；群臣之太富，君主之败也；将相之营主而隆家，此君人者所外也。万物莫如身之至贵也,位之至尊也,主威之重,主势之隆也。"为什么"诸侯博大""群臣太富",国家就要扰乱或灭亡呢?在这里,韩非提出古代思想上极进步的理论。《有度篇》说:"当今之时,能去私曲就公法者,民安而国治;能去私行行公法者,则兵强而敌弱。"如果不能"去私行,行公法",那末"此亡之本也!若是,则群臣废法而行私重,轻公法矣!数至能人之门,不一至主之廷;百虑私家之便,不一图主之国。属数虽多,非所以尊君也;百官虽具,非所以任国也。然则主有人主之名,而实托于群臣之家也"。这是韩非主张君主专制的根本理论。其意以为君主是代表国家的,是公共的,若群臣不尊君,即是不为公共的国家谋利益,而各顾私利,那就"百官虽具",都不"任国",国家的事没人管理,自然非灭亡不可。他提出这个"公法""私行"的分别,在中国思想史上看来,非常重要。因为古代像儒家的学说,把"国"和"家"看成一样的,国、家不分,且以为"齐家"即是"治国",遂使公共事务和私家事务分不清,把家政既当成国政,国政也当成家政,虽非明白主张以公营私,但以公营私必成当然的结果。儒家的学说完全系宗法制度贵族政治下的思想,到了战国时代,社会的公共的生活相当发达,实已不能应用。韩非提出这一点,使人认清了"国"和"家"、"公共"和"私人"的分别,实是一大进步。他以君主来代表公共的国家,这种见地自不无欠缺,但在当时提出了这个观念,无论如何,是极有价值、极重要的。韩非既以君主代表公共的国家,要人奉公,故须尊君,结果自然成立了君主专制的学说了。

因此,《韩非子》书中大部分的篇幅,都是教君主保持威柄、独揽大权和防备臣下的专制"法术"。如《主道篇》说:"是故人主有五壅:臣闭其主曰壅,臣制财利曰壅,臣擅行令曰壅,臣得行义曰壅,臣得树人曰壅。臣闭其主则主失位,臣制财利则主失德,臣擅行令则主失制,臣得行义则主失名,臣得树人则主失党。此人主之所以独擅也,非人臣之所以得操也。"又《八奸篇》说:"凡人臣之所道成奸者有八术":一曰"同床",谓人臣利用君主所宠爱的女人为奸;二曰"在旁",谓"优笑侏儒"等因缘为奸,即后世的宦官、伶官等祸;三曰"父兄",谓君主的宗室、外戚等人,即后世的外戚之祸;四曰"养殃",谓君主喜欢宫室狗马,人臣因以为奸;五曰"民萌",谓人臣用小惠私结民心,以渐离叛;六曰"流行";七曰"威强",指战国间人臣养食客、游士,实即后世的朋党;八曰"四方",谓人臣交结邻国,自树势力。这"五壅""八奸",差不多把后世历代的弊病,都已说尽。后世任何时期,如能照韩非的做法,制五壅,去八奸,就是治世;如犯了其中一两项,必是乱世。这些都是消极的防备方法,还有积极的专制办法,主要的是持"二柄"。《二柄篇》说:"明主之所尊制其臣者,二柄而已矣。二柄者,刑德也。何谓刑德?曰:杀戮之谓刑,庆赏之谓德。为人臣者,畏诛罚而利庆赏。故人主自用其刑德,则群臣畏其威而归其利矣。"这就是后世综核名实、信赏必罚政治格言的由来。其次是"守法"。韩非对于法的效用,看的极重,也说的最透彻。《用人篇》说,"释法术而任心治,尧不能正一国……使中主守法术,拙匠执规矩尺寸,则万不失矣。君人者,能去贤巧之所不能,守中拙之所万不失,则人力尽而功名立"。《有度篇》说:"故以法治国,举措而已矣。法不阿贵,绳不挠曲。法之所加,智者弗能辞,勇者勿敢争。刑过不避大臣,赏善不遗匹夫。故矫上之失,诘下之邪,治乱决缪,绌羡齐非,一民之轨,莫如法。"

由上可知,法家的基本政策,就是要取消强大的诸侯、大夫和跋扈的贵戚、大臣,把一切权力都集中于君主,由君主用规矩、尺寸一般的"法"来治理全国。法家这种政策,显然是春秋、战国以来事实的要求。春秋、战国扰乱的趋势,正是要刬除封建国家,要求统一。法家的理论和政策,符合了这种要求,这是法家进步的地方。但是这种统一的要求,是人民群众的要求,是从封建领主下斗争出来的小土地所有者、商品生产者和商人等的要求,但是法家却看不见人民群众的要求,而只为君主谋利益,教君主怎样建立威权,怎样独揽大权,怎样专制,而却绝不计划怎样为人民谋利益。他们所谓"法",

也正如明末黄宗羲所说，只是适合于君主专制的"法"，而不是适合人民需要的"法"⑤。这样就说明了法家的阶级性，实和儒家、墨家一样，都是站在封建君主的立场的，只是办法不同：儒家是要替君主恢复典型的贵族政治；墨家是建议尚贤、节用，替君主略加改良；而法家是教君主裁抑权贵大臣，以严行专制罢了。法家这种立场，即是完全替封建君主谋利益的立场，本极明显，而近人乃谓法家是代表"新兴地主阶级"，甚有谓系代表"商人地主阶级"的。如果这样，那商鞅何以要强迫人民二男以上必须分异，又何以禁止人民从事工商末利呢？即韩非何以也说，"诸侯博大，群臣太富"，就足以亡君主之国呢？要知，无论高门大族"占田踰侈"，或从事工商业，过比较自由的生活，其结果，都会使替君主"耕战"的，也就是为君主服役的农奴减少，这是封建君主所最怕的，也是法家所最反对的。法家要人民全部替君主当农奴，他们不喜欢有破坏君主统一政权亦即分裂割据的大地主，也不喜欢有破坏农业，使人民有比较自由生活的工商业，这是为了解秦、汉以后的政权性质所必须知道的。

那末秦、汉以降君主专制国家的政权，是建筑在什么基础上边呢？照法家的理论，很明白的可以看出来，是要建筑在从春秋、战国以来从领主贵族制下发展出来的广大的小生产者，特别是小土地所有者身上。法家的政策，就是要为君主利用小生产者，能"耕"，能"织"，并能"战"，使他们为君主制造富强，也就是为君主这个封建大地主服务，规规矩矩为君主当"新农奴"。所以不论商鞅和韩非，都是极力奖励"耕战之士"或"耕织致粟帛多"的人。韩非曾说，"君上之于民也，有难则用其死，安平则尽其力"（《六反篇》），这就是法家的人民观。他们绝不喜欢地主阶级，因为地主的势力愈大，愈是"无令而擅为，亏法以利私，耗国以便家"的（《孤愤篇》）。至于他们不喜欢工商末技，因为那是比较自由的生活，不能老老实实为君主服务，更是不须多说的。而在小生产者方面（包括法家所不喜欢的工商末技在内），他们也确实需要一个统一国家，来维持他们散漫的生活,以免仍然被封建地主阶级并吞了去。国家和社会的这样一种结合,就其本质来说,是要成为一种小土地所有制的社会,也就是小农经济的社会。秦、汉以降二千年的历史,就是向这个方向演变,我们可以毫不犹疑的说,小土地所有者的逐渐增加和普遍,是二千年中国社会发展的特征。

不过,法家替封建君主设计起来的这样一个国家,却包含许多矛盾,并不能顺利发展。

首先,他们要把分裂割据的大地主和自由生活的工商业者,都压制下去,而一律成为替专制君主服务的新农奴,这完全是不可能的。因为在封建剥削方式的存在下,土地的兼并积累,因而形成地主阶级,那是无论如何不能避免的。秦、汉以来小土地所有者日在增加发展中,固然是事实,但即小土地所有者自己,只要环境顺利,亦经常向地主阶级方面发展,也是明显的规律。而地主阶级发展的趋向,又必然造成分裂割据,破坏了统一,也是规律。所以统一国家和割据的地主中间,经常存在着极大矛盾,封建君主始终没有实现了他们的愿望,把地主阶级肃清,使全国人民都变成小生产者,分裂割据的现象,仍时时存在,这是秦、汉以来明显的事实。既然这样,秦、汉以来始终是以分裂割据为本性的封建地主,即是说绝没有资本主义的地主,然而普通都把秦、汉以来的地主称为"新兴地主阶级",这是绝不妥当的。其所以称为"新",都是为董仲舒的话所误,以为商鞅以后土地可以买卖,由买卖积累来的地主,和过去领主地主不同,因而就称为"新"的。其实这种分别是非马列主义的,我们应从剥削方式来分别,而不应从买卖的形式来分别;即以买卖论,地主阶级土地的积累,都是买卖其名,而巧取豪夺其实⑥,何尝有新的气象?秦、汉以降的地主,本质上都和从前的领主地主一样,都是使用超经济剥削的封建地主,不能遽然称为"新"的。剥削方式既没有改变,它的本性分裂割据,也没有改变,而普通又把秦、汉统一帝国的建立,认为是代表所谓新兴地主阶级的利益,究不知一个要"统一"，一个要"割据"，为什么统一竟能代表起割据者的利益来？

统一国家既和地主阶级存在着极大矛盾，同时又和工商业者存在着极大矛盾。专制君主要把人民都变成忠实服务的农奴，不喜欢较自由的工商业，这已是极明显的事实，所以法家一开始即采取"重农抑商"的政策，秦、汉以降各代也几乎从来没有放弃过这种政策。然而这种"重农抑商"，却包含另外一个更根本的矛盾。因为统一国家的建立，既不是地主阶级的愿望——任何时期的封建地主都是要求割据的，绝不要求统一；国家的统一，虽是符合了广大的小生产者的要求，然而小生产者的散漫性和脆弱性，却绝不能建立他们自己的国家，使国家统一起来；专制君主固然要把国家统一，形成他的富强，但国家的能否统一，又绝不是他的主观愿望所能决定。统一帝国的所以能建立起来，我们已经说过，实在是商品经济发达后造成国内市场的结果。由商品经济的发达，把散漫的小生产者维系在一起，造成一个统一的经济单位，才是统一的真正基础和力量。所以统一国家的法则必然是商品经济愈发达，统一的力量也愈强。但是专制君主和他御用的法家学者们，不知道社会内在的规律，只从主观上出发，反以为统一是他们英雄的才能所造成，就要维持他们片面的利益，而"重农抑商"。殊不知"重农抑商"的结果，工商业被抑压下去，那就是从根本上破坏统一，势必与地主阶级以发展的机会。而地主阶级发展的结果，必然要造成分裂割据，专制君主的统一政权亦势不能维持。所以专制君主对统一政权的要求，无论他愿意不愿意，他是以工商业者的阶级立场出现的；他和地主阶级的矛盾，也无论他愿意不愿意，他是代表了工商业者的利益。所以专制君主和地主阶级中间的矛盾，也就是"统一"和"割据"的矛盾，实在是另一根本矛盾，即商品经济和地主经济根本矛盾的体现。为专制君主计，也就是为统一国家计，应当是不断发展工商业，工商业愈发达，统一国家的基础才能愈巩固。但专制君主和法家的学者们，看不到这一点，他们只顾目前的利益，以为工商业发达，就是游食之民多，损害他们的剥削权力,因而"重农抑商"。结果工商业不能大量发展,封建的剥削始终占据势力,割据性的地主阶级始终掌握社会的统治权,分裂割据也成为经常的现象,这实在是统一国家一个最根本的矛盾。

因为以上几种原因,形成秦、汉以后君主专制国家的无数纠纷:一方面专制君主和地主阶级经常矛盾,一方面专制君主和工商业者经常矛盾,而另一方面工商业者和地主阶级更经常矛盾——这最后一种矛盾,才是根本的矛盾,才是社会内在的矛盾,不过经常由政治上表现出来罢了。这最后一种矛盾,即工商业者和地主阶级的矛盾,他们一方面矛盾着,冲突着,而一方面又紧密结合在一起,有不能分离的关系。因为地主往往兼营工商业,而工商业者亦兼营土地。商品经济和地主经济的这种结合,使社会资本除过极少量的一部分能投入再生产外,绝大部分都转入商业资本和高利贷资本。这种结合大大巩固了地主阶级的封建统治,这是阻碍社会新的发展,并使封建的生产方式长期稳定的根本原因,也就是中国封建社会长期延续的根本原因。

其次,在小生产者方面,他们是统一国家的主体,他们在生产方面有很大的积极性,因为只有积极生产,才能有较多的剩余品出售,以改善他们的生活。所以小生产者亦即各种商品生产者(小土地所有者、作坊主、手工业者等),应当是促使社会经济能有新发展的基础。但是这种小生产者,因为他们力量的薄弱和散漫,经常被商业资本和高利贷资本侵袭着,被国家的捐税压得喘不过气来。他们的生产除维持了他们最低的生活外,能投入再生产的实很少。这种小生产者的特性是:生产手段无穷尽的分离,生产条件累进的恶劣化,劳动力的分散和浪费,技术的停滞,生活的极端贫困,都是普遍的现象。所以对于这种小生产者,也不能有过多过高的希望。小生产者是专制国家的支柱,专制君主维持其统治权的主要办法,就在于大量制造小生产者。事实上二千年来的历史证明,小生产者也不断在滋生普遍中。这种小生产者社会的形成，就成为中国社会进步极缓慢的又一重要原因。

在阻碍中国社会进步的各种因素中，专制君主的封建统治，是重要的一项。他为自己剥削的便利，阻碍了工商业的发达，尽量制造小土地所有者，以分裂社会的劳动力，使中国成为一个极散漫、极脆弱、也极贫穷的小农经济的社会。这都是专制君主的罪恶。然而统一的专制国家，毕竟有他进步的一面，它压制地主阶级的发展，分化地主阶级的土地，经常防止分裂割据，以维持统一，这在一方面是有利于劳动人民的，而另一方面也是利于工商业的。所以秦、汉以来的君主专制国家，在历史上为功为罪，必须分别考查，绝不应一律抹杀。

总之，由春秋、战国时代发展起来的秦、汉以后社会，由法家设计起来的秦、汉以后国家，是包含着许多矛盾，表现为二千年来极其错综复杂的历史。在这许多矛盾的发展中间，我们必须肯定一件事，就是：新兴的商品经济和古老的封建经济，绝不能是互为消长，也不能是平行发展，而必然是商品经济以新兴的经济形态，不断滋生发展；它的发展虽受种种阻碍，由政治的和社会的原因，延缓了它发展的速度，但它确是在滋生发展中，绝无可疑。商品经济虽经常和封建地主结合着，并且巩固了地主经济的统治，而在另一方面，它也对这旧的、落后的封建经济，经常打击着，削弱着，这也是无可疑的。因此我们在历史上明白看见，每经一次激烈斗争，封建经济必被削弱一次，而商品经济也对比着发展一次。也就是说，朝代愈到近世，工商业亦愈发达，由工商业带来的新鲜事物亦愈多。同时，朝代愈到近世，专制君主的统一政权亦更加扩张——因为商品经济愈发达，各种经济关系（主要如交通制度和货币制度）愈益密切，封建的锁关性亦愈减少，因而扩大了统一的基础，自然提高了君主的专制权力。所以我们在明、清以来所见的，简直是君主的极端专制。历史上的这种发展，虽然是非常迟缓，经过二千年的发展，商品经济也始终没有达到它最完成的阶段,也始终没有把封建经济完全摧毁,而到了马克思所谓"商品生产的绝对形式",即资本主义的生产当中。但中国历史,确是向这新的方向发展,而非向旧的、古老的封建经济中发展,确系事实,当然更不能说成循环式或螺旋式的发展了。

在中国历史的发展中间,劳动人民主要是农民,在好几种剥削者残酷的压榨下,经常不断的反抗斗争。农民革命是起着绝对的进步作用,它是打击着封建经济而为工商业制造有利条件。但每次革命,都被剥削阶级利用了去,成为他们互相争夺的工具,这就说明,如果没有进步阶级做领导,纯粹农民革命是不能解除他们自己的束缚的。

我们首先说明了法家所设计起来的这个专制国家的各种矛盾和特征,这对分析秦、汉以降二千年来错综复杂的历史,是完全必要的。以下几章,我们将首先看秦、汉两代怎样根据法家的设计,建立起统一国家;而又怎样发生了无法解决的矛盾,以致灭亡或衰乱;以后各代又怎样解决了这些矛盾而重新建立统一国家的种种事实。

【注释】

① 见《左传·庄公三十二年》。
② 见《左传·僖公十六年》。
③ 见《左传·昭公三十二年》。
④ 见陆贾《新语》,谓"墨子之门多勇士"。《淮南子》亦载,"墨子服役者百八十人,皆可使赴火蹈刃,死不旋踵"。
⑤ 见黄宗羲《明夷待访录》。
⑥《史记·萧相国世家》载,"人民遮道上书言相国贱强买民田宅数千万",即系"买卖其名,巧取豪夺其实"的典型例证。

第八章　秦的统一及其对豪族地主的斗争

——秦代政治实况

（公元前二二一——公元前二〇六年）

一　秦国的进步是统一六国的基础。荀子称道秦政。秦灭六国经过。

公元前二二一年，秦国完成了春秋、战国的历史任务，终于把六国统一了。

秦自商鞅变法以后，成为最进步的国家。那时六国虽也都有相当改革，但基本上还是贵族执政，经常争哄。只有秦国，贵族领主全被废除，全国皆行新的郡县制，贵族已无封地，和普通人一样，非有功绩，不得有爵位和官职。所用将相，不论身份和国籍，一以才能选用，真能做到法家所谓"刑过不避大臣，赏善不遗匹夫"的做法。对于人民，虽还是农奴的待遇，除耕田、织布外，不准自由从事工商业，但法度统一，税额有定，不似从前做贵族领主的私家农奴，无尽止地被任意宰割，故史称商鞅以后秦国的"赋税平"①。战国中叶后的一百多年中，秦国确可称得起是"纲纪整饬，法度修明"。人民虽不见得怎样安居乐业，但比起六国的旧农奴制度，确是要好多了。秦国这些进步现象，儒家的大师荀卿曾亲自见过。约莫在秦始皇统一六国的三十多年前（公元前二六〇年左右），当秦始皇的祖父秦昭王时，荀子到了秦国，那时秦国的宰相范雎问他说，"入秦何见"？荀子很严肃地把他的感想告给范雎，大意说：秦国的人民都很勤朴，都能遵守政府的法令；大大小小的官吏都能奉公守法，"出于其门，入于公门；出于公门，归于其家，无有私事"，"不比周，不朋党"②；政府办事效率甚高，绝无留滞，机关整肃，好像如无事的样子。最后荀子慨叹地说：怪不得秦国强盛，绝非徼倖，是有它的必然性的。荀子不是随便恭维人的，从这一段话，可以想见秦国的情况了。

秦国根据这种基础，终于把六国一个一个击破，统一了。秦的灭亡六国，也不全是战争的力量，大都是权谋、诈术，把那些贪婪、糊涂的六国贵族，经常玩弄着。公元前三三三年时（秦惠文王五年，秦孝公卒后之第六年），六国接受苏秦计划，"合从拒秦"。如果六国真能团结，确于秦不利。秦国乃发动另一个策士张仪，倡"连衡事秦"说。从此一纵一横，纷纷扰扰，弄得六国心神不安，毫无主意。那时以领土来说，齐、楚两国最大，秦国要以力取，却也不容易。公元前三一三年时，秦派张仪至楚，欺骗楚怀王说，如果楚国和秦国要好，应当对齐决裂，秦国将以商于（商于在今河南淅川县西，原属楚，为秦所夺）之地六百里还楚，永结盟好。楚怀王大喜，真个和齐绝交，并派人至齐境大骂齐王，表示对秦友好。乃遣人至秦领地，张仪却说，原约只"六里"，从某界到某界，如要可拿去。楚怀王才知受骗，大怒，发兵攻秦，结果大败，又丧失了许多地方。楚怀王不得已乃再与齐和好。秦见齐、楚又合，乃再骗楚怀王说，秦、楚接界，如不和好，不足以令诸侯，愿在武关相会，消除误会，结为同盟。楚怀王又信之，真个前往，却被秦昭王留住不放归，终于死在秦国。另一方面，秦国又派人多以黄金收买齐国的贵族，说秦国对齐很好，绝不侵犯，不必设防。秦国逐渐并吞韩、赵、魏，齐国也不援救。结果，秦国把其他五国都灭后，最后派兵至齐，齐国无法抵抗，人民更不理会，遂亡。秦国就用这些方法把六国并吞了。最后灭齐的这一年，正是公元前二二一年,也就是秦始皇的二十六年。六国灭亡的过程,正是说明了六国君主、贵族的昏庸糊涂,贪婪自私,十足表现出旧贵族政治的落后现象,和秦国对照,真是相差的太远了。在腐朽的六国中,只有赵国曾一度发奋图强。当赵武灵王在位时(公元前三二五—公元前二九九年),因为他的国境西邻强秦,北近胡人,都常受侵扰,乃大事改革,效法胡人,"胡服骑射",一时颇使邻国震惊。不过这种纯军事技术的改革,整个社会经济的进步配合不上,也无济于事。"胡服骑射"并未拯救了赵国的灭亡,但它却在中国文化史上留下重要的一页③。

在秦国和六国的攻战中间,人民群众对秦国的政治固然也不见得怎样欢迎,但对他们自己腐败黑暗的旧贵族政治,毋宁更要反对,这应当是促使六国瓦解的真正因素,也是秦国能够统一六国的主要原因,只是秦国的统治者主观上绝不能认识到这一点罢了。

二 统一国家的障碍——豪族地主的形成。秦的对策——统一的制度和政策。

秦始皇二十六年,六国灭亡后,全国统一了,但是我们不应为统一的名词所误,立即想像就真的统一了,就只有秦始皇一个人向人民专制,对人民剥削了。其实,秦国本是周室的封建国家之一,秦始皇是道地的封建王,他对人民施行封建剥削,又何用说?只是这时还怕不允许他一个人顺利剥削。要晓得,那时六国刚刚被灭,六国都是几百年甚至千年以上的封建国家,他们的王孙公子、贵戚大臣很多,这些贵族在国家灭后,固然不能做公卿大夫了,但是他们都还有大批土地和农奴,以至盐池、矿山和奴隶。他们政治上的统治权失掉了,经济上的统治权却不能都失掉,贵族虽不能做了,却还照样可以做地主。这些人的数量之多和潜势力之大,不要说秦始皇初统一时,即使到了汉代,仍然极可顾虑,刘敬即曾警告汉高祖说:"东有六国之族,宗强,一旦有变,陛下亦未得高枕而卧也!"④这些人以旧关系来说,是"六国之族",其著名的即"齐诸田,楚昭、屈、景,燕、赵、韩、魏后"。以秦、汉以来的生产关系说,是大地主,秦、汉间习称为"豪族""豪富""豪强",或"并兼之家",或"豪桀名家"。这种豪族大地主,还不仅仅是"六国之族",即普通的地主,也无一不是"并兼之家"——他们的土地,名义上是买卖得来,实际上都是"侵渔豪夺",绝不是普通想像的那种"新兴地主"。这些豪族地主,除对秦国有亡国之痛的外,一般的本质上都是要割据,绝不赞成统一——任何封建地主,绝没有要求统一的。所以他们无论在政治上或经济上,对秦国都立在势不两立的地位。秦始皇要维持其统一帝国,他面对现实,自然非同这些豪族大地主展开激烈的斗争不可。这种斗争,我们不要主观地只看成是封建阶级内部的冲突,只是封建君主和封建地主的冲突。要晓得,封建君主的建立统一国家,绝不是一般封建地主的愿望,封建地主的发展规律无论何时都是割据的。统一帝国的建立,我们已经一再说过,乃是符合了那些从春秋、战国以来,打破封建领主的束缚,独立生活起来的小土地所有者、小手工业者和小商人等的要求,而又由商品经济的发达造成国内市场,才变为可能。那些分散的独立生活者,如果没有一个统一国家,他们就没法存在,换句话说,势必要被封建领主吞没了去。封建君主和他的参谋——法家,看出了这种情形,才因利乘便,改变他们的统治方法,"废封建,立郡县",也就是把封建领主弃掉,直接向这些独立生活者施行剥削。老实说,这种直接的剥削,实比通过大大小小的封建领主,榨取贡赋,间接向农奴剥削,要实惠的多。这就是封建君主对统一帝国感觉兴趣、发生积极性的原因,而客观上、本质上却是符合了广大独立生活者的要求。如果封建领主或其化身豪族地主继续存在,那对封建君主和独立生活者,都是个绝大威胁;反之,豪族地主当然要挣扎,当然想恢复其领主贵族的地位,他们势必要破坏统一,恢复割据,同时对那些独立生活者,势必想予以吞噬。所以,封建君主和广大人民群众,虽是同样对立的两极端,但对豪族地主的斗争却是一致的。这种一致性,不惟客观上存在,有时主观上也能表现出来⑤。因此我们对封建君主和豪族地主的斗争,天然应作不同阶级的斗争看,而不应只看成是一个统治阶级内部的冲突。因为这种斗争,显然是另有背景、另有立场的。

秦始皇灭六国后,对于这种斗争的必要性,了解的很清楚,不断施行了许多新的制度和政策。这些制度和政策,都起着巩固统一政权,而对豪族地主,特别是对"六国之族",起着严重打击的作用。当时豪族地主的代言人,都骂秦始皇暴虐,那是当然的。可是后世以至现在,都跟着乱骂,那就上当了!

秦始皇施行的几种制度和政策,都是我们所熟知的,重要的有下列几项:

(一)郡县制度——这是春秋、战国以来列国都已采用的一种新制度,其主要作用就在废除领主制,集权于国王一身。惟春秋、战国间除商鞅以后的秦国外,其他各国都未彻底施行,都是领主制与郡县制参用。秦始皇灭六国后,经过一番激烈争论,当时主张恢复领主制(封建制)的很多,最后秦始皇采取了廷尉李斯的意见,以为领主制徒起争夺,不得安宁,乃将全国划为三十六郡,郡下设县,各设官吏(郡官分守、尉、监三种,县设县令或县长),秉承皇帝命令治理,任期皆无一定,可随时撤换。这样官吏就不能如领主一样"南面而治",权力皆归皇帝一人,这就是"君主专制"的具体办法。在这里我们应当指出,"君主专制"政体在现代说来当然是极坏的政体,但和领主贵族制比较,却是进步的,一个坏的统一政府,也比无数大大小小领主贵族政府成天争夺、混乱要好一点。秦始皇这样把从古以来即是分裂的中国,放在以他为首的一个政府之下,他不了解这是社会发展的必然趋势,反自以为"德兼三皇,功过五帝",嫌过去"王"的称号太小,乃改称"皇帝",自为"始皇帝",打算以后"二世三世以至千万世,传之无穷"。这固然是夸大和幻想,不过凡能推动历史进步,完成历史任务的人物,我们是应与以适当历史地位的。

（二）统一法度和衡、石、丈尺——这个措施，是把各地区向来由领主贵族们任意宰割劳动人民的法令规章，制成统一的法度，并把各种各样的秤（衡）、斗（石）、尺（丈尺）都划一了。这样的结果，一方面起着促进统一的作用；一方面对广大人民群众有莫大的便利，对工商业可以促进发展；而另一方面对那些旧的领主贵族即"六国之族"，却是极度不便利，是一项严重打击——他们过惯了无法无天任意宰割人民的生活，现在却须遵守秦国的法度，受秦国的治理，或说是受秦始皇的宰割，那当然是不能忍受的。姑不论这些法度的内容如何，即使极轻微的税率和刑法，在刚刚还是耀武扬威的领主贵族，一转眼国破家亡，变为"编户之民"的人们看来，其不能忍受，是完全可以想见的。这是秦、汉间的文献上都骂秦始皇"暴虐"的根源。至于秦代这些法度是否"暴虐"，我们将在下一节与以分析。

（三）统一文字——春秋、战国时代，各国有各国的语言，互不统一。惟当时已有一种共同的语言，即孔子所谓"雅言"（夏言）。这种"雅言"，以后世所发现的当时的铜器铭文看来，却是大体一致的。惟秦统一六国后，为体现统一起见，根据李斯的建议，"书同文字"，把原来共同使用的文字一律废掉，另制一种新文字，称为"小篆"，颁发施行。不久又有一个名为程邈的，根据小篆另造出一种简笔字，称为"隶书"。小篆在秦、汉间尚使用，西汉中叶以后，隶书大行，完全代替了小篆，成为后世通用的文字[6]——这是秦代对中国文化的一大贡献。因为这种新文字的施行，六国原有的语言、文字都废掉，所有的人都说了秦国话。比方"虎"，秦以前陈、魏、宋、楚之间称为"李耳"，江淮之间称为"於菟"，函谷关以东称为"伯都"，只有秦国才称为"虎"。又如"袴"，齐、鲁之间称为"襱"，其他地方或称为"襣"，秦国才称"袴"。又如"鸡"，陈、楚、宋、魏之间称为"鹲鸱"，秦国才称"鸡"。诸如此类，后世通用的语言，几乎都是秦国话，原有的六国语言，都随其文字而消灭。这种语言、文字的统一，常然是一大进步。可是，试想当时在那些本有自己语言、文字的"六国之族"看来，自己的话不能说,硬被压迫着要说秦国语,要用秦国文字,这是多么难堪的事!秦代在短短的几年中,竟把他们的语言、文字推行到全国,如说"暴虐",确也真的暴虐。可是,如果没有广大人民群众拥护这种统一的语言、文字,那就即使秦代再暴虐点,也不能推行的这样快。由秦代这些设施看来,它的设施是符合了那些人的要求,违反了那些人的利益,其界限是很明白的。

(四)徙豪富——秦始皇二十六年,徙天下豪富十二万户于其都城咸阳,二十八年又徙三万户于琅琊台下(在今山东诸城县),三十五年又徙三万家于丽邑(今陕西临潼县)、五万家于云阳(今陕西淳化县),三十六年又徙北河榆中(今内蒙古鄂尔多斯境)三万家。这是见于《史记·秦始皇本纪》的迁徙数目,其他零星迁徙见于《史记》各世家和列传的还很多,究竟迁徙过多少,现在已没法知道了,仅就《始皇本纪》所载的这些数目看,已经是相当大的。这种迁徙,很多人认为是秦代的弊政之一,以为扰乱了农民生活,摇动了社会基础,是秦代迅速灭亡的重要原因。其实这是误会了的。须知当时所谓"豪富",并不是普通农民,是指那些豪族大地主,特别是六国的残余贵族。迁徙豪富,是削弱豪族地主当时所能进行的惟一方法。如果以为秦代的迁徙造成迅速灭亡,但是汉代的迁徙却更多更普遍,汉人反以为是"强本弱末之计",即是巩固统一的方法。汉代从汉高祖时起,刘敬首先建议了这种政策,以后世世迁徙,有所谓"三选七迁"之说——"三选"是选择三等人加以迁徙,即吏二千石(大官僚)、高赀富人及豪杰并兼之家;"七迁"是指从汉高祖时起,到元帝时停止,共迁徙了七代。汉代很重视这种迁徙政策,其效果如何姑不论,不过他们总认为是巩固统一的方法,这就说明了秦代创用这种政策的正确性。其实,迁徙的结果,不是扰乱了农民生活,只是削弱了豪族地主的势力,这显然又是指秦代政治为暴虐的原因之一。

(五)治驰道——秦始皇二十七年,"治驰道"。驰道的情况,《汉书·贾山传》有一段描写说:"(秦)为驰道于天下,东穷燕、齐,南极吴、楚,江湖之上,滨海之观毕至。道广五十步,三丈而树,厚筑其外,隐以金椎,树以青松。为驰道之丽至于此!"这样说来,驰道是很好的公路,它"东穷燕、齐,南极吴、楚",通达了全国,是一项极伟大的建设。其所以名为"驰道",据说是为便于秦始皇巡游,但其实"江湖之上,濒海之观毕至",是事实上却发展了商业。我们知道,秦始皇二十六年初统一后,除统一法度、衡、石、丈尺外,又命令"车同轨,书同文字"。这"车同轨",是因为当时列国分立,"田畴异亩,车涂异轨",彼此交通不便而起的,是"为驰道"的结果,有力地打破了旧日割据的局面,而发展了交通,繁荣了商业,促进了统一。纵然秦代统治者主观上的愿望可以是另一回事,而事实上却是和商品经济发达后造成国内市场以后的客观要求结合起来的。

(六)坏城郭,决通堤防——这是秦始皇三十二年的事,这一年,他东游碣石(碣石所在说法不一,普通以为在今河北昌黎县境),有《碣石门石刻》,说的更明白:"皇帝奋威,德并诸侯,初一泰平。堕坏城郭,决通川防,夷去险阻,地势既定,黎庶无繇,天下咸抚,男乐其畴,女修其业……"这一项措施,明白说来,就是把旧日大小贵族割据的堡垒毁掉,又把割据时代各图便利设立起来的河堤去掉,以利农业和交通。战国间各大小贵族领主,不惟都有自己的堡垒,而且国与国间都筑有长城,往往长达数百里以至一二千里,以互相防备。更坏的是,凡有河流地方,为了防御洪水,尽量在自己境内筑起堤防,把洪水泛滥到别的地方去;如果能利用灌溉,又尽量筑起堤防,把水流到自己境内,附近地区却都流不过去[7]。秦始皇把大小堡垒和长城都毁掉,把各种堤防也去掉,其利于交通和农业自不待言。无怪乎他说,"地势既定……男乐其畴,女修其业"了。不过这并不是说明秦始皇就真正是为人民服务,他是为了自己做唯一的封建大地主;肃清一切割据形态,是为了自己统一政权的安定;使"男乐其畴,女修其业",是为了自己的剥削——这都是不容置疑的。不过纵然如此,他却代表了一种进步性:反对割据,促进统一,对人民有了一点便利。这就是秦代的统一在历史上的一点价值。

（七）焚书坑儒——这是秦代政治最被后世攻击的一点。其实，只要一研究当时的具体情况，就可知道"焚书坑儒"是不得已的，绝不能以摧残文化去理解。焚书的事发生在秦始皇三十四年。起因由于一个博士⑧淳于越，根据古书记载，批评秦代郡县制度不合古制，主张恢复封建制（领主制）。他的理论是"事不师古而能长久者，非所闻也"。秦始皇把他的意见交群臣讨论。李斯以为，时有变异，古今不同，现在的人应学现在的法令，不应专拿古代的东西以非议当世。他说，"诸生不师今而学古"，"语皆道古以害今"，认为系"惑乱黔首"，故建议除博士官管理的外，其他私人收藏的诗书百家语一律都烧掉——这是焚书的事。坑儒一事发生在秦始皇三十五年。当时有很多方士⑨，骗取秦始皇许多财物，说是能制造长生不老之药，皆无结果。秦始皇发觉后，不再给他们财物，他们就在背后诋毁秦始皇。秦始皇因而大怒，查问谁造谣言诋毁。他们互相攀扯，牵连了四百六十余人，悉坑之——这是坑儒的事。就这两件事情的经过看来，是非曲直很明白：明明对他那个时代有害的书，为什么不该烧？明明破坏他那个时代法纪的人，为什么不该杀？姑不论当时是否有意把所有的书都烧掉（其实博士所职都未烧）和所坑的是否即后世所谓儒生（其实当时所谓"儒"，方士也在内）——这些都很明白，不必细论。我们绝不应和后世的士大夫具同一观点，故意夸大其词，以摧残文化的罪名来指摘这一历史时期。要知道这里边还包含一个更深刻的思想问题：当时以为"时有变异"，应"师今"而不应"学古"，但后世却都是和淳于越一样，以为"事必师古"，不师古就是离经叛道的罪人。后世的士大夫都痛诋秦始皇，与其说是因焚书坑儒而起，毋宁说是因这思想的根本不同而起。秦代的其他政治且不必论，仅就指导他们政治行为的这一思想——以为时有变异，古今不同，应师今而不应学古——说，是应重新予以估价的。

以上是秦代统一后着重施行的几种制度和政策。事情很明白，这些制度和政策,无论在动机方面或效果方面,都是坚决对付那些专学古代,以割据为理想的"六国之族",或残余的贵族领主,或豪族大地主的。我们丝毫看不出它是违反人民利益的措施。

三　秦政是否暴虐。秦的赋税。秦的刑法。

可是,后世一致痛诋秦代为暴虐政治之尤。当然,我们现在有义务更进一步追问,是否对劳动人民暴虐。照上节所述,秦代政治对那些企图割据的豪族地主,确是不留余地,确可称得起是"暴虐"。但这一点我们可以完全不管,完全不必替他们表同情。问题在于后世一致诋秦代政治为暴虐,是否是说对劳动人民暴虐。

据秦、汉间的文献上所载,都说秦代赋税烦苛,刑法严峻,弄得民不聊生,以致二世而亡。如陈胜、吴广初起兵时,派到北方经略赵地的张耳、陈余等,鼓动赵国的豪杰说:"秦为乱政虐刑,以残贼天下,数十年矣!……头会箕敛,以供军费,财匮力尽,民不聊生!重之以苛法峻刑,使天下父子不相安。"⑩又如汉高祖刘邦初起兵灭秦后,召秦父老,谓曰:"父老苦秦苛法久矣!诽谤者族,偶语者弃市。吾与诸侯约,先入关者王之。吾当王关中,与父老约法三章耳:杀人者死,伤人及盗抵罪,余悉除去秦法。"⑪这一段话尤为著名。以后到了汉代,大都根据这些议论,纷纷"过秦""剧秦"。贾谊的《过秦论》说,秦"繁刑严诛,吏治刻深,赏罚不当,赋敛无度……蒙罪者众,刑戮相望于道,而天下苦之"⑫。贾山《至言》说,秦"赋敛重数,百姓任罢,赭衣半道,群盗满山"⑬。这一类话很多。

秦、汉间批评秦代政治的这一类议论,我们必须深入了解一下,不能遽然据以作结论。因为秦、汉间人都是共起灭亡秦国的人,自然都要说秦国的坏话。况且,刘敬对汉高祖说的很明白,"夫诸侯初起时,非齐诸田,楚昭、屈、景,莫能兴"⑭。这就是说,当时起兵亡秦的,实以六国后裔做中心。这些"六国之族",无论在政治上或经济上,都和秦代立在势不两立的地位,我们前边已说过。在他们的宣传下,秦代焉能有丝毫善政？我们若不加分析,遽然相信了他们的话,那就上了他们的当,站到他们的立场上去了。

我们现在最正当、最必要的做法,是站在人民立场来分析秦代的政治。

当时人民对秦代政治究竟感觉怎么样,我们现在完全听不到他们的呼声了。不过我们还可以找到和"六国之族"站在完全相反立场的话,即秦代统治者的自白。始终辅佐秦始皇建立统一事业的李斯,在二世皇帝时被捕下狱,从狱中上书表白其功绩,其中一项说:"缓刑罚,薄敛赋,以遂主得众之心,万民戴主,死而不忘。"⑮这话是秦代统治者之一自己说的话,当然也不可靠。不过这话有可注意的价值。当时李斯怕死,只得上书二世,自陈其功绩,希望二世哀怜而赦之,故其所陈必系确然无疑的事实,如有虚假,焉能希望救死？由此可以想见秦始皇和李斯主持的秦代政治,对"六国之族"或豪族地主阶级,虽可有如前节所述那样"暴虐"的政策,但对一般人民却是以"缓刑罚,薄敛赋"为政的。秦代政治既以"缓刑罚,薄敛赋"为精神,纵然其实现的程度和时间久暂成问题,但绝不至如六国之族所说,专门是"乱政虐刑,以残贼天下",好像是一个毫无道理的政治时期,那是绝不然的。很显然,李斯的政治没有维持了多久,二世二年冬天(秦始皇死了二年以后),六国后裔已大起,同一个李斯又说,"盗多,皆以戍漕转作事苦,赋税大也"。他劝二世"请且止阿房宫作者,减省四边戍转"⑯。可见那时的政治,已完全不是李斯的意思了。

"缓刑罚,薄敛赋"两句话,仅仅可以看出秦代政治的精神,绝不是如后世以至现在所想像的那样,完全是一种胡闹的政治。但这两句话究竟是出在秦代丞相的口中,我们宁可弃掉不顾。我们应更进一步客观地考查一下,秦代的赋税和刑法究竟如何,这是完全必要的。

如果我们能进一步考查,那就可以断言,秦代的赋税和刑法,绝不是如当时的"六国之族"或豪族地主所毁谤的那样——"苛法峻刑""赋敛无度"。而事实上是比领主割据时代都略略上了轨道，赋税可能比周代为轻，刑律条文不详，但所见刑名也不过是周以来习见的刑名，而且无论如何，无论就赋税言或刑法言，都不比享世四百余年的汉代更重。它的大缺点是：一切不完备，一切草创，漏洞太大，容易引起人民不安，又加以六国后裔和豪族地主的反动捣乱，遂致引起叛乱而已。

首先，我们先看赋税。汉武帝时的董仲舒说的很明白，他说，秦"颛川泽之利，管山林之饶……又加月为更卒，已复为正，一岁屯戍，一岁力役，三十倍于古。田租口赋，盐铁之利，二十倍于古。或耕豪民之田，见税什五……汉兴循而未改"[17]。就董仲舒这一段话，我们可以了解，不管秦代的赋税如何重，但汉初七十年间所行的，仍系遵循秦制，并未改变。那末，如说秦代以赋税过重二世而亡，但汉代以同样赋敛的方法，却已维持了七十年并未灭亡，可见秦代二世而亡，并非亡于其赋税过重了。至于董仲舒所说，秦、汉间"田租口赋，盐铁之利，二十倍于古"，力役"三十倍于古"，这是根据他的认识，"古者税民不过什一""使民不过三日"而立论的。其实这完全不是事实。春秋间齐国的贵族晏婴明说，"民参其力，二入于公，而衣食其一"[18]，这比秦、汉间"或耕豪民之田，见税什五"的劳动农民又苦多了，那里是董仲舒所说的那末轻巧。其实，统一以后，一般人民的担负，无论如何要比领主制下的轻些。这并不是说统一的封建大地主会比领主地主仁慈，而是因为税源扩大了许多倍，从前完全不担负任何赋税的领主地主，到统一以后也和小民一样须担任国家的赋税，这样国家的税率虽减少，而封建君主的收入却大大增加。试以事实来说，在秦、汉间的新农奴制下，人民对国家的担负共有三种：其一是"田税"，"什五税一"[19]，这比所谓古者"什一"之税，显然轻了。其二是"算赋"，每一丁男女每年纳一百二十文钱。算赋是古代军赋的改革，显然比古代的军赋轻多了。其三是"更"（秦代只称"更"，汉代始名"更赋"，详下），"更"即秦以前所谓"力役"，亦即后世所谓"差役"。"更"有两种,一为国家和地方政府担任各种杂役,一任戍卒戍边,即上文所引李斯的话"戍、漕、转作"诸事。秦代人民值更应有多少天数,不详。汉代定制是当杂役一月,戍边三日,共三十三天。这种力役,和秦以前的古代比起来,究竟为轻为重,不得确知。不过就事实上推测,应比领主制下为轻,领主制下农奴皆直接为领主劳动,应无日数可言,所谓"古者使民不过三日",那不过是一句话罢了。秦、汉间的这三种赋税,田税是按土地的产量征收的,土地愈多的地主,田税当然愈多,无土地的农民即无田税;算赋和更,是地主和农民都须担负。这就是说,领主制下从来不担负任何赋税的大地主阶级,到秦代却都须担负。这又是领主地主最不愉快,感觉秦政暴虐的又一重要原因,也就是他们始终反对统一,时时企图割据的主要原因。

但这三种税,秦、汉两代比较起来,却又不同。汉初虽循秦制,但渐渐发生了四种变化。

第一,汉代的大地主,逐渐从政治上取得许多特权,大部分不担任国家的赋税——这一点极关重要,将于下章详述。

第二,汉代从景帝时起,把田税改成"三十税一",即是比"十五税一"减轻了一半——这是名为轻税,实质上是优待了有土地的地主阶级,于一般农民毫无好处,这一点亦于下章详述。

第三,汉武帝时于算赋以外又增加了口赋,人二十三钱。算赋是十五岁以上到五十六岁的丁男女交纳的,口赋是七岁到十四岁的人交纳,人二十钱,另外三个钱又称"口钱",从三岁起即须交纳。这二十三个铜钱,以现在看来当然微不足道,但是那时候的铜钱很贵重,仅仅三个钱,已迫得人"生子辄杀"[20]。

这三种变化,说明汉代的政治,专门优待地主阶级,给他们特权,并减轻负担,而对劳动人民的负担却加重。这还是指正税讲,其他苛捐杂税,汉代陆续增加的还很多,不悉举。

第四,另外一种变化,是秦代的"更",到了汉景帝时改成"更赋",这却是一大进步。原来"更"本两种,一种是给政府任杂役的,称为"繇役";一种是当戍卒戍边的,称为"繇戍"。这两种役,按规定,凡成丁男女都要轮流担任,但其中有极困难的地方,如要贯彻执行,势非形成"虐政"不可。因为每个人难免有病或其他急事,轮到值更,不能去时,并无其他办法补救,也非去不行,那就势必要引起怨恨。况且,当役的地方,也许有的很远,往返劳碌,自然很苦。尤其戍边,往往在数千里以外,不论时间久暂(汉制戍边只三日,秦制不详),其困难更多。所以汉文帝时贾谊即因此种困难,建议恢复领主制。他说:"今淮南地远者或数千里,越两诸侯而县属于汉。其吏民繇役往来长安者,自悉而补,中道衣敝,钱用诸费称此,其苦属汉而欲得王至甚,逋逃而归诸侯者,已不少矣。"[21]这可说是一般劳动人民不得已的苦衷。在这种情形下,他们竟宁愿隶属于领主,而不愿统一了。试想秦代的役事那样烦多,真是"北有长城之役,南有五岭之戍",又要治驰道、坏城防以及修宫殿、造陵墓等等,都用这种"更"法,向四方征调夫役,其引起人民怨恨,不问可知。若要说秦代对劳动人民暴虐,恐怕这才是唯一的暴虐。何况六国贵族、豪族地主,在秦代并无特权免役[22],也都得"转作",其怨恨秦代,更是火上加油。不过这种暴虐,平心而论,实在是刚刚统一,无办理统一国家的经验,以致如此。到了汉代,总结了秦代灭亡的经验,才慢慢想出一种补救办法,即"更赋"。其办法是:凡当役的不能去时,可以出钱,由国家雇人代替。于是"更"变成"三品":卒更,践更,过更。凡当役的能亲身前往任役,即为"卒更"。凡当役的不能去时,可出钱二千,雇愿意赚这项钱的人前往代替,是为"践更"。"过更"是指戍边言,汉代对这一项定制很严,大官僚、大地主对其他赋税虽可免除,但对戍边却不能免除,虽丞相的儿子,也得戍边。可是戍边的义务只三天,不能人人去戍三天即返,因此规定,凡戍边的,既去即戍一年,除他应戍的三天外,其余皆由依次当行的人出钱三百,作为工资,雇用代戍。这样就把秦代"更"法的困难大大改良。这种补救办法,至早当起于汉景帝时,惟当时尚不称"更赋",只称"繇赋"㉓,昭帝时始称"更赋"㉔,景帝以前尚无此种办法——这是汉代制度较秦代完备的一点。

总之,就赋税方面说来,汉代除更赋较秦代为优外,其余皆不如秦代。不惟汉代税额实比秦代增加,而且总的精神,汉代是照顾地主,只加重劳动人民的负担,而秦代却是地主和劳动人民一律平等的,这一点是秦代引起豪族地主更多反对的又一原因。

其次,再看刑法。秦代的法制,是后世中国历代成文法典之祖,后世的法典,是依据《汉律》修订而成,而《汉律》又据《秦律》。《秦律》是商鞅根据魏李悝的《法经》制成,计六篇,即盗律、贼律、囚律、捕律、杂律、具律。这当然是最简陋的法典。到了汉代,萧何根据《秦律》增补户、兴、厩三篇,制成《汉律》,共九篇。不久叔孙通又增订十八篇,汉武帝时张汤又造《越宫律》二十七篇,赵禹又增《朝仪》六篇,合计共六十篇,是为汉代正式法典,比《秦律》增加了十倍。除此以外,汉代皇帝所下的命令,按甲、乙、丙、丁次序分类排列,自令甲以下共三百余篇,亦和正律同样有效。另外又有所谓"决事比"九百六卷。"决事比"是判案的事例,如无律文可引时,亦可援例判决。综计这些律、令、例,不下数千条,多至官吏无法记忆。只"大辟"(即死刑)一项,西汉即有四〇九条,东汉又增至六一〇条。这就是说,汉代的法律比秦代完备多了,同时也就是法网比秦代严密多了。

至于法律的内容,现在已无法考查,惟历来盛传秦代有许多非人的酷刑,到汉代都行减轻,其实并不尽然。如最残的死刑,秦有五等,即车裂、腰斩、枭首、磔、弃市。到汉代减为三等,即弃市与磔合为一等,与腰斩及枭首共三等,而把最残酷的车裂废掉。其实并不这样简单。车裂并不是秦刑,而是周代盛行的刑法,其刑且见于《周礼》,称为"车辕"㉕,春秋、战国间用此非刑的很多。汉以来虽逐渐废除,但并不是废除了暴虐。东汉末年产生了"绞刑",六朝时代又产生了"凌迟",唐、宋以来都用为正式刑法,其残酷又何尝次于车裂！又后世多责备秦代用"族刑"，即是一人犯罪，把父、母、妻三族近亲都要杀掉，所以其刑亦称"夷三族"。这种刑法，《史记·秦本纪》载，"秦文公二十年初有三族之罪"，又《汉书·高后本纪》载元年"除三族罪"，因此后世多以"族刑"为秦代独有的非刑。其实这又完全不是事实。"族刑"不但春秋、战国间盛行，而且所谓"三代圣王"，亦盛用此刑㉖。《史记》所载秦文公"初有三族之罪"，恐系秦人原无此刑，秦文公时才开始使用。至于吕后"除三族罪"的说法，更是一条具文。文、景以降，被夷族的人极多，汉以后也是历代多有，明成祖时对方孝孺更夷及十族。把这种非刑独归罪秦代，显然是不公允的。其次，更有一种骗人的说法，是把汉文帝的"除肉刑"，认为是汉代的仁政。肉刑是指墨、劓、剕、宫、大辟等五种残害人体的刑法，又称"五刑"。其起源极古，至少也是在三代之世，固然没有人独指为秦刑，但说汉文帝就废除了肉刑，那是欺人之谈。汉文帝十三年虽有除肉刑之令，但除大辟（即杀头）本不在拟废之列外，其余宫刑亦未废除，且经常扩大，以制造宦官。当时废除的只墨、劓、剕三种肉刑。墨刑改为"城旦舂"（是三年徒刑的罪名，并作苦役，修城及捣米）。劓刑改为笞三百。剕刑原是割去左足或右足，文帝除剕刑，把应割左足的，改为笞五百，应割右足的，爽性改为斩首。这样，除墨刑（亦称黥刑）改为徒刑外，其余劓、剕二刑，不惟未减轻，而且简直加重。据汉人自己说，"外有轻刑之名，内实杀人。斩右趾者又当死，斩左趾者笞五百，当劓者笞三百，率多死"㉗。后来景帝时虽一再减少笞的数目，但仍常常把不该死的笞死。所以一直到东汉末年，都常常有人主张恢复肉刑。汉献帝时的陈群说："汉除肉刑而增加笞，本兴仁恻，而死者更众，所谓名轻而实重者也。"㉘钟繇也说："张苍除肉刑，所杀岁以万计。"㉙（张苍是汉文帝时的丞相）这就是汉文帝除肉刑的实况。

所以就刑法言，秦代的几种酷刑，不惟都是秦以前的旧刑，而且汉代的刑法，不论量和质，都比秦代加重，汉宣帝时的路温舒说的好:"臣闻秦有十失,其一尚存,治狱之吏是也。……方今……死人之血流离于市,被刑之徒比肩而立,大辟之计岁以万数,此仁圣之所以伤也。"[30]这样,明明是一丘之貉,又何必信秦、汉间的虚言,独以刑法过重归罪秦代呢!

总之,我们应当明白,过去统治阶级无一不是残暴的,秦代是如此,汉代也是如此,其他各代也无不如此,而后世却独把秦代形容成是最残暴的。究其实,以人民的立场控诉起来,任何一代人民的诉状恐怕都一样。而秦代独为暴虐之尤,独被千古恶名,其原因很明白,只是那些"六国之族"和豪富大地主的感觉——他们一向本也是宰割人民、鱼肉人民的人,如今一旦也被宰割,也被鱼肉起来,这才是最不可忍受的。在他们——"六国之族"统治的时代,本是"刑不上大夫,礼不下庶人"的,如今对他们"无礼",和他们的农奴一样征税,一样服役,一样受刑,这如何能忍受?以这种观点看来,秦代的赋税,秦代的刑法,才成了最暴虐的。若以人民的立场看来,纵然不至如李斯所说,真的"万民戴主,至死不忘",但秦代的赋税和刑法,照我们的考查,并没有比其前后各代有特殊暴乱的痕迹。

四 秦代制造小生产者的积极政策。秦的善政。

总括以上考查,秦代政治总的精神,无论就其制度、政策、刑法、赋税,各方面看,都是以裁抑那些豪富大地主为政的。如果我们叙述历史,不至为从前的文献所误,弄糊涂了我们的立场,那这一铁的事实,应当是我们所承认的。

不过,我们单知道了这一点还不算,我们还应了解,秦代为什么专以裁抑豪富大地主为政呢,它的政权性质是什么呢。这一点我们在前边早已预先说明过:统一国家的政权,是建筑在无数小生产者——小土地所有者、小手工业者、小商人等——的身上。这些小生产者,我们亦已一再说明,如果没有一个统一政府,他们就没法存在,而统一政府又是在商品经济发达造成国内市场后,才能实现。

封建的专制君主是利用这些要求和条件，建立起统一的专制政府，来剥削这些小生产者，他是把小生产者当作他的"新农奴"看待的。专制君主的裁抑豪族大地主，其理由完全可以理解，他是怕瓜分了他的财富和权力；同时，在另一方面，他必然要制造并保护小生产者，只有小生产者愈多，他的统一政权才能巩固，剥削才能安稳。所以在秦代裁抑豪族大地主的制度、政策以外，必然会有制造并保护小生产者的积极政策。这一点，秦代所遗留的直接史料，虽然几乎等于没有，但从汉人的记载中，还是可以看见其痕迹的。

秦代的直接史料，现在所能知道的，只有极简单的几件铜器铭文和石刻，其中有秦始皇巡游各地的石刻六件，《史记·秦始皇本纪》录其五文。这些石刻的刻辞，虽然都是歌颂秦的功德，但也透露它的一些政策或政治精神。比方，秦始皇二十八年的《琅琊台石刻》有这样的话："皇帝之功，勤劳本事，上农除末，黔首是富。普天之下，抟心揖志。器械一量，同书文字。"这"器械一量，同书文字"，是确然的事实，并非虚辞，而"勤劳本事，上农除末"，也是商鞅以来一贯的政策。下文又说："皇帝之德，存定四极，诛乱除害，兴利致福；节事以时，诸产繁殖，黔首安宁，不用兵革。"这"诛乱除害，兴利致福""诸产繁殖，黔首安宁，不用兵革"，又不能说不是秦代政治上的主观愿望。特别是三十二年的《碣石门石刻》，我们前边已引过，在"堕坏城郭，决通川防，夷去险阻"以后，他说："地势既定，黎庶无繇，天下咸抚。男乐其畴，女修其业，事各有序。惠被诸产，久并来田，莫不安所。"㉛这"男乐其畴，女修其业"，正是商鞅令民"大小僇力本业，耕织致粟帛多"的意思。而"久并来田，莫不安所"二语，更令我们想起，秦代迁徙了那末多的豪富大地主，那些豪富大地主被迁走以后，他们所遗下的大批土地，自然是和坏城郭、通川防以后一样，都是令农民们"来田""安所"了。就这些石刻表现的意义看起来，秦代的政治很明白，它是要"黔首安宁"，好好耕种、纺织，以"兴利致福"，形成"诸产繁殖"的气象。和迁徙豪富等政策对照，它所打击的是"豪富",而力求安定的是"黔首"。这就说明了秦代政治的积极方面,确是有意保护小百姓的。这一意图似乎无庸置疑,它的政治即使再不济事,总还希望它的统治长治久安。要实现这种企图,就必须使"男乐其畴,女修其业"。而且它的企图也并不仅仅停留在主观的愿望上,它有一系列的措施,除过打击豪富割据者的种种政策外,又坏城郭、通川防,分配空余的土地给农民。这些政策,不能说不是良好的。这些起码的政策,原不必夸张,也不值得置疑,只是可注意的是,它明明打击了豪富大地主,而却培养制造了小生产者。李斯在建议"焚书"时也说:"今天下已定,法令出一,百姓当家则力农工,士则学习法令辟禁。"这"力农工"的"百姓",即是"男乐其畴,女修其业"的黔首,正都是小生产者。秦代政治,从种种方面看来,都是打击了豪富大地主,同时保护并制造了小生产者。这种政治的实质,不难理解,它是把小生产者当作"新农奴",来供养专制君主及其庞大的皇室贵族的。因为这样,专制君主的政府必然要依靠小生产者,确如李斯所说,是要使"万民戴主,至死不忘"的;因此也必然要施点小恩小惠,比照前代"轻刑罚,薄敛赋",这也是事实,不尽虚夸。同时,这些小生产者,也必然要依靠君主的统一政府,来求得"安宁",避免割据者的吞噬和混乱,这也是必然的。所以秦代的石刻中,几乎处处都提到它统一六国的功绩,如二十九年的《之罘石刻》中说:"六国回辟,贪戾无厌,虐杀不已!皇帝哀众,遂发讨师⋯⋯烹灭强暴,振救黔首。"这些话一望可知,显然是向黔首讨好,但同时也要知道,这实在也正是黔首的愿望。君主专制政府和人民中间这种种实际联系,如果不能理解,那就无法说明秦、汉以来二千年间的政权性质。

此外,秦代对这些小生产者的治理,也有一定的政策,其政策也有一定的道理,并不是完全胡闹,如后世想像的那样乱七八糟的。这些政策,石刻中也一再提及。如二十八年的《泰山石刻》中说:"皇帝临位,作制明法,臣下修饬⋯⋯贵贱分明,男女礼顺,慎遵职事,昭隔内外,靡不清净。"同年的《琅琊台石刻》中说:"皇帝之明,临察四方;尊卑贵贱,不逾次行;奸邪不容,皆务贞良;细大尽力,莫敢怠荒;远迩辟隐,专务肃庄;端直敦忠,事业有常。"特别是在三十七年的《会稽石刻》中,更具体地规定了男女间的关系:"有子而嫁,倍死不贞。防隔内外,禁止淫佚,男女絜诚。夫为寄豭,杀之无罪。男秉义程,妻为逃嫁,子不得母。咸化廉清,大治濯俗。"就这些刻辞看,秦代极注意社会秩序和清净的风俗,它提倡谨慎整饬的做事方法和"端直敦忠"的道德,以至不容奸邪,不许淫佚,都是极合情理的治法,又何尝是秦、汉间人所说专门"残贼天下"的"乱政"呢?

不过有一点极应注意的,是秦代所说的"尊卑贵贱",却绝不是儒家所说的"尊卑贵贱"。儒家的"尊卑贵贱",完全是身份关系,贵族永远尊贵,庶民永远卑贱。而秦代的"尊卑贵贱",却绝不论身份,完全根据商鞅的定法,"有功者显荣,无功者虽富无所芬华",它的"尊卑贵贱",一律要看对国家的功绩,如没有功绩,虽秦始皇自己的儿子,也和庶民一样。这种情况,秦、汉间人不知注意,未加掩没或歪曲,然而我们却不能不视为数千年历史中的奇迹。秦始皇三十四年,那个引起"焚书"的祸首博士淳于越,当他大发议论,诋毁秦代不封建的错误时,他说,"今陛下有海内,而子弟为匹夫"。这已透露一点实况,但还不很明确。及后二世为赵高所杀时,哀求说,"愿与妻子为黔首,比诸公子"[32]。据说秦始皇有二十余子,照二世的话看来,这些公子是和黔首一样,并无特殊尊贵,否则二世的哀求就毫无意义。这正是商鞅的规定:"宗室非有军功论,不得为属籍。""不得为属籍",即是不得为贵族,不得有爵秩,只能和黔首一样。皇帝的儿子和黔首一样,无特殊待遇,这样的政治,秦以前不必说,秦以后二千年间又何时有过呢?另外,秦统一前后的数十年中,所用将相大臣,其姓名皆可考知,都是以功绩擢用,绝不像后世其他朝代一样,是以母、妻、妃嫔等裙带关系进用,这又是不能否认的事实。秦代政治上的这些特征,能不能视为数千年历史中的奇迹呢?它的这种政治,并不是一时的、偶然的,从商鞅以后一百多年中,几乎都是如此,荀子所赞扬的也是在此。这样的政治,我们又焉能仅仅根据秦、汉间那些残余贵族和豪富大地主的反动言论,就任意唾骂呢?唾骂倒也无所谓,只是对这一段历史的真象和实质,就不去弄明白,这是不科学的,是非马列主义的。

五 秦代二世而亡的必然性。亡秦的种种活动。陈胜、吴广和刘邦。秦的灭亡。

根据以上各节的考查,我们应当能看出一种情况,就是秦代的统一政权,要能得到巩固,必须恰如其各种制度和政策所预期的效果——豪族地主必须大大削弱,"力农工"的小生产者必须普遍形成,并安定下来,始可。但事实上恰恰相反,这些预期的效果,并未能实现,或者说实现的很少。这并不是说秦代的各种制度和政策不好,不能达到这种要求,其实,按这种要求来观察它的各种制度和政策,基本上都是正确的,就当时的条件,各方面所能做的,实已都做了。当时主持这种政治的领袖,秦始皇和李斯,其政治见解之锐敏和魄力之雄厚,实不能不令人佩服。但是纵然如此,他们无论有多大的才能和魄力,却绝不能超越历史,创造历史,社会经济基础没有到了成熟的地步,无论那方面要多走一步,都是不行的。我们试想,春秋、战国社会发展的趋势,是要求统一,要求封建领主消灭,要求劳动人民都从领主制下解放出来,都变成独立生活者或自由生活者,同时更重要的还要求商品经济高度的发达。这些要求都是事实,春秋、战国社会发展的具体表现也正是如此。但是这些发展,到秦代统一的时候,发展成熟了没有?显然没有。当时只是有了统一的条件,却并不是已经具备了巩固的统一基础。当时,即战国末年,封建领主是衰弱了,独立生活者确是增多了,商品经济也确是比从前大大发达了——这些都是造成统一的主要条件。但是封建领主的衰弱,只是说明他们不能再领导独立的王国或采地、食邑,然而却还是可以做大地主。独立生活者虽日见增多了,然而他们却随时在分化中,也随时在被地主阶级兼并中。至于商品经济,那时虽然发达了,但只是比从前发达,本质上还是属地主经济的范畴,离大规模的独立发展还相差很远。以这样薄弱的基础,秦代即欲安享其统一政权,那是决然办不到的。我们前边已说过,封建地主的发展规律,无论何时,都是要割据的,更何况秦代的豪族大地主,无论在政治上和经济上,都和秦代立在势不两立的地位。秦代虽费了许多力气,要削弱他们,并且也诚心要向老百姓——独立生活者——讨好,但短短的十多年中是不能希望有多大效果的,又何况它的政治上还有一定的缺点,如徭役太烦、更法的不善等等,益发使本来不稳固的基础,更不能稳定了。所以秦代统一政权的不能维持长久,只落得二世十五年而亡,那是必然的,不足为奇。

不过,我们要弄明白,秦代二世而亡的必然性,是说当时豪族地主的势力太大,及其对统一政权的反动性太强,和小生产者未普遍形成,且未真正安定下来所致。而却绝不是如普通所说,仅仅根据秦、汉间人的言论,不加分析,都异口同声地指摘秦政暴虐,引起农民暴动,以致二世而亡云云。其实,不仅秦代,即以后其他各代,所谓"农民暴动",究竟是农民中的地主分子因不满意统一政权而领导暴动呢,还是一般农民——劳动人民或小生产者——自主的暴动呢,这里边大有分别。以后各代暴动的内容极其复杂,绝不能笼统以"农民暴动"来说明历代不同的过程。若如秦代,那事实就更明显,当时主要由要求割据的豪族大地主,其中尤其以要求恢复六国的残余贵族为中心,一般农民不过是被领导的,甚至是被胁迫的——这种灭亡的性质,是对统一的反动,是六国贵族的回光返照,而不是社会发展正常的规律。对秦代统一国家的主要矛盾,是豪族地主(包括六国后裔),而不是一般农民,这一点是我们必须认清楚的。

我们说,秦代的灭亡,是六国贵族对统一的反动,这原是极明白的事实。自秦始皇二十六年统一六国,至二世元年陈胜、吴广起兵,这十多年中间,六国的残余贵族,都到处在做亡秦的秘密活动。楚国的贵族项梁,隐匿吴中,"阴以兵法部勒宾客及子弟",准备起事㉝。韩国的贵族张良,"悉以家财求客刺秦王,为韩报仇"㉞。下至张耳、陈余,不过是"魏之名士",亦与秦为敌,受豪族地主的资助,做种种阴谋活动。其间以楚国人恨秦最深,活动的最多,楚国亡后,楚国人愤恨的说:"楚虽三户,亡秦必楚!"㉟这两句话有种种解释,有的说"三户"是楚国一小地名,有的说"三户"是指楚国的昭、屈、景三家贵族。但不论怎样,其意只是说:"楚国虽剩下一小块土地,或三家人家,也要起来报仇,非把秦国灭亡不可!"因此,陈胜、吴广一起兵,楚国人以数千人为聚响应的,多至不可胜数㊱。而且起兵不过两月,六国就都恢复起来。另外尤其可注意的是,所有起兵的人,都是痛恨秦国官吏,到处与以杀戮,而绝没有烧杀豪富地主及其财产的。从起兵的这些政策中,即急于恢复六国和并不反对豪富地主,就可显然看出他们是表现六国残余贵族(包括豪族大地主)的意识,而不是表现一般农民的意识。

当时一般农民,自然也参加了这种反抗秦国的暴动,但是即使不是全被裹胁,至少,也是全被利用了去。因为领导这种暴动的,明明白白都是六国后裔或豪族大地主。项梁、项籍(楚)、田儋(齐)、韩广(燕)、魏咎(魏)等人,不必说了,都是六国后裔。和六国无直接关系的是刘邦,而刘邦是大地主。刘邦在起兵前,所与交往皆豪吏,自己亦"试吏,为泗上亭长"——秦、汉间的吏,不是普通人能做的,必须有大量家产,才能做吏(详下章)。如同时的韩信,即因"家贫无行,不得推择为吏"㊲。刘邦能为吏,即可知其必为豪富一流。又刘邦的异母弟刘交,与汉初的大儒申公同学于浮邱伯,而浮邱伯是荀卿的弟子㊳,那时能读书的更非大地主家庭不能办。这些痕迹,都可表明刘邦是大地主出身。和刘邦同时起兵的萧何、曹参、樊哙,都是豪吏,王陵是"县豪",灌婴是大商人,各传中都已说及。其中只有陈平、周勃较可疑。《陈平传》谓其"少时家贫",又说"家负郭穷巷,以席为门",然《传》又谓其"门外多长者车辙"。秦、汉间所谓"长者",实指豪侠一流,《后汉书·马援传》注,"长者谓豪侠",魏文帝诏群臣有云,"三世长者知被服,五世长者知饮食"㊴,是"长者"明为豪富大家。陈平说是家贫,而却与豪富大侠来往,可知他也是这一类的人。要知春秋、战国以来,没落的王孙公子很多,本人虽穷,其原来出身如何,正未可知,如楚怀王孙心流落为人牧羊,即是一例。我们绝不能因列传中说某人穷,就视为劳动人民。即如韩信,虽因家贫不得推择为吏,然其为人"长大,好带刀剑",又"不肯治生",恐亦非真正贫寒出身。至于周勃,本传亦谓其"以织薄曲为生",又"吹箫给丧事",似甚微贱。然而其为人"材官引强",意谓有材勇,能引强弓,其原来出身如何,亦正未可知。对于这些表面贫穷的人,我们应记起《左传·鲁宣公二年》所记,赵盾田于首山时,所遇因饥饿而病的灵辄,其人并不是劳动人民的贫穷,而是没落贵族的贫穷㊵。韩信、陈平、周勃等人,从其生活特征看来,绝不能列入劳动人民的阶级,应与灵辄相同。辅佐刘邦的集团,是一个豪族地主集团,实无可疑。

秦末起兵的诸人中,最可疑的是陈胜、吴广。普通都根据《史记·陈涉世家》所载,谓"陈涉少时,尝与人佣耕,辍耕之陇上"云云,遂以陈涉为农民。其实此事殊可疑。按二世元年七月,陈胜、吴广与九百人同戍渔阳,而他们两人为屯长,这屯长是九百人的头目,在当时即是吏。据《后汉书·百官志》载,大将军营五部,部下有曲,曲下有屯,"屯置屯长一人,比二百石"。后汉时代的屯长,虽未必和秦代的屯长相同,但其为一低级军吏,要无可疑。陈胜、吴广能被任为屯长,照秦、汉间为吏的通例,可知其绝非一般农民。即如陈胜对其同耕农民的谈话——"苟富贵,无相忘"以及"燕雀安知鸿鹄之志哉"诸语,试和只说"若为佣耕,何富贵也"的那些朴实农民比较,其思想意识亦极可疑。至其起兵后的政策,"诈称公子扶苏、项燕",谓"从民欲",又号"大楚""张楚",亟亟恢复六国,所有措施,都是代表六国后裔的利益,而无丝毫农民意识。

总的说来,秦末的暴动,无论以起兵诸人的阶级出身看,无论以起兵以后的政策看,都只是反对秦代统一的暴动,是反对统一,期图恢复割据政权的暴动。暴动的领导阶级,是六国的残余贵族和豪族地主,而非农民。这样的暴动,其直接目的,是要恢复落后的领主割据政治,这是反历史的,是对劳动人民有害的——秦末暴动的性质,就是如此。我们绝不能同情或称赞这种以反动阶级做领导,来推翻较进步的统一国家的行动。

不过虽然如此,秦末暴动的性质虽然是反历史的,但却毫不妨碍它在客观上所引起的伟大作用——农民革命的作用。因为不论当时领导暴动的那些阶级主观的愿望为何,而这种暴动的本身,必然要引起农民革命的作用。这种作用,照列宁的话说,是必然使农民或多或少"求得土地和自由",也或多或少"排除地主和官吏在国家管理中的统治"㊶。这种作用,在秦末的暴动中,也明白表现出来。如秦国的统治者,感觉到乱事的严重时,终不得不承认"盗多,皆以戍漕转作事苦,赋税大也",因欲停止"阿房宫作者,减省四边戍转"㊷。这些建议,虽未能全部实现,但究竟也赦免了骊山徒人和奴产子,发以为兵㊸。秦国固然需要做这些临时抱佛脚的改革,而起兵诸人,虽然完全是为了自己阶级的利益,但也不得不拉拢劳动人民,以增加自己的势力。刘邦入关,首先召秦父老,约法三章,除秦苛法。连最落后的项羽,也觉着"岁饥民贫,卒食半菽",而宋义乃"饮酒高会",这是"不恤士卒而徇私,非社稷之臣也",因而不满宋义,把他杀掉㊹。至于其他起兵诸人,也无一不强调秦政暴虐,残害人民,以为号召。这些措施和号召,使统治阶级不自觉地暴露出一个真理,就是:一切残害人民的事是不允许的,人民的痛苦必须解除。这就或多或少给了人民一些自由,也或多或少排除了地主和官吏在国家管理中的统治。

而且事实上还不止此。照列宁、斯大林所说,农民革命"是资产阶级民主革命的基础和内容"㊺,一方面是在削弱"农奴制度一切残余之主要柱石"，即是削弱了地主阶级，另一方面是发展了商品经济，为资本主义的发展创造基础[46]——这是农民革命长远的趋向和意义。正因为如此，所以秦末的暴动，不惟不能符合了当时领导暴动的那些阶级的愿望——破坏了统一，恢复了割据政治——而且恰恰相反，暴动的结果，是削弱了割据者的残余基石，而发展了统一国家的基础，也就是说，恰恰削弱了领导暴动、企图割据的那些阶级自身，而对秦代所建立的统一国家却只有更发展起来。因此我们在秦末暴动后所看见的，不是项羽的十八个王国存在下来，而却是重建了统一帝国；不是地主阶级日益扩大（汉代的地主势力固然还很大，但远没有春秋、战国的领主地主那样大），而是商品经济日益扩大。这就是农民革命的进步性。毛主席在《中国革命和中国共产党》中说，中国"每一次较大的农民起义和农民战争的结果，都打击了当时的封建统治，因而也就多少推动了社会生产力的发展"[47]，正是此意。可是近来叙述中国史的，却把每次农民革命后的发展，说成是封建地主的更高发展，甚至是循环的或说是螺旋式的发展，这完全是非马列主义的。秦末的暴动，纵然起兵诸人的企图是另一回事，而暴动本身确是起了农民革命的作用，也就是说，对社会生产力的发展，起了一定的推动作用。

　　农民革命的进步性，如果暴动的范围愈大，历时愈长，进步性的表现亦愈大。正因为秦末的暴动是反动阶级领导的，他们绝不愿暴动的延长和扩大。到了二世三年十月秦代灭亡后，由号称"西楚霸王"的项羽主持，建立了十八个王国，出乎豪族地主阶级的意愿以外，形成一个纷争的局面。这种纷争看不出了期，使地主阶级害怕起来，遂倡导一种新政策，要求"与民休息"，并创一种新学说，称为"黄老言"，主张"治道贵清静，而民自定"[48]。在这些号召下，使纷争尽可能快的结束，大家选择了一个比较听话的汉王刘邦，把那个极端自私、小气、讨人嫌的项羽打败，终于在公元前二〇二年（汉王刘邦的第五年）拥护刘邦即皇帝位，重建起统一政权，是为汉。

不难看出,以刘邦的出身和他所领导的集团以及拥护他做皇帝的种种背景,决定他即位后采取什么政策。他真的"与'民'休息",一任地主自由发展,且采取种种措施扶植地主的势力,遂形成汉初数十年间和秦代完全相反的局面——豪族地主横行的局面。这种政治情况怎样?待下章细述。

【注释】

① 见《史记·商君列传》。

② 见《荀子·强国篇》。

③ 所谓"胡服",实即后世的普通服装:穿袄、穿裤、穿靴及束腰带等。古人男女皆不穿裤,上衣下裳,骑射极不便,胡服所以便骑射。

④ 见《史记·刘敬传》。

⑤ 如后世每到分裂割据时期,老百姓总希望"真龙天子"出现,重新统一;而历代所谓治世,也都是以诛锄豪强、扶助贫弱为政。农民希望"真龙天子",不能全视为愚昧,统治者说扶助贫弱,也不能全视为欺骗,因为两者对豪族的认识是一致的。

⑥ 程邈的"隶书",即后世通用的楷书,固然汉代的楷书即通称为"汉隶"的,和后世的楷书不尽同,但都是楷书的一类。后世多把"隶书"和"八分书"相混,以为即"隶字",那是错的。

⑦《汉书·沟洫志》说:"堤防之作,近起战国,壅防百川,各以自利。"正是说这种情况。

⑧ 博士,官名,起于战国,管理图书。

⑨ 方士即"方术之士",自称能见仙人,求得仙药,或称能配合长生不老的药物。

⑩ 见《史记·张耳陈余列传》。

⑪ 见《史记·高祖本纪》。

⑫ 见《史记·秦始皇本纪》《后论》。

⑬ 见《汉书·贾山传》。

⑭ 见《史记·刘敬传》。

⑮ 见《史记·李斯列传》。

⑯ 见《史记·秦始皇本纪》。

⑰ 见《汉书·食货志》。

⑱ 见《左传·昭公三年》。

⑲ 汉初田税什五税一,秦制不详,惟据董仲舒的话,汉初赋税制皆循秦制,则什五税一当始于秦。

⑳ 见《汉书·贡禹传》。

㉑ 见《汉书·贾谊传》。

㉒ 《汉书·晁错传》谓,秦民"死事之后,不得一算之复",即是秦代无免税的人。骊山徒役中四方豪杰甚多,见《史记·黥布列传》。当时所谓豪杰,皆贵族、地主一流,都未能免役。

㉓ 见《汉书·景帝纪》。

㉔ 见《汉书·昭帝纪》。

㉕ 《周礼·秋官·条狼氏》"誓驭曰车辖",注"车辖,车裂也"。

㉖ 《书经·汤誓》:"尔不从誓言,予则孥戮汝。"孥谓子,即本人及其子皆行杀戮。又《泰誓上》谓纣"罪人数族"。《孔传》谓"一人有罪刑,及父母兄弟妻子"。

㉗ 见《汉书·刑法志》。

㉘ 见《三国志·魏志·陈群传》。

㉙ 见《三国志·魏志·钟繇传》。

㉚ 见《汉书·路温舒传》。

㉛ "久并来田"之"久"字,《史记集解》引徐广曰:"一作分"。按当以"分"为是,意即分配其土地来耕田。

㉜ 见《史记·秦始皇本纪》。

㉝ 见《史记·项羽本纪》。

㉞ 见《史记·留侯世家》。

㉟ 见《史记·项羽本纪》。

㊱ 见《史记·陈涉世家》。

㊲ 见《汉书·韩信传》。

㊳ 见《汉书·楚元王传》。

㊴ 见《全三国文》卷六,魏文帝《诏群臣》。

㊵ 《左传·鲁宣公二年》:"(赵盾)田于首山,舍于翳桑,见灵辄饿,问其病,曰不食三日矣!食之,舍其半。问之,曰,宦三年矣,未知母之存亡……"灵辄是一个"士",出外求官,三年未得,所以贫穷。

㊶ 列宁:《小资产阶级的和无产阶级的社会主义》(见《列宁文集》第二册第三三页)。

㊷ 见《史记·秦始皇本纪》。

㊸ 见《史记·陈涉世家》。

㊹ 见《史记·项羽本纪》。

㊺ 斯大林:《中国革命和共产国际的任务》(见《斯大林全集》第九卷第二六〇页)。

㊻ 列宁:《小资产阶级的和无产阶级的社会主义》(见《列宁文集》第二册第三一页)。

㊼ 见《毛泽东选集》第二卷第六一九页。

㊽ "治道贵清静,而民自定"的黄老治术,见《汉书·曹参传》所引胶西盖公言,盖公当然为秦末汉初人,所以定此种治术起于秦末。"与民休息"是汉初的政治口号,性质与黄老治术相同,也应起于秦末。汉高祖的部下张良、陈平都学黄、老术,可见汉初的政治思想,在秦末早已流行。

第九章　汉初和地主阶级的妥协及豪族地主的横行
——汉初政象

（公元前二〇六—公元前一四〇年）

一　地主阶级的特权（一）——包办官吏。郎官和郎官六途。所谓"贤良方正"。门阀观念的形成。

汉高祖刘邦重建统一帝国后，对于统一国家的组织制度，几乎完全采用了秦代的办法，这个事实说明秦代在短短的十五年中所建立起来的制度，对统一政权来说是必要的。不过尽管如此，汉代和秦代在政策上却有根本不同的一点，是秦代专门以裁抑豪族大地主为政，而汉代对地主阶级却采取了极度妥协的政策。假使秦代的灭亡，如前章所述是豪族地主阶级（包括六国后裔）反动的结果，那末汉代和地主阶级的妥协，从表面上看好像是有现实意义的，但和地主阶级妥协的结果，给与地主阶级许多特权，国家的赋税、土地、人口，大部分被侵占了去，形成韩非子所谓"百虑私家之便，不一图主之国"的现象。是这种政策，并不是巩固了统一政权，反倒是削弱了统一政权，对统一国家来说实毫无现实意义。汉代采取这种政策的结果，使统一政府和豪族地主中间形成长期的冲突和纠纷，这种纠纷不断滋长和扩大,给劳动人民带来无数的灾难。这些现象,就是汉代政治和社会上最显著的特征。

汉代历史开始以后,最先引人注意的一件事,即是它又恢复了封建制,即封土建国,建立领主的制度。其所以恢复封建,表面的理由,是以为秦代的灭亡就是因为不封建,一旦乱起,无羽翼援助①。然而事实上却是适应那些想割据的豪族地主阶级的要求,张良即曾劝汉高祖大行封建,其理由说"天下游士离其亲戚,弃坟墓,去故旧,从陛下游者,徒欲日夜望咫尺之地"②,这是恢复领主制的真正原因。因此大封同姓子弟为王,封功臣为侯,共建立了九个王国,列侯百有余邑。除王侯的领土外,其余仍为郡县,归天子自领——汉代有一个术语,称天子为"县官",就是因为县是天子直领的原故。这样,王侯的封土和天子的郡县,"犬牙相错",自以为可以长治久安了。殊不知这是反历史的措施,战国以后已再不能允许领主制存在,任何时候要建立封建领主,必然要形成分裂割据,破坏了统一。汉高祖所封的同姓子弟,原以为是最亲近、最可靠的,却不料仅仅过了四十多年,在这些最可靠的子弟壮大起来以后,都变成最不可靠的,作起乱来,这是后话,暂且不提。

和建立封建领主同一反历史的另一措施,即是和豪族地主阶级进行了妥协。本来汉高祖自己原是以豪族地主阶级的身分,代表豪族地主集团,来反抗秦代的统一政权的。那末在他代替秦代以后,特别为豪族地主服务,谋利益,似乎是很自然的。殊不知他做了统一国家的皇帝以后,他自己就变成唯一的封建大地主,他是依靠剥削小生产者为生,也就是依靠小生产者维持其统一政权,这种小生产者本质上是他的"新农奴"。如果除他以外还有其他地主存在,不论领主地主也好,豪族地主也好,也有权把国家的人民变成他们自己的农奴,来施行剥削,那就其他地主剥削一分,皇帝的剥削就要少一分;如果和皇帝分享剥削的这种地主要多起来并且大起来,皇帝的剥削自然要受到极大威胁,到了最后必然要造成分裂割据,皇帝的封建大地主就做不下去，也就是统一国家的破裂。所以皇帝这个封建大地主，事实上是和社会上一般地主阶级处在矛盾的地位，绝不能理解作是代表社会上一般地主阶级的。他不惟不代表，而且正相反，他应不断把一般地主阶级加以分化，使他们都变成小生产者，然后统一政权才能巩固。所以秦、汉以来统一帝国政治上的总原则，必须是培养并保护小生产者，而裁抑和分化大地主阶级。不过执行这个总原则，当然还有其他条件，如发展工商业就是最必要的。秦、汉以来有许多伟大政治家，是能这样进行的，那就必然推动了历史的发展；而有许多时期是违反这个原则的，那就必然带来纠纷和混乱。汉代初年汉高祖和他的集团分子，为阶级性所限，不能理解他们沿袭的秦代统一国家的性质，反倒似乎总结秦代灭亡的经验似的，既恢复了封建领主制，又和要求"与民休息"的豪族地主阶级进行了极大的妥协，给与地主阶级许多特权。这样的政权就不是统一的政权，而是制造分裂的政权；不是君主专制，而是豪族地主专政了。事实上，汉代的国家，就是豪族地主专政的国家。

汉代给了地主阶级些什么特权呢？首先是政治特权，使地主阶级包办了政治，包办了官吏。

汉代的政治，照普通了解，好像是经常从社会上选举什么"贤良方正""直言敢谏""孝弟力田"等等有德有才的人来办理的。有人甚至因此以为汉代的政治是民主选举制度，是后世所不及的。殊不知这完全是皮毛之谈，绝不是事实。汉代中央和地方各级的官和吏——官和吏不同，官是政府任命的，吏是官任命的——都是因家资多任命。《汉书·景帝本纪》后元二年五月诏："今訾算十以上乃得官，廉士算不必众，有市籍不得官，无訾又不得官，朕甚愍之！訾算四得官。"汉代制度，家资满万钱，抽税一百二十文钱，称为一算。"今訾算十以上乃得官"，是说，现行制度必须家资满十万才能做官。廉士没有这许多钱，有市籍的商人有钱，但又规定商人不能做官，似乎限制太严，特减低标准，家资满四万即可做官。这就可见，凡做官的,都是家资在四万以上的人,原则上都是大地主,有时大商人还是可以做。这一类有钱的人欲做官时,可先到"郎中令"为"郎官",经过一个时期,遇中央或地方官有缺额,即补为正式官;或不做郎官,而被中央或地方某一官任作吏,过些时也可升为官。汉代的"郎中令"③,是专门储备官的场所。"郎中令"下有各种郎官,如议郎、中郎、侍郎、郎中等等,他们的任务是守卫宫殿和做皇帝的随从卫士,仿佛军阀时代的副官一样,而实际上是候补官。中央和地方的各级官,绝大多数是由郎官任命,汉武帝时董仲舒对策说,"夫长吏多出于郎中、中郎"④,即是。

欲做郎官的,详细说来有六种途径,其一即"訾选",即以家资多选任。如汉文帝时的张释之,"以赀为骑郎",《注》引如淳说,"赀五百万得为常侍郎"⑤,是张释之因家资有五百万,得为更好的常侍郎。又如司马相如,"以訾为郎事孝景帝,为武骑常侍",颜师古《注》说,"以家财多得拜为郎也"。我们都知道司马相如的故事,据说和卓文君相爱,私逃归家,"家徒四壁立"⑥,似乎甚穷。殊不知他原来很有钱,是以家财多为郎的,久为郎不能得官,即可致穷。如张释之因为郎十年,久不得官,自谓"久宦,减仲之产",遂欲告归。这是因为凡为郎的,必须自备华丽衣服及各种用品,才配随侍皇帝。张释之做了十年郎官,不能补正,拿他兄弟的钱来贴补,所以不愿再做下去。由此可见,郎官非大有钱的人不能做。

其二为"任子"。《文献通考·选举考》引《汉仪注》说,"吏二千石以上视事满三岁,得任同产若子一人为郎"。这是说,凡做二千石以上官的,其兄弟(同产)或子一人即可为郎,称为"任子"。如苏武"少以父任,兄弟并为郎"⑦,因其父苏建击匈奴有功,封平陵侯,苏武和他的兄弟三人都任为郎。又如张安世"少以父任为郎",因其父张汤做御史大夫,所以为郎⑧。诸如此类甚多。《汉仪注》说"任一人为郎",其实并不尽然,一个大官僚的子弟往往十数人都可连带做官。如《汲黯传》说,"昆弟以黯故同时至二千石者十人"。《万石君传》

说,"石庆方为丞相时,诸子孙为小吏至二千石者十三人"。可见任子的广泛了。

其三为"良家子"。如李广,因他为秦始皇大将李信的后裔,文帝时遂以"良家子"为郎⑨。又如冯奉世,因系战国时赵国上党守冯亭的后裔,其祖先冯毋择、冯去疾、冯劫等皆为秦将相,因此冯奉世在汉武帝末遂以"良家子"为郎⑩。由此可见,"良家子"即是世家子弟。

以上三类——訾选、任子、良家子——都明白表明豪族大地主阶级都有做官的特权。

其四,有以举"孝廉"为郎的。如《王吉传》说,"好学明经,以郡吏举孝廉为郎"。又如《京房传》说,"以孝廉为郎"。此类亦甚多。所谓"孝廉",是为人孝悌,且是廉吏,是汉代选举的科目之一。就表面看,这好像是按德才选举的。殊不知汉代所谓选举,是就现任官吏中选举,实际是官吏的考核制度,而不是由人民中广泛选举,这一点在下一节还要详述。既然在现任官吏中选举,而现任官吏又都是豪族地主,那选来选去还是豪族地主罢了。

其五,有以"上书"为郎的。如主父偃、徐乐、严助、朱买臣等,皆上书言事,得拜为郎。

其六,有以"射策甲科"为郎的。如匡衡、马宫、翟方进、何武等是,他们都是"博士弟子",因考试得甲等,拜为郎。这两类都起于汉武帝时,其中有的据说很贫穷,如主父偃、朱买臣、匡衡、翟方进等是,但这些并没关系,他们都是豪族地主阶级的知识分子,而且是在汉武帝改革以后才能出头的,其详下章细说。

"郎中令"是储备官吏的仓库,而其来源又尽于上述六途,这就是豪族地主阶级包办官吏的特权。这种政治,我们应特别指出,秦代的豪族地主势力那末大,必已有这种事实,然而却绝没有成为秦代的政策。而且恰恰相反,秦代遵行商鞅的定制,"有功者显荣,无功者虽富无所芬华",即使秦始皇的公子,也和庶人一样,不能有官爵,其他可以概见,这是秦代政治进步的地方。不过在秦代必已有这种事实,如萧何、曹参等,在秦代即是豪吏,韩信因贫穷,在秦代即无人推举他做吏等是。

汉代官吏的来源既如上述,而平常所称道汉代的选举制度,实系对那些已任官吏的郎官以及对各级政府所用吏员的考核铨选制度。因为这些官和吏,既都是豪族地主或大官僚的子弟,即都是些公子哥儿,他们的能力,不要说别的,即连文字都未必认识。《汉书·儒林传》载武帝时的丞相公孙弘上书说:"臣谨案诏书律令下者,明天人分际,通古今之谊,文章尔雅,训辞深厚,恩施甚美。小吏浅闻,弗能究宣,亡以明布谕下。"这些话,说穿了,就是说,当时的官吏斗大的字未必认识几个,对政府的公文、法令都看不懂,如何能执行?因此对现任官吏不能没有考核铨选,即是不能没有选孝廉、举茂才等所谓选举制度。这种制度初起于汉高祖十一年所谓"求贤诏"⑪,以后各代都常常举行,有"贤良方正""能言敢谏"等种种名目,到武帝时才定为正式制度,有"丞相四科"与"光禄四行"之别。丞相四科者,应劭《汉官仪》与蔡质《汉旧仪》皆云:"武帝……令丞相设四科之辟,以博选异德名士,称才量能,不宜者还故官。一科曰德行高妙,志节清白;二科曰学通行修,经中博士;三科曰明习法令,足以决疑;四科曰刚毅多略,遭事不惑。"光禄四行者,初起元帝时,《元帝纪》永光元年"诏丞相御史:举质朴、敦厚、逊让、有行者,光禄勋⑫岁以此科第郎从官"。此四科、四行之人,普通都可称为"茂才""孝廉"。茂才本名"秀才",后汉时避汉光武讳改,其名初起于汉武帝元封五年,而光禄四行亦可称为"茂才四行"⑬。孝廉原为"孝弟力田"与"廉吏"二名的合称,"孝弟力田"初起于文帝十二年,为最低级的吏员名称,举廉吏亦起于文帝十二年,武帝以后始渐渐并为孝廉一名。凡合丞相四科的,亦称孝廉,如王吉以"好学明经"举孝廉是。此外,汉代初期的"贤良方正""能言敢谏""独行之君子""勇猛知兵法",以及"明法""明算""明经"等等科目,大率都可包括于四科、四行之列。此四科、四行所举的人,都属现任官吏甚明,如四科所举有"不宜者还故官"之语,四行所举更明白指出是"科第郎从官"的办法。清朝有一个历史家赵翼,根据《汉书》各列传所载,把被选举的官吏统计了一下,得出一个结论,说汉代"贤良、方正、茂才、直言,多举现任官"⑭,是完全正确的。所举既都是现任官吏,那这种制度就是官吏的铨选制度而非选举制度了。

汉代的官吏既然都是豪族地主包办,尤其"任子"一项,使大官僚的子弟仍为官吏,这样下去,自然形成官吏的变相世袭,使官僚家族永远为官僚,豪族地主的政权格外得到巩固,因而养成门阀世家的观念,发展成为后来的门阀阶级。

汉代的官吏绝大多数已成了世袭的,"世为公卿"的豪族著姓很多,往往数百年不绝。例如,汉武帝时的御史大夫张汤,其父原为长安丞,父死,汤继为长安吏,后转至廷尉及御史大夫,其子安世又以父任为郎,后转至丞相,其子延寿复为九卿,以后直至东汉,世世不绝。又如宣帝时的韦贤,其五世祖韦孟在汉初即为楚相,五世至贤为丞相,其子玄成复为丞相,以后子孙继爵,亦直至东汉。又如汉初名儒济南伏生,其子孙世传经学,亦世世为官,东汉初,其九世孙伏湛为司徒,子孙为公卿的甚多,东汉末年始绝。又如东汉明帝时的廷尉郭躬,其家世学法律,亦世为官吏,至躬为廷尉后,其"子孙至公者一人,廷尉七人,侯者三人,刺史、二千石、侍中、郎将者二十余人,侍御史正监平者甚众"⑮。又如东汉时有秦彭,《传》谓其"自汉兴之后,世位相承"。诸如此类很多。而其传世最久的,一直成为六朝时代的士族。如汉武帝时的大司农郑当时,为后来荥阳郑氏之祖;宣帝时的谏大夫王吉,为后来著名的大士族琅琊王氏之祖;武帝时的廷尉杜周,为后来京兆杜氏之祖;宣帝时的太子太傅萧望之,为后来兰陵萧氏之祖等等。以后到东汉时代,这种世族更多。所以六朝时代的门阀阶级,都是汉代初年的豪族地主阶级发展成功的,门阀观念在汉代已形成,东汉时所谓选举已更进一步,连表面的茂才、孝廉都不注意,一以门阀高低推选。汉章帝时的韦彪曾上议说,"士宜以才行为先,不可纯以阀阅"⑯。这就可见,当时的铨选已"纯以阀阅",而不管才行了。

二 地主阶级的特权(二)——免税特权和其他经济特权。对地主阶级的放任政策——清静无为。

汉代的官吏既为豪族地主阶级包办,政治上当然要替地主阶级服务,一切都要为地主阶级谋利益,因此连带的又给与地主阶级其他许多特权。

首先,最值得注意的,是地主阶级有"免税"特权,他们可以不担任国家的赋税。《汉书·惠帝纪》元年诏云:"吏所以治民也,能尽其治,则民赖之,故重其禄,所以为民也。今吏六百石以上,父母妻子与同居,及故吏尝佩将军、都尉印将兵,及佩二千石官印者,家唯给军赋,他无有所与。"根据这条命令,凡六百石以上的现任官吏和曾任将军、都尉以及二千石官的过去官吏,除"军赋"外,其余一切赋税都免掉。所谓"军赋",系指"过更",即戍边。汉代对戍边看的最重,虽丞相子亦不能免,若不能往,出钱三百,雇戍卒代戍。汉代的六百石官,是中下级官吏,凡二千石官的属吏以及县令等低级官,皆为六百石。据这条命令,可以免税的官吏,是相当广泛的。

除此以外,因其他理由免税的还极多。当时称免税为"复",其制起于秦⑰,汉代采用,以优待地主,有复一家的,有复一身的,有世世复除的。如汉高祖的家乡,沛县和丰邑,其民皆世世复除。又凡刘氏宗室、功臣后裔,亦皆世世复除。其他如通一经的博士弟子、"三老"、"孝弟力田"等乡吏,有功的军士等,皆复终身。又有钱的还可"买复",如入钱或谷若干,按所入多少,赐以"武功爵","武功爵"共二十级,凡在第九级"五大夫"以上的,皆可复除。以上皆系普通的,其余历代皇帝各因特殊理由,零星复除的还很多。照这些免税办法，虽各有特殊原因或理由，表面上并不是把所有地主阶级的赋税都免除，而事实上却是所有地主阶级都有这种特权，也都有这种机会，劳动人民是没有任何免税资格的。地主阶级都拥有大批土地和大量人口，而他们中绝大部分的赋税，都可免除，这样势必要使国家的收入减少，造成财政上的困难。如元帝时表面要提倡文学，大量扩充博士弟子，不限名额，而博士弟子是可以免税的，于是博士弟子数量大增，多至数千人，结果因"民多复除""用度不足"，乃复限定为一千人[18]。

免税的特权，纵然全部地主阶级不能都享受到，但另有一项，却是普遍优待全部地主阶级的，即是减轻田租。汉初的田租是十五税一，这应当是根据秦制，前已言及。及惠帝、文帝间，又数次减轻田租。文帝时往往令民"半出田租"，即三十税一，到景帝时遂成为定制，西汉田税的正式制度，都是三十税一。因为这样，汉代和后世都称道文、景之治。其实，这种减轻田租，完全是优待了地主阶级，对劳动人民全无关系。王莽即曾揭穿这个事实，他说："汉氏减轻田租，三十而税一，常有更赋，罢癃咸出，而豪民侵凌，分田劫假。厥名三十，实什税五也。"[19]这就是说，田租虽然减轻，是三十税一，而劳动人民的担负，实际是十分之五。这个道理还不仅仅如王莽所说的那样，王莽是不分地主与农民说的，事实上，对国家的田税是地主出的，农民耕种地主的土地，是向地主缴纳田租，国家减轻了田税，只是对有土地的地主有利，对农民的负担却丝毫不能减轻，农民是"实什税五"。这种办法，只是为优待地主，为地主谋利益，于农民无关。东汉末年的荀悦，对这点就看的很明白，他说："今汉氏或百一而税，可谓鲜矣。然豪强富人，占田逾侈，输其赋太半。官收百一之税，民出太半之赋，官家之惠优于三代，豪强之暴酷于亡秦……今（文帝）不正其本而务除租税，适足以资豪强耳。"[20]其实汉初的政权正是为豪强服务的。这是豪族地主阶级政权下，为地主服务的又一表现。

此外，又给地主阶级以其他经济特权。《史记·货殖传》说："汉兴,海内为一,开关梁,弛山泽之禁。""开关梁"是开放关口、桥梁要道。"弛山泽之禁",是开放山林、矿产、渔盐,任民采掘。这些好像是为商人服务,要发展商业的,所以司马迁也说,自此"富商大贾,周流天下"。但其实并不然。汉初对商人压制甚严,汉高祖规定商人"不得衣丝乘车,又重租税以困辱之"。惠帝、高后间虽略放宽限制,但"市井子孙亦不得为官吏"[21],此即所谓"重农抑商"政策。此种政策的本意,并不是不要商人,要消灭商业,而只是"抑商","抑"的意思,是限制商业,不准它过甚发展,只要它能为地主阶级服务即足,因为地主是需要商业以交换产物并供给奢侈品的。所以"开关梁,弛山泽之禁",是适应地主阶级的要求,是为地主服务,而不是为商人服务的。而且关梁、山泽开放以后,开山鼓铸,周流天下,经营大规模商业的,还是豪族地主阶级。《货殖传》说,"关中富商大贾,大抵尽诸田"。所谓"诸田",即战国间齐国的残余贵族,因其为豪富,秦、汉间被迁徙至关中,他们是以大地主而又为富商大贾的。《货殖传》又说,一般豪富,"尽椎埋去就,与时俯仰,获其赢利,以末致财,用本守之"。"末"是商业,"本"是农业,这就是说,一般豪富,都是兼营商业和农业的。所以"开关梁,弛山泽之禁",是使地主阶级可以任意采伐鼓铸,这是给地主阶级的经济特权,是培养并发展豪族地主阶级的政策。

"弛山泽之禁",是在文帝后元六年,在此以前(文帝五年),更有一项政策,是"除盗铸钱令"[22]。大约秦代禁民私铸钱[23],汉初因之,文帝开放了禁令,人民可以任意铸钱。这是个极荒唐的政策,试想货币可以任人私铸,那岂不要引起币制的紊乱?当时竟能实行这样政策,其为适应豪族地主的要求无疑。其结果自然大大帮助了豪族地主阶级的发展。

综计以上汉初所行的这些政策——给豪族地主阶级以把持政治和经济的种种特权,和秦代的政治恰恰相反,秦代是专门抑制豪富大地主,而汉代恰是专门扶植和发展豪富大地主。更妙的是汉代为保证这些政策的贯彻,保证豪族地主阶级能充分自由发展,在政治上更采取了一项原则,即"清静无为"的黄、老之治,美其名曰"与民休息"。事实上是让地主阶级休养生息,以尽量压榨人民,而劳动人民却更加愁苦,更不能休息。

《汉书·高后纪·赞》说:"孝惠、高后之时,海内得离战国之苦,君臣俱欲无为……而天下晏然,刑罚罕用,民务稼穑,衣食滋殖。"《刑法志》也说,"孝惠、高后时,百姓新免毒蠚,人欲长幼养老,萧、曹为相,填以无为,从民之欲,而不扰乱,是以衣食滋殖,刑罚用稀。及孝文即位,躬修玄默……"后汉应劭《风俗通义》说,"文帝本修黄、老之言……其治为清静无为"。君主是如此,而当时几个宰相,陈平"少时本好黄帝、老子之术"[24]。以豪吏出身的曹参,更是以黄、老治术著名。他把专为黄、老言,主张政治"贵清净而民自定"的胶西盖公,尊为上宾。他做宰相时的措施是:"卿大夫以下吏及宾客,见参不事事,来者皆欲有言,至者参辄饮以醇酒,度之欲有言,复饮酒,醉而后去,终莫得开说,以为常。"[25]

这种"无为"政治的本质,就是要"从民之欲",使"衣食滋殖"。但究竟从了什么"民"的欲,使什么人的衣食滋殖了呢?《史记·平准书》有正确的答案,说:"当此之时,网疏而民富,役财骄溢,或至兼并,豪党之徒,以武断于乡曲。宗室有土,公卿大夫以下,争于奢侈,室庐舆服,僭于上,无限度。"汉昭帝时辑成的《盐铁论》,更就"弛山泽之禁"以后的结果说:"往者豪强大家(往者是指汉武帝以前),得管山泽之利,采铁石鼓铸,煮盐,一家聚众或至千余人。"这就是给与地主阶级许多特权后,又采取"无为"政策的效果。其实,以种种措施,给与地主阶级许多特权,这不能说是"无为",实是"有为"。一方面要"有为",一方面又要"无为","有为"是"从民之欲","无为"是"而不扰乱",一任他们发展。不从地主阶级的立场分析,是不能理解这种政治的奥妙的。

至于这种政治是否也能对劳动人民稍为有一点好处呢?有人很

称赞汉初这种政治，以为"与民休息"，固然对地主阶级有好处，但对劳动人民也会多少有点好处。但是不是真有好处呢？请看下面的事实。

三 豪族地主阶级的横行——椎埋，攻剽，搏掩，掘冢，盗铸。贵族为盗。官吏为盗。大儒为盗。

在汉初"无为"的政治下，把秦代尽力设法压制的豪族地主阶级，尽量与以扶植，尽量使其发展，结果养成一种势力庞大，仅仅次于秦以前领主地主的一种"特权阶级"。这种特权阶级的生活面貌，从《汉书》各列传中还可以完全看出来。

《汉书》各列传所记名臣、大儒、高人、逸士，除极少数外，几乎完全都是这个阶级的代表人物。这种人，各传中有的明白透漏出其特权阶级的面貌，有的却不易看出。

其中第一类仍然是春秋、战国的残余贵族。《地理志》说，"太原、上党又多晋公族子孙，以诈力相倾，务矜夸功名，报仇过直，嫁取送死奢靡，汉兴号为难治"。又《刘敬传》，刘敬劝汉高祖："今陛下虽都关中，实少人，北近胡寇，东有六国强族，一旦有变，陛下亦未得安枕而卧也。"因此他建议："臣愿陛下徙齐诸田，楚昭、屈、景、燕、赵、韩、魏后及豪杰名家，且实关中。"这些"六国强族"，有明载于传中的，如汉武帝时的丞相车千秋，"本姓田氏，其先齐诸田"。武帝时的九卿汲黯，"其先有宠于古之卫君也，至黯十世，世为卿大夫"。又如文帝时著有《至言》的贾山，"祖父祛，故魏王时博士弟子也"等是。这类人有以"良家子"的名称出现的，如李广、冯奉世，前已述及。当时所谓"良家子"，等于后世说世家子弟。这类世家大族或残余贵族，绝大多数未明白指出，然若其籍贯系以皇帝陵寝，亦可知其必为世家或豪富。因汉代对豪富大族的迁徙，皆使其守护皇帝陵寝，因此即成为某陵人，如长陵（高帝）人、安陵（惠帝）人、霸陵（文帝）人，一直至宣帝的杜陵等是。即如车千秋，本齐诸田，徙长陵；冯唐本赵人，徙安陵；其他如魏相为平陵人，萧望之为杜陵人，爰盎为安陵人，王商、史丹皆为杜陵人等是。这类人或为残余贵族，或为豪杰名家，或为赀在三百万或百万以上的大家，皆为豪族大地主阶级无疑。

此外，凡以郎官转为正式官吏，或因举"贤良方正"等为官，或径以各级政府的吏升迁的，亦皆为豪富大族出身，上文皆已言及。

综计《汉书》有传的二百五六十个正式官吏，绝大多数皆可由种种线索确定其为豪族地主阶级。

此外，皇帝的宗室、外戚，更属大地主阶级，自不待言。

豪族大地主做官，以至做大官而且能载于史册的，究竟还属少数，其广大势力，当然还在社会上，即一般大地主阶级身上。那时社会上一般大地主阶级的情况，列传中也有的透漏出来。如《郅都传》记有"济南瞯氏，宗人三百余家，豪猾，二千石莫能制"。《严延年传》记，涿郡有"大姓，西高氏、东高氏，自郡吏以下皆畏避之，莫敢与忤"。《赵广汉传》记，颍川"郡大姓原、褚，宗族横恣，宾客犯为盗贼，二千石莫能禽制"。《尹翁归传》记，"东海大豪郯许仲孙，为奸猾乱吏治，郡中苦之，二千石欲捕者，辄以力势变诈自解，终莫能制"。诸如此类甚多。

以上这几类人物，不论其为贵族世家也好，皇亲国戚也好，名臣大儒也好，或普通的豪猾大姓也好，都是一个阶级，是一个大地主阶级。他们的行径，简直出乎我们的想像以外。他们除普通地主阶级常有的行为——霸占民田、奴役人民等外，更经常肆行抢劫，杀人越货，以至杀戮官吏，反抗政府，其行为全同盗贼，然而实不是盗贼。后世所谓盗贼，都是劳动人民被统治阶级压迫剥削过甚，无以为生，只得铤而走险，打家劫舍，被统治阶级指为盗贼。这种盗贼，完全值得同情，这是阶级斗争的表现。但是汉代尤其西汉时代所谓盗贼，却另有它的特征。汉代的盗贼，几乎都是掌握统治权的豪族地主阶级自己干的，是专门残害百姓，荼毒劳动人民，是当作他们超经济剥削权力的体现。我们应特别注意,这些行为到汉景帝以后才被政府法令指为盗贼,而在汉景帝以前并不视为盗贼,只是按一种行为,加上一个具体名称就算了。比方任意杀了人埋掉,掩藏起来,称为"椎埋"㉖;大伙抢人财物,称为"攻剽"㉗;拦路打劫,夺取人物,称为"搏掟"㉘;盗墓贼只称"掘冢";盗铸钱只称"铸币"㉙。这类行为,景帝前最不客气也只说是"为奸"罢了,法令上并不算作盗贼,从景帝尤其到武帝时,才把这类行为当作盗贼治理起来。这些人都是广有田产地土的豪族大地主,甚且已为官作吏,为什么还要做这些勾当呢?我们看了不懂,不惟不懂,而且往往误会成是被压迫人民的行为,以为和后世的盗贼一样,还要予以同情。即使看见有的王侯官吏也是这样做,也以为是少数败类,总觉着统治阶级是不会做这些事的。因此就更进一步,用普通历史公式一套,总说是政府黑暗,人民群起为盗等等。这样一说,使秦、汉间的历史就成了公式化的历史,当时政治、社会的真象,就没方法弄明白了。其实,当时豪族地主阶级的这种行径,并不难理解,他们本是春秋、战国领主地主的化身,领主地主的生活方式,正是大的争城争地,小的打家劫舍,一方面彼此筑堡垒,造城防,以防别人的抢劫,一方面又大国攻小国,大邑抢小邑,以进行抢劫。领主地主时代的混乱,正是如此造成。秦代的统一,正是要用统一法令来制止这种混乱,而那些残余贵族过惯了那种生活,视盗贼式的生涯是当然的,秦代要制止他们,他们就骂秦代是"苛法峻刑",是"暴虐";汉代能符合他们的要求,"清静无为",当然正好任他们横行——这是秦、汉时代历史社会的特征,是豪族地主阶级的本色,实毫不足为奇。只是以后世的历史眼光来看那个时代,就感觉奇怪,感觉奇怪还算明白的,最普通的是并不以为奇,直拿后世的历史解释秦、汉间历史,把无法无天的统治阶级——豪族地主阶级,竟当成劳动人民,来同情他们了。

如果有人不以这种观察为然,那就请看当时做那些"椎埋""攻剽"勾当的,是些什么人。

首先是那些皇亲国戚,列侯宗室。他们有封土,有爵秩,其封土内的人民普通都有数千户,专供其剥削,然而法定的剥削还不够,还要经常抢劫其人民。如汉文帝的孙子梁孝王的儿子济东王《彭离传》说:"彭离骄悍,昏暮私与其奴亡命少年数十人行剽,杀人取财物以为好,所杀发觉者百余人,国皆知之,莫敢夜行。"㉚汉景帝的儿子赵敬肃王彭祖,其太子丹"使人椎埋攻剽,为奸甚众"㉛。又汉高祖的孙子淮南王安,即辑成《淮南子》一书的,其后荼,太子迁,女陵,擅国权,"夺民田宅,妄致系人"㉜。汉高祖的另一个孙子衡山王赐,"数侵夺人田,坏人冢以为田"㉝。汉文帝的重孙蔺侯罢军为盗贼。汉景帝的重孙承乡节侯当,"恐揭国人受财臧"。汉高祖的远孙籍阳侯显,"恐揭国民取财物"㉞。汉高祖的功臣安丘懿侯张说,其后裔侯拾,为搏捔;另一个功臣樊侯蔡兼,其后裔侯辟方,为搏捔㉟。诸如此类很多。这些为非作恶的王侯宗室,都是汉武帝时大力整顿吏治,加以处理,才把他们的罪行纪录下来,在武帝以前,这些行为并不算犯罪,也无纪录,就不知道有多少了。

假使说这些王侯宗室,都是不成才的货色,才做这些事,不能当成统治阶级的普遍行为,那末,像如政府官吏,是直接治理百姓的,总应该像个样子,不能这样胡搞。但是请看汉景帝的诏书。景帝后元二年诏说:"吏以货赂为市,渔夺百姓,侵牟万民。县丞、长吏也,奸法与盗盗,甚无谓也。其令二千石各修其职,不事官职耗乱者,丞相以闻,请其罪。"㊱就这个诏书看,当时官吏"渔夺百姓,侵牟万民",是极平常的事;他们"奸法与盗盗",即是说干犯法纪,和盗贼勾结,一同做盗贼;"其令二千石各修其职",可见像如二千石这种高级官吏,也是乌七八糟的。官吏们的这种行为,在各传中透漏出来的,如景帝时有名的爰盎,"其父楚人也,故为群盗"㊲;武帝时的名臣义纵,"少年时常与张次公俱攻剽为群盗",后来义纵做到右内史的高官,张次公亦为官,封了岸头侯㊳;武帝的另一九卿王温舒,"少时椎埋为奸",而因此做吏,渐升至少府、右内史等官㊴。像如这种"为盗"而做官的,我们不要误会成是后世的普通盗贼,因受招安而做官,其实他们都是大豪族,是以豪族为盗,而做官是他们应有的权利。如爰盎父为群盗,因此徙安陵,汉代所迁徙的都是豪桀名家,没有穷人。这些官吏少时固然为盗,及做官后,更假借势力,比强盗更厉害百倍。武帝时著名的大豪侠灌夫,身为九卿,"诸所与交通,无非豪桀大猾。家累数千万,食客日数十百人。陂池田园,宗族宾客为权利,横颍川",又说"通奸猾,侵细民,家累巨万,横恣颍川"[40]。景帝、武帝间历任九卿的甯成,在其家乡"贳贷陂田千余顷,假贫民,役使数千家"[41]。武帝、昭帝间的名臣大将军霍光,其家在平阳,"奴客持刀兵,入市斗变,吏不能禁"[42]。甚至号称"大儒"的经学名家,亦为盗贼勾当。《何武传》记:"九江太守戴圣,《礼经》号小戴者也,行治多不法,前刺史以其大儒,优容之……而圣子宾客为群盗。"此外,大官僚还有特殊的赋敛方法,《游侠传·原涉传》说:"大郡二千石死官,赋敛送葬,皆千、万以上,妻子通共受之,以定产业。"由这种种事实,可以想见汉代的政府官吏是一些什么样的人物了。

　　列侯宗室,政府官吏,种种不法行为,绝不要看成是偶然的,这是豪族地主阶级"阶级性"的表现;也不要看成是贵族官吏的特殊暴行,实际他们的根柢还在社会上。当时社会上一般生活都是如此,试看《史记·货殖传》所记,西起关中,北抵燕、代,东极齐、鲁,南尽江、淮,其民人无不"攻剽椎埋,劫人作奸,掘冢铸币,任使并兼,借交报仇,篡逐幽隐,不避法禁,走死地如鹜"。他们都是"弄法犯奸而富",所以有掘冢起家的曲叔,有赌博致富的桓发[43]。致富以后,更是招致宾客,横行闾阎,渔夺百姓,侵牟万民。这是豪族地主阶级的生活常态,绝不是偶然的。因此有如上文所引的济南瞷氏,"宗人三百余家,豪猾,二千石莫能制",而像如瞷氏的,同时尚有陈周肤、代诸白、梁韩毋辟、阳翟薛况、陕寒孺等等[44]。郭解是景帝、武帝间有名的大侠,专门"臧命作奸,攻剽,休,乃铸钱掘冢"。郭解到关中,"关中贤豪知与不知,闻声争交欢"。而同时在关中著名的,就有长安樊中子、槐里赵王孙、长陵高公子、西河郭翁中、太原鲁翁孺、临淮兒长卿、东阳陈君孺等等⑮。这些大侠,很被后世艳称,其实都是豪族地主阶级的爪牙,正如春秋、战国时代的武士一样。他们的具体行为,正如《王尊传》所记:"长安宿豪大猾,东市贾万,城西万章,翦张禁,酒赵放,杜陵杨章等,皆通邪结党,挟养奸轨,上干王法,下乱吏治,并兼役使,侵渔小民,为百姓豺狼。"又如《尹赏传》所记:"长安中奸猾浸多,闾里少年群辈杀吏,受赇报仇。相与探丸为弹,得赤丸者斫武吏,得黑者斫文吏,白者主治丧。城中薄暮尘起,剽劫行者,死伤横道。"又《严延年传》所记:"(涿郡)大姓西高氏、东高氏,自郡吏以下皆畏避之,莫敢与忤。咸曰'宁负二千石,毋负豪大家'。宾客放为盗贼,发辄入高氏,吏不敢追,浸浸日多。道路张弓拔刃,然后敢行。"

  以上这些事例,都是汉武帝以后的文献中纪录下来的,武帝以前这些事都不算罪行,是不纪录的,我们应当由此推见汉初的情况。对于这些事例,或者又会有人疑惑说,这只是那些豪猾大侠的勾当,一般地主未必都是如此,那末就请看另一个典型例子。初为大地主,后来做了皇帝的后汉光武帝刘秀,据《本纪》说,生的"隆准、日角,性勤于稼穑",这应当是一个善良的地主了罢。但在他起兵以前,还是一个大地主时,也做盗贼勾当。据《本纪》说,王莽末年,刘秀的家乡"南阳荒饥⑯,诸家宾客多为小盗,光武避吏新野"。这话说的很含糊,弄不明白。惟《注》引《续汉书》说,"伯升宾客劫人,上避吏新野邓晨家"。据此略可明白,原来是刘秀的哥哥刘伯升家为盗劫人,所以光武才避走。但还不能明白,为什么刘伯升的宾客劫人,而刘秀要避走?其实只要再仔细一想,即可全盘明了,这都是为做了皇帝的刘秀掩饰"劫人"的丑态罢了,刘秀本人又何尝不会为盗劫人?据《后汉书·董宣传》记刘秀的姐姐湖阳公主说,"文叔(刘秀字)为白衣时,臧亡匿死,吏不敢至门",由此可见刘秀也是个大豪猾,他平常"臧亡匿死,吏不敢至门",如今仅仅因为"伯升宾客劫人",何至就"避吏"逃走了呢？可以想见那一次必是他们弟兄干的一次大规模"生意",乱子弄大了才逃走,绝不是仅仅"小盗"。我们所以举这一件事,就是要说明:汉代的地主,都是豪族地主,是恶霸地主,他们的行径,和秦以前的领主地主一样,不必枉费心机,寻什么"新兴地主阶级"的。

四 劳动人民的苦难——贫穷和死亡。奴隶劳动。雇佣劳动。迁徙。

在汉代豪族地主阶级那样横行下,劳动人民的情况怎样呢？在平常,劳动人民只有群起为盗,抢劫他们。但是汉代那种豪族地主,他们族大人多,宗族往往数百家,宾客往往数千人,他们本身就是强盗,经常抢劫人民,劳动人民就连做强盗的权利都没有了。劳动人民除极端贫穷和大量死亡外,只有受他们超经济的强制剥削,被奴役,被役使。当然做盗贼还是很多的,不过在那些豪强大姓的暴力之下,他们是需要供他们役使,即使做盗贼,也是替他们抢劫,劳动人民自己做盗贼的自由,的确也是很少的。

当时劳动人民的苦难,各传中也很多透漏出来,最为我们所熟知的,是《食货志》所载晁错、董仲舒的话。晁错说当时农民,"当具有者半贾而卖,亡者取倍称之息,于是有卖田宅,鬻子孙,以偿责者矣"。董仲舒说,"富者田连阡陌,贫者无立锥之地","贫民常衣牛马之衣,而食犬彘之食"。不过,这都是些普通情况,是阶级社会任何时代都一样的。其能反映汉代特殊情况,说的比较具体的,是鲍宣的话,他指出汉代人民有"七死""七亡":"凡民有七亡:阴阳不和,水旱为灾,一亡也。县官重责,更赋租税,二亡也。贪吏并公,受取不已,三亡也。豪强大姓,蚕食亡厌,四亡也。苛吏繇役,失农桑时,五亡也。部落鼓鸣,男女遮列,六亡也。盗贼劫略,取民财物,七亡也。""七亡尚可,又有七死:酷吏殴杀,一死也。治狱深刻,二死也。冤陷无辜,三死也。盗贼横发,四死也。怨仇相残,五死也。岁恶饥饿,六死也。时气疾疫,七死也"[47]。这些都比较是汉代的具体情况,尤其"豪强大姓,蚕食无厌""部落鼓鸣,男女遮列""盗贼劫略,取民财物"以及"盗贼横发""怨仇相残"等条,都是汉代特有的情形——所谓"盗贼",自然是指济南瞯氏,涿郡大姓东、西高氏,以及刘縯、刘秀等,那些豪族大地主盗贼,而非普通盗贼。鲍宣虽是汉哀帝时人,但他的话可以代表西汉一般情况,尤其在下文又说:"群臣幸得居尊官,食重禄,岂有肯加恻隐于细民,助陛下流教化者邪?志但在营私家,称宾客,为奸利而已。以苟容曲从为贤,以拱默尸禄为智。"这些话尤其是汉代的实况,豪族地主做官的,都志在"营私家,称宾客,为奸利",采取拱默无为的政策,以发展自己阶级的利益,劳动人民的苦难他们是不管的。

那末,那些"卖田宅,鬻子孙""衣牛马之衣,食犬彘之食"的劳动人民,究竟下落到那里去呢?他们是不是都在"七死""七亡"中死亡了呢?不是的。统治阶级既不让劳动人民自由去做盗贼,也不让他们自由死亡。统治阶级是要通过各种方式,把劳动人民强制住,奴役他们。

我们知道,汉代的奴隶劳动仍然极盛行,无数劳动人民都被强制,买卖,虏掠,或被判刑徒等种种方式,变为奴婢,供地主阶级役使。当时较大的地主家庭,奴婢往往多至数百人或千人以上。蜀卓氏家僮八百人,昭帝时的丞相张安世,家僮七百人,陈平赠送陆贾奴婢百人,武帝赐其宠臣栾大僮千人[48]。除贵族、官吏及普通地主私人奴婢外,各级政府机关也都有官奴婢,以供给使。这种官奴婢的数量更大,元帝时的贡禹言,"诸官奴婢十万余人"[49]。此或仅指长安的中央官署而言,若并地方政府,恐绝不止此数。据《景帝纪》注,如淳引《汉仪注》,谓:"太仆牧师诸苑三十六所,分布北边西边,以郎为苑监,官奴婢三万人,养马三十万头。"是仅太仆、牧师诸苑,即有奴婢三万人,若全国总计,其多可知。不论官、私奴婢,其主要职务为供给各种役使,主人出外则作扈从,豪强大姓为非作恶,多驱使僮奴为之。惟其供役使，充扈从，所以对奴婢很讲究装饰。《贾谊传》谓，"今民卖僮者，为之绣衣丝履，偏诸缘，内之闲中"。《成帝本纪》谓，"公卿列侯，亲属近臣……多蓄奴婢，被绮縠"。惟一般奴婢当然很苦，可以任意由主人杀戮。武帝时董仲舒曾建议："宜去奴婢，除专杀之威。"[50]奴婢和物品一样，可以随便送人，买卖时和牛马摆在一起卖，王莽即曾指摘汉代的弊政，谓"置奴婢之市，与牛马同栏"[51]。有的奴婢也从事生产劳动，这当然要看主人是做什么的，就被役使做什么。张安世"家僮七百人，皆有手技作事，内治产业，累积纤微，是以能殖其富"[52]。文帝窦皇后的兄弟窦广国，少时为人略卖为奴，为其主人入山作炭[53]。齐人刁间，善于驱使奴隶为逐鱼盐商贾之利，其奴亦能因此致富，乐为刁间用，当时至有"宁爵无刁"的话，意谓宁可作刁氏奴，也不愿有爵位[54]。因为奴隶的用处大，需要的数量多，所以除过因贫穷卖子女，甚至卖自身，或被人略卖为奴外，专门有人劫掠少数民族卖作奴隶。如当时称"西南夷"的地区，即今四川、贵州一带，即为奴隶出产地，称为"僰僮"；西域（今新疆）人被卖为奴的，称为"胡奴"。其他沿边各地少数民族，大率都受此种迫害，这是豪族地主阶级制造民族仇恨的罪恶行为。

至于政府机关所役使的官奴婢，因需要数量更大，其主要来源是任意把劳动人民指为罪犯，加以拘捕，做奴隶工作。罪人妻子皆没入为奴婢，且黥面。罪人本身除犯死刑者外，皆为刑徒。刑徒有城旦舂、鬼薪、白粲、耐、罚作等名。城旦舂是男子旦起修城，女子旦起捣米，是四岁刑；鬼薪是给宗庙拾柴，白粲是择米使正白，皆三岁刑；耐系去罪人鬓毛，二岁刑；罚作为一岁刑。刑名虽规定如此，然刑徒的工作甚多，凡治宫室、造陵墓、修宗庙以及修治城垣、道路、沟渠，皆刑徒为之。其他政府工场，如从事纺织的称"织室"，染练的称"暴室"，从事开矿铸作的称"铜官""铁官"，治各种兵器的称"若卢"，治其他器械的称"共工"或"考工"，其中工作的工人，皆为刑徒。另外战争及戍边，亦往往发罪人刑徒为之。

大率汉代政府机关各种劳动工作，皆由官奴婢和刑徒操作，像如汉代那样庞大的国家，罪人和罪人家属没为奴婢的，纵然很多，亦势必不够供应，所以奴隶的另外一个重要来源是战争的俘虏。这尤其是西汉中叶以后，历次征伐匈奴，征伐"西南夷"，征伐西域及西羌等地，俘获往往以万计，实为奴隶的重要补充。有人以为汉武帝的用兵四夷，目的就为俘掠奴隶，固然未免过甚其词，但汉代使用奴隶那样广泛，俘虏实是一个重要来源。

不过，汉代的奴隶劳动虽然十分普遍，但我们绝不应因此得出结论，说汉代还是奴隶社会。这不仅仅因为周代早已是农奴劳动，社会生产性质是封建的，奴隶劳动不过是周以前的残余。若汉代历史，实已更进一步，除过奴隶的数量仍然很多以外，其他方面不惟不是奴隶社会的，即以封建剥削论，也比周代进了一步。首先我们看汉代的剥削形式，主要的是"实物地租"，且已更进一步，产生了"货币地租"，在周代属全面的"劳役地租"，已变成次要的形式。我们绝不能因奴隶的数量很多，就判定汉代为奴隶社会。其实即以数量言，即使汉代的奴隶多到四百五十万人以上，这在广大的劳动群众说起来，还是个小的数目，汉代的劳动群众至少是在五千万人以上的[55]。这广大的劳动群众，都受农奴式的剥削，即汉人普通所言，"收泰半之赋""见税什五"，或"实付税五"等是。既然"见税什五"，那剩余的十分之五，纵然很少，总还是农民私有的，这就是农奴式的剥削，而不是奴隶式的剥削。我们说当时劳动人民苦难很重，即是说仅仅有这十分之五的私有物，都不能生活下去，何况又加以豪强大姓的侵渔豪夺，椎埋攻剽，结果劳动人民只得连这种苦生活都不能享受，只得变为更坏的奴隶。所以奴隶是当时劳动人民更悲惨的下降，而不是所有劳动人民都是奴隶劳动。如果都是奴隶劳动，那就绝不会有如晁错所说，农民有"卖田宅，鬻子孙以偿责者矣"，如果都是奴隶劳动，那奴隶又那有田宅可卖，那有子孙可鬻呢？要知奴隶的子孙还是主人的奴隶，也非奴隶所能私有的。

而且我们进一步考察，汉代的劳动形式，不仅仅基本上是农奴劳动，奴隶只是农奴生活的下降，而且下降的另一方面，已经发展成相当广泛的"雇佣劳动"。雇佣劳动在战国末年已经产生，在前几章我们已经说过。到了汉代，雇佣劳动已经普遍到各种行业方面，有的数目且相当大。当时的雇佣工人，普通称为"庸"，和战国末年一样。如陈胜少时"为人佣耕"，《索隐》引《广雅》云，"佣，役也，谓役力而受雇直也"。《汉书·景帝纪》后元三年诏："吏发民若取庸采黄金珠玉者，坐臧为盗。"韦昭《注》曰："发民，用其民；取庸，用其资以顾庸。"意谓当时官吏，有的发动人民采黄金、珠玉，有的用人民的钱雇人采取。《昭帝纪》始元四年诏曰，"比岁不登，民匮于食，流庸未尽还"。师古《注》，"流庸，谓去其本乡，而行为人庸作"。由此可见，秦、汉间农业、工业方面都有雇佣工人，而农民流徙变为雇佣工人的很多，这是非常可以注意的事。

当时雇佣工人亦称为"保"，这也是战国末年已有的名称。如秦、汉间人栾布，少时穷困，"卖庸于齐，为酒家保"⑤，师古《注》云，"谓庸作受雇也，为保，谓保可任使"，因此庸、保往往并称。《汉书·高惠高后文功臣表·序》谓，汉初功臣列侯，后皆以罪失其封土，到宣帝时，"求其子孙，咸出庸保之中"，师古曰，"庸卖功庸也，保，可任信也，皆赁作者也"。又司马相如与其妻卓文君买酒舍，自当卢，"与庸保杂作"，皆是。

庸又称"客"，后汉崔实《政论》，述当时县官俸禄之薄云："一月之禄，得粟二斛，钱二千，长吏虽欲从约，犹当有从者一人，假令无奴，当复取客，客庸一千……"⑤是没有奴隶的，即雇"客"来供驱使。《汉书》中"奴""客"往往并称，由此可知客是奴的一类，所不同的是客系以工钱雇的。《汉书·尹翁归传》记大将军霍光家，"奴客持刀兵，入市斗变，吏不能禁"。《汉书·胡建传》记，昭帝时其姊盖主与其私夫丁外人骄恣，使"客"射杀京兆尹樊福，"客"藏公主庐，吏卒往捕，公主与丁外人又使"奴客"射走吏卒云云。凡此所谓"奴客"，当皆为奴隶和雇客的合称,"客"当为所雇的打手之类。又豪族地主家中往往有所谓"宾客",如《严延年传》中之涿郡大姓东、西高氏,"宾客放为盗贼",《何武传》之戴圣子"宾客为群盗"等,当皆为以工钱雇的打手、保镖等人。故《衡山王赐传》中记,衡山王欲谋反,令其子孝为将军,"多给金钱,招致宾客"。

庸又称"假"。《甯成传》记,甯成"贳贷陂田千余顷,假贫民,役使数千家",师古《注》曰,"假,谓雇赁也"。《食货志》记王莽言,"豪民侵陵,分田劫假",师古《注》,"假,谓贫人赁富人之田也"。

由上可见,西汉时代的雇佣劳动已极其广泛,且往往是数量很大的工人同时操作,如甯成即雇有数千家贫民同时耕地,而《陈汤传》记,修造成帝的昌陵,"卒徒工庸以巨万数"。这么多的工人在一起工作,当是西汉中叶后的新现象。政府的各项劳作中,亦不尽属奴婢和刑徒,早已有雇佣工人参加,如"更赋"中之"践更",即系由当役的人出钱二千雇人代役,"过更"是由戍边的人出钱三百雇人代戍,这种制度当起于景帝时,前已言及。

西汉时代雇佣劳动已这样普遍,这不惟不是奴隶社会所能有的剥削形式,即周代的典型封建社会也不能有。汉代雇佣工人的社会地位,未必一致,其称为"客"或"宾客"一类的,大概相当高;若"奴""客"并称的,似乎和奴隶的地位相仿佛。因此可以推知那些和奴隶相等的雇佣工人,未必都是自由劳动,也许是为债务或势力所迫,不得不"卖庸"劳作,这只能说是半自由的劳动。但不论自由的或半自由的劳动,都意味着一个重要事实,就是劳动自身也表现为一种商品了,这是纯粹自然经济时代,不论奴隶社会也好,典型的封建社会也好,都不能有的。汉代的劳动力既然已经商品化,而仍然有为数极多的劳动力不可能是商品的奴隶存在㊽。这个道理不难理解,那只是因为封建地主经济还占着绝对优势,广大的农民被强制住,束缚住,不能大量投入雇佣劳动的队伍,遂使各项需要劳动力的部门,不得不以奴役的方法代替,采用奴隶劳动。古老的、落后的奴隶劳动,和正在慢慢改变中的农奴劳动,和刚刚新生的雇佣劳动,同时并存,这是秦、汉以降社会的特征。

最后,汉代的劳动人民,从西汉初年起,另有一种新情况,即是政府往往令他们自由迁徙。在豪族地主阶级的残酷压榨下,劳动人民的迁徙逃亡,原是极自然的事实,但专制君主的政府,以政治力量令人民迁徙,却是极可注意的。高祖初定天下,因岁饥馑,"令民得卖子就食蜀汉"⑤⑨。景帝初即位,因"岁比不登,民多乏食",而"郡国或硗狭,无所农桑系畜,或地饶广,荐草莽,水泉利,而不得徙",因令民"欲徙宽大地者听之"⑥⓪。这种令农民自由迁徙,一方面说明农民在地主阶级剥削下,生活的困难;一方面也说明,专制君主并没有如一般所说,代表了普通地主阶级的利益,把农民束缚在土地上,采取"死徙无出乡"的政策,而反倒是令农民自由迁徙。这个政策,和不断解放奴婢一样,不管君主们主观的想法如何,其结果,必然是削弱了地主经济,而制造出小土地所有者和小生产者,这才是君主专制国家的真正基础。

五 汉初国家的衰弱。君主不能专制。七国之乱。匈奴和南越。虚伪的"文景之治"。

汉代初年,在豪族地主阶级掌握种种统治实权之下,政府清静无为,地主自由发展,真是"罔疏而民富",结果地主阶级是发展起来了,劳动人民的苦难是加深了,而统一国家呢?统一国家并没有因为采取了和秦代相反的政策,即和地主阶级妥协的政策,而日益强大起来,恰恰相反,是比秦代削弱了。汉初七十年间,绝没有为历史上做出一件像如秦代短短十五年中所做出的那许多大事业,如创建了统一的组织制度,修筑广大的公路,削平无数妨碍统一的城郭堤防,创造了统一的语言、文字,制止了外族的侵略等等。像如这些对历史的贡献,汉初不惟未做出一件,而是制造出纠纷和衰弱。当时地主阶级在自己满意之下,盛行称道所谓"文景之治",那是当然的。

但是我们请看"文景之治"时代国家的情况怎样。

　　首先我们要提一件事,就是,普通都把秦、汉以来二千年的政体,称为君主专制政体,固然不错,但是我们还应晓得,这种政体是经过二千年的长时间才慢慢发展完成,明、清时代才真正成了君主专制,若秦、汉之间初建立这种政体时,在法家的理论上固然要君主专制,但当时君主实不能专制。因为法家理论上的君主,是要裁抑权贵大臣,不使诸侯博大,不使群臣太富,因而要君主大权独揽。这样的专制,以秦、汉间的情况说,正是要对残余贵族和豪族大地主专制。秦代确实是这样做,没有做通。汉代和豪族地主阶级妥协,培养了豪族地主的势力,适成了豪族地主专政,并不是君主专制。当时地主掌握政权,自行免税,官吏成为变相世袭,皇帝并不能干涉,这就是地主的专政。而从当时其他几种制度上看,尤为明显。汉代的三公——丞相、太尉、御史大夫,太尉后改大司马——权力极重,三公是百官领袖,也就是豪族地主阶级的领袖,他们都有独立权力,皇帝皆须特别优礼,其中尤以丞相权力最大(武帝以后大司马、大将军又在丞相上)。景帝时周亚夫为丞相,景帝母窦太后欲封皇后兄王信为侯,景帝说"请得与丞相计之",及经商量,周亚夫不同意,景帝只得"默然而沮"[61]。文帝有"弄臣"邓通,因对丞相申屠嘉不礼貌,申屠嘉正式行文召邓通至丞相府,邓通不敢往,文帝亦不便阻止,再三劝令邓通前往,并应允营救。邓通至丞相府,申屠嘉即以不敬丞相的罪名欲斩之,文帝为遣使谢丞相,始释归[62]。晁错为内史,因有小过,申屠嘉即欲斩之,晁错先向景帝说明,及申屠嘉请景帝斩晁错时,景帝为晁错解释,申屠嘉后悔地说,"悔不先斩错乃请之"。是丞相可以径斩大臣而不必奏请批准[63]。武帝时田蚡为丞相,因灌夫扰民,请案治之,武帝说,"此丞相事,何请"[64]。武帝子戾太子因谋反失败,丞相司直田仁放其逃出外城,当时丞相刘屈氂欲斩田仁,御史大夫说"司直吏二千石,当先请,奈何擅斩之"?武帝闻而大怒,责问御史大夫说,"司直纵反者,丞相斩之,法也,大夫何以擅止之"[65]。是丞相可以自行其权,并不必请示。像如这些情况,都是后世所绝不能的。另外,皇帝对丞相以下各大臣,皆极有礼貌,绝不像后世一样,能随便打骂。丞相有罪,绝不能加刑,只能宣称"下吏"(即交狱吏审问)。丞相一闻下吏,例应自杀,表示不能受狱吏审问的侮辱。闻有个别丞相情愿下吏辨别,反视为非。中叶以后甚至连丞相有罪都讳言,如有罪,反赐"上尊牛酒",丞相一听到这种赏赐,即刻自杀。"上尊牛酒"在汉初本是赏赐年老告病的大臣,特赐以养牛一,上尊酒若干石,表示优礼,而中叶后却把这种礼节当作对大臣赐死的方法,虽赐死,而为礼貌计,不肯说是赐死,只当作是大臣年老寿终,皇帝还要亲往吊祭⑥。这是汉代皇帝对大臣特有的礼貌。此外,皇帝平日接见大臣,亦客气备至,绝非后世皇帝的森严可畏。如丞相觐见皇帝,"御坐为起,在舆为下",即是丞相来了,皇帝须从座位起立迎接,并须称"谨谢";如果皇帝坐车在路遇丞相,丞相固然要下车迎候,皇帝也须下车周旋,然后上车。其他御史大夫觐见,皇帝也须称"谨谢"。将军以下、太守以上各官见皇帝,皇帝也须称"谢"⑥。这和明、清间的大臣觐见皇帝,老远即须跪下讲话,一不如意即加杖责,其地位的转变真是天悬地隔了。至于汉成帝经常临幸其丞相张禹家中,"亲拜床下",那是特例,更不必说了⑥。

以上种种情况,虽系琐屑小事,却正可说明当时君主并不能专制,臣下有其独立权力和一定的地位。这种情况,也不应只看成是政治形态,以为和社会无关,实际是社会形态的反映。当时真正掌握统治权的是豪族地主阶级,统一国家需要君主专制,但并不能夺豪族地主的权力。秦、汉间的豪族地主,是古代领主贵族的遗留,领主贵族的权力当然更大,除世禄、世官可以南面而治以外,对其君主的关系亦更较平等,如臣拜君,君亦必须答拜,三公觐见君主,君主须下阶迎接⑥。这和汉代相比,臣子的地位又高一等了。即如秦代,虽说专制,然而每有大事,皆须"下群臣"集议决定,此制到汉代仍保存,直沿至西汉末年不变。一切这些都说明,即使政治形态上的小节,也是社会形态的反映,有领主贵族的割据,就有"臣拜君亦答拜"的周代天子,有豪族地主的专政,就有"御坐为起,在舆为下"的汉代皇帝。这都是极自然的。那末后世皇帝的地位,为什么能愈后愈高起来,臣子却由"三公坐而论道",降至立着请示,更至跪下奏事,每况愈下,什么力量促成这种变化?那就需要我们逐步分析社会的演变了。

汉初对豪族地主既已不能专制,至对其所封建的诸侯王,更是领主贵族的体制,越发是南面而治的规模,更不能专制。汉初的诸侯王,大者跨州连郡,小者亦数千户。高祖初定天下时共六十二郡,诸侯王的封地即占了四十七郡,皇帝直领的只有十五郡。诸侯王又自设官吏,能自治其国,所设官吏公卿、大夫都有,和中央政府一样;又自有军队,自征赋税,宛如一个独立国家。不过初封时势力还不大,及至文帝、景帝间,经数十年的发展,侯国大的多至三四万户,小的亦比初封时增加一倍;王国更大,其中如齐国领有七十余城,楚有四十余城,吴有五十余城,此三国就把当时汉室的领土占了一半。当时有人看见这种情形不妙,建议削减诸侯王的领土,以减弱其势力,结果遂激起叛乱,景帝三年,吴、胶西、楚、赵、济南、菑川、胶东等七国,就联合作乱。这个乱事虽经平定,而武帝时仍有衡山、淮南两王国阴谋作乱。这些事实正说明封建领主的制度和统一国家是正相矛盾的,秦、汉以降,已再不能允许有领主制度了。景帝、武帝经过这些乱事,才把诸侯王的权力大大削减,诸侯王的封土都由中央派官吏直接治理,和郡县一样,诸侯王不能自行治理。以后封建王侯只不过是个名义,已无古代王侯的实权了。这总算是汉代所得的实际教训,他们应想起秦始皇和李斯那样坚决反对封建是正确的了。

不过汉代初年,在豪族地主专横,封建王侯割据的情况下,已形成汉代初年的极度衰弱,衰弱的具体表现,可从对外关系上看出来。那时中国北方有一强大民族,即匈奴。中国古代北方的游牧民族很多,匈奴是其中的一族,战国末年开始强盛。当秦始皇统一六国时,匈奴头曼单于在位,甚强,那时匈奴的根据地在今河套,逼近秦国的都城,当时有"亡秦者胡也"的谣传。秦始皇因此顾虑,费了很大的力气,收复了河南地(即河套),迫使匈奴北徙,又沿边修筑长城万余里,发四方罪人守戍,北边得以安靖。及秦末乱起,头曼单于复据河南地,其子冒顿单于继立,更强大,东灭东胡(今热河境),西走月氏(即大月氏,在今甘肃境内),把大漠南北都统一起来,成了一个匈奴帝国,常侵扰中国边境。汉高祖得天下后,曾亲自率兵抵御,却因盲目冒进,被匈奴围困于平城以东的白登山(今山西大同城东),七日始得出(事在高祖七年)。因为受了这样挫折,那些豪族地主阶级的代言人,就乘机建议,以为匈奴不能力敌,只可与结和亲,因匈奴不过欲抢掠中国的子女玉帛,与结和亲,多送缯帛财物,以满其意,即不至扰乱。汉高祖从其计,遂结和亲。然而每次和亲后,安静数年就又来侵扰,汉室只得再送些子女玉帛,过数年又复如是,始终侵扰不已,汉室也无可如何。及吕后时,冒顿单于大开吕后的玩笑,说是我们两人都过孤独生活,彼此不乐,拟到中国,"愿以所有,易其所无"。吕后虽然大怒,但大臣们都说打不过匈奴,只得复书表示,"年老气衰,发齿堕落,行步失度",请不必前来,"弊邑无罪,宜在见赦",并又送子女玉帛,再结和亲。这样一面和亲,一面侵扰,一直拖到武帝即位。其实,当时匈奴究竟有多强呢?文帝时投降匈奴的一个汉奸中行说曾说,"匈奴人众,不能当汉之一郡"[70]。贾谊也说,"匈奴之众,不过汉一大县,以天下之大,困于一县之众,甚为执事者羞之"[71]。当时晁错也说,"匈奴之长技三,中国之长技五",中国"数十万之众,以诛数万之匈奴"[72]。是当时匈奴不过如此,而汉室终不敢言征匈奴,只得忍辱和亲,其原因无他,只是那些豪族地主的大臣们都是"志但在营私家,称宾客,为奸利而已",他们都是"百虑私家之便,不一图主之国",遂致弄成如此!其结果反把匈奴越养越大,除据河套外,更占今甘肃,和西边的羌人也连成一片,把汉代都城长安的北面和西面都包围起来，正如刘敬所言，匈奴“去长安近者七百里，轻骑一日一夕可以至”(73)。这就是和亲政策的结果。

除北边的匈奴外，南边又培养出一个南越国出来。原来古代长江流域到珠江流域各地，皆为少数民族聚居，虽被视为蛮夷，但经济上和黄河流域早有密切关系，所以秦统一中国后，一并将珠江流域统一，在今湖南、广西、广东间，设有桂林、象郡、南海三郡。及秦末乱起，南海郡龙川县令赵佗（龙川县，今广东惠阳县境），以防备乱兵侵入为名，自将三郡占领，称南越武王。汉高祖统一后，亦即封为南越王，等于许其独立。及吕后时，赵佗更进一步，称南武帝，经常发兵侵扰边境，兵力直达今湖北南部（当时为南郡地）。文帝即位，遣使与越佗通好，以后虽不甚侵扰，但长江以南又培养成这么一个独立国家，以领土来说，汉初是比秦代小多了。

总计汉初的情况，就是如此：内部豪族地主专横，封建王侯割据，外面匈奴、南越分别侵扰，而汉室的中央政府对这些问题毫不处理，却高唱“清静无为”。真如文帝时贾谊所言：“国已屈矣……然而献计者曰无动……进计者犹曰毋为，可为长太息者此也！”(74)然而尽管如此，当时和后世却都称道“文景之治”，认为是治绩最好的时期之一。但好处在那里呢？除过一味“从民之欲”，一任地主阶级鱼肉乡里、侵陵小民以外，实看不出其他好处。究其实，当时称道“文景之治”的，正是那些豪族地主阶级及其代言人，他们没有国家，没有人民，只要能自己“衣食滋殖”了，就是好政治。后世的人不过是“读书”罢了，书上记载什么，就说什么，而且同样都是地主阶级的代言人，立场、观点都一样，自然就不去辨别了。独可怪我们现在还要和地主阶级一鼻孔出气，人家说秦代暴虐，我们也说是暴虐，人家说“文景之治”，我们也说的确安静了多少年。为什么还是如此呢？恐怕还是“读书”之“过”。其实古书无论如何也掩盖不了事实。《汉书·文帝纪·赞》盛行称道文帝的俭朴，说是“所幸慎夫人，衣不曳地”“治霸陵，皆瓦器，不得以金银铜锡为饰”。但是《晋书·索綝传》载,晋愍帝时有人盗发汉文帝的霸陵和汉宣帝的杜陵,获得珍宝无算,晋愍帝问索綝说,"汉陵中物,何乃多也"?是杜陵中固有珍宝,霸陵中也不是没有珍宝,并非"皆瓦器"。汉文帝的政绩,连汉成帝也怀疑。应劭《风俗通义·正失篇》载汉成帝问刘向:"后世皆言文帝治天下,几至太平,其德比周成王,此语何从生?"刘向对曰:"生于言事。文帝礼言事者,不伤其意,群臣无小大,至即便从容言,上止辇听之,其言可者称善,不可者喜笑而已,言事多褒之。后人见遗文则以为然。"原来"文景之治"是这样来的!

汉初的情况既然如此,那汉代的国家怎样维持下去呢?老实说,如果不加改变,恐怕没方法维持下去,不惟匈奴的轻骑要至长安,即豪族地主阶级亦必然要提前表演割据了。以后发生了什么改变呢?什么力量使它改变呢?请看下章。

【注释】

① 《汉书·诸侯王表·序》"汉兴之初,海内新定,同姓寡少,惩戒亡秦孤立之败"云云。

② 见《史记·留侯世家》。张良不赞成恢复旧日的六国,而主张封建自己的功臣,这是楚、汉相争中,汉高祖政策上的一个大胜利。

③ 郎中令是九卿之一,约略相当于后世的吏部。

④ 见《汉书·董仲舒传》。

⑤ 见《汉书·张释之传》。

⑥ 见《汉书·司马相如传》。

⑦ 见《汉书·苏武传》。

⑧ 见《汉书·张汤传》。

⑨ 见《汉书·李广传》。

⑩ 见《汉书·冯奉世传》。

⑪ 见《汉书·高帝纪》。

⑫ 光禄勋即郎中令,汉武帝时改名。

⑬ 《后汉书·黄琼传附黄琬传》:"旧制光禄举三署郎,以高功久次才德尤异者为茂才四行"。

⑭ 见赵翼《廿二史札记》卷二〇,惟原文有云"惟公孙弘从布衣起",其实公孙

弘少时曾为狱吏,并非布衣。

⑮ 见《后汉书·郭躬传》。

⑯ 见《后汉书·韦彪传》。

⑰ 商鞅定制,"耕织致粟帛多者复其身",是对增产的农民,免其力役,以示奖励。

⑱ 见《汉书·元帝纪》及《儒林传》。

⑲ 见《汉书·食货志》。

⑳ 见荀悦《汉纪》。

㉑ 见《汉书·食货志》。

㉒ 两事皆见《汉书·文帝纪》及《食货志》。

㉓ 董仲舒谓:"秦……颛川泽之利,管山林之饶。"(见《汉书·食货志》)是山泽、铸钱等禁皆始于秦。

㉔ 见《史记·陈丞相世家·赞》。

㉕ 见《汉书·曹参传》。

㉖㉗ 皆见《汉书·景十三王传》及《酷吏传》、师古《注》。

㉘ 见《汉书·高惠高后孝文功臣表注》。

㉙ 私铸钱,《史记》只称"铸币",到《汉书》才称以"盗铸"。

㉚ 见《汉书·文三王传》。

㉛ 见《汉书·景十三王传》。

㉜ 见《汉书·淮南厉王传》。

㉝ 见《汉书·衡山王传》。

㉞ 见《汉书·王子侯表》。

㉟ 见《汉书·高惠高后孝文功臣表》。

㊱ 见《汉书·景帝纪》。

㊲ 见《汉书·爰盎传》。

㊳㊴ 并见《汉书·酷吏传》。

㊵ 见《汉书·灌夫传》。

㊶ 见《汉书·酷吏传》。

㊷ 见《汉书·尹翁归传》。

㊸ 见《史记·货殖传》。

㊹ 见《汉书·游侠传》。

㊺ 见《汉书·游侠传》。

㊻ 《注》引《东观记》曰,"当时南阳旱饥,而上田独收",可见地主阶级的为盗抢人,并不是因为饥荒,而是乘机奴役穷人,以发展自己的势力。

㊼ 见《汉书·鲍宣传》。

㊽ 见《汉书·郊祀志上》。

㊾ 见《汉书·贡禹传》。

㊿ 见《汉书·食货志》。

(51) 见《汉书·王莽传》。

(52) 见《汉书·张安世传》。

(53) 见《汉书·外戚传》。

(54) 见《汉书·货殖传》。

(55) 据《汉书·地理志》所载,西汉末年平帝时的人口总数为五千九百五十九万四千九百七十八人。这种统计都是以纳税人的数目说的,西汉初年官方统计虽不及此数,但逃亡、隐匿以及地主的庇荫,数目定不在少。除过官僚、地主等人以外,劳动人民在五千万人以上,应是汉代一般情况。

(56) 见《汉书·栾布传》。

(57)《群书治要》引《政论》。

(58) 奴隶本身是一种财产和商品,正因为如此,他的劳动力不可能是商品,参看马克思的《雇佣劳动与资本》。

(59) 见《汉书·高帝纪》。

(60) 见《汉书·景帝纪》。

(61) 见《汉书·周亚夫传》。

(62)(63) 皆见《汉书·申屠嘉传》。

(64) 见《汉书·灌夫传》。

(65) 见《汉书·刘屈氂传》。

(66) 见《汉书·翟方进传》及《注》。

(67) 见《汉书·翟方进传》及卫宏《汉官旧仪》。

(68) 见《汉书·张禹传》。

(69) 见《公羊传·宣公六年》何休《注》。

(70) 见《汉书·匈奴传》。

(71) 见《汉书·贾谊传》。

(72) 见《汉书·晁错传》。

(73) 见《汉书·娄敬传》。

(74) 见《汉书·贾谊传》

第十章 小生产者的反抗和汉武帝的改革

——武、昭、宣间情况

（公元前一四〇—公元前四九年）

一 小生产者经济的重要性。贾谊、晁错和董仲舒。汉武帝改革的社会基础。

汉代初年的豪族地主阶级固然专横异常，但我们还不能以为豪族地主阶级就是当时唯一的社会力量。在豪族地主阶级的周围，固然依附着大量劳动人民，如农奴、奴婢、佣客等人，但也绝不能以为他们就把所有的劳动人民都吸收了去。如果只是这样，那汉代的国家早应分崩离析，变成割据的，如何还能维持统一？豪族地主专横的结果，虽使汉初国家衰弱，但究竟还能维持，且有力量，能平定"七国之乱"。这就可见统一国家另有其基础，绝不是地主阶级所能完全支配了的。统一国家的这种基础，我们早已指出来过，是在广大的小生产者身上，即小土地所有者、小手工业者和小商人等，其中小土地所有者尤其是最主要的部分。汉代的这种基础，显然比秦代好了一点。在汉代，不惟没有像秦代那样专门做"亡秦"运动的反动分子，而且经过秦末的扰乱，小生产者必大量增加。汉初的豪族地主固已蛮横异常，但还没有到成熟时候，还不能把小生产者都并吞了去。所以汉代的立国基础,实比秦代为优。因为事实很明白,地主阶级既然以种种理由,大部分都免税,即不免税的,亦可依仗其特殊势力,拒绝缴税,国家的财政收入,势非完全依靠一般既无特权,也无势力,不得不奉公守法,只准规规矩矩作顺民的小土地所有者、小手工业者和小商人等不可。《史记·平准书》谓,由文帝、景帝到武帝初年,国家的"都鄙廪庚皆满,而府库余货财,京师之钱累巨万,贯朽而不可校,太仓之粟陈陈相因,充溢露积于外,至腐败不可食"。这许多搜括物,绝大部分当然都是小生产者的血汗,而不是地主阶级的腰包,是完全可以肯定的。小生产者不仅仅是统一国家的财政基础,而且也是商品经济发达的条件。我们平常太夸大了地主阶级的经济作用,以为商品的市场和原料,都是依靠地主。固然商品中特别是奢侈品一部分,可以说完全是依靠地主的,但商品的绝大部分和主要部分,无论市场也好,原料也好,小生产者实有决定性的意义。因为地主阶级,尤其是汉代的豪族地主阶级,他们自给自足的经济性很浓,他们有大批的奴婢和农奴,供给其需要,生活必需品,包括生产资料部分,仰赖于市场的实很少。而一般小生产者的购买力固然远不如地主,但他们的数量是远远超过地主阶级,而且他们被迫,不得不出卖其产物和购买必要的商品,这就是商品经济发达的基础。所以商品经济的发达与否,社会经济繁荣与否,我们应撇开普通所专门注意的地主阶级这一个方向,而应首先考虑小生产者主要是小土地所有者这方面。我们试看《史记·货殖传》所载,当时销行最盛的几种商品,如酒、醋、酱、牛羊彘肉、谷物、薪藁、木材、铜铁木器、榻布帛絮、枣栗以及各种生产工具,这些物品的来源和市场,究竟是地主阶级方面的数额大呢,还是小生产者方面的数额大呢,不难一望而知。所以专制国家的经济基础,小生产者实在是最主要的。小生产者是不是真能完成了国家的统一和是不是真能完成了商品经济的发展,那是另一问题(将详下章),但在专制国家,确是有它的重要性的。

正因为如此,就形成我们所熟知的汉代政治的和社会的问题。

原来豪族地主阶级的专横和商业资本的发达,都要对小生产者造成极大不利。一方面,豪族地主阶级专横的结果,土地尽量兼并集中,势必使小土地所有者丧失土地,成为贫无立锥之地的人,流入地主阶级的依附者农奴或奴婢一类,或变为农村无产阶级的佣客一类。另一方面,商业资本和高利贷资本的发达,都成了小生产者的吸血鬼,使小生产者不得不出卖其土地、子女,甚至其自己,以偿还债务。这中间商业资本和高利贷资本往往是和豪族地主结合在一起,形成一个坚强的剥削堡垒,以破坏小生产者。这样的结果,使小生产者大量破产,就国家来说,势必使税收减少,造成财政上的困难;就社会经济来说,势必使供给市场的商品减少和销售商品的市场缩小,这是对整个国民经济都不利的。所以在汉初豪族地主阶级专政下,君主政府虽一味和豪族地主妥协,养成豪族地主的专横势力,但是渐渐也有人感到不满,起来反抗,这是汉代中叶政治上发生极大变化的根源。

首先提出这种抗议的,是文帝时的贾谊,不管贾谊的出身如何,他的主张确是明明白白代表了小生产者的呼声的。贾谊和秦、汉间一般的见解一样,以为农民的穷困,是从事工商业所致。他说,"今驱民而归之农,皆著于本,使天下各食其力,末技游食之民转而缘南亩,则畜积足而人乐其所矣"①。这是商鞅以来要建立新农奴制度的思想,也是培养小土地所有者的思想。贾谊首先看出汉初诸侯王势力过大的危机,主张"众建诸侯而少其力";他又首先看出匈奴侵掠的危机,主张讨伐匈奴。他认为那时一般人以为"天下已安已治",那是"非愚即谀"。他极反对那时的"无为"政治,以为"国已屈矣……然而献计者曰毋动为大耳","夫俗至大不敬也……进计者犹曰毋为",这都是可为"长太息"的②。贾谊的主张,都是明白反对当时豪族地主专政下那种苟安自私的政治,结果自然要引起豪族大地主的不满,所以绛、灌、东阳、冯敬等大豪族(绛侯周勃,灌婴,东阳侯张相如,御史大夫冯敬),都反对他,不能实行。可见提高国家权力的政策,是和豪族地主的利益相反的,这是我们应当明白认识的。

贾谊以后,指摘当时虚伪的政治更痛切的是晁错。晁错揭破了当时太平富足的假面具,指出农民"当具有者半贾而卖,亡者取倍称之息,于是有卖田宅、鬻子孙以偿责者矣"。他归结农民贫困的原因,是由于富商大贾的剥削。他建议纳粟入官得以拜爵除罪的办法,"夫能入粟以受爵,皆有余者也,取于有余以供上用,则贫民之赋可损,所谓损有余补不足,令出而民利者也"③。不论这种办法好不好,他的意思总是好的,是为减轻小生产者和劳动人民的负担的。晁错比贾谊更进一步,建议削减诸侯王的领土和徙民实边,减少戍卒,以制伏匈奴等。结果也引起诸大功臣和豪族的不满,都设法害他,最后终因他建议削减诸侯王领土,引起"七国之乱",恨他的人就借此把他杀掉。

晁错以后,武帝初年的董仲舒,更能说到问题的本质上。他以为农民的贫困,"贫民常衣牛马之衣,而食犬彘之食",其根本原因是由于商鞅废井田以后,土地可以自由买卖,遂使"富者田连阡陌,贫者无立锥之地"所致,因此他建议,"限民名田""塞并兼之路",并"去奴婢,除专杀之威"④。董仲舒的这些办法,不管他的用意如何,在当时却是有价值的⑤。不过他把土地的兼并,归结于土地的自由买卖,实不尽然。地主阶级的兼并土地,大都是巧取豪夺,买卖其名,掠夺其实,不要说汉代的豪族地主,即后世的大地主,其土地的积累,亦很少是真正买卖而得的。现在普通更根据董仲舒这句话,把汉代的豪族地主叫作是"新兴地主",是尤其不妥的。

贾谊、晁错和董仲舒的主张,显然和汉初专门同地主阶级妥协的政策根本不同,他们要提高国家的势力,要限制豪富阶级的发展,要照顾小生产者和劳动人民的生活,这些主张才真正符合了秦、汉以降国家社会的要求。这种要求的意义,我们亦已一再说明过,那只是因为国家是把小生产者当作新农奴来剥削,自不得不维持小生产者有相当安定的生活,而小生产者为保持其比较独立自由的生活,以避免地主阶级的奴役和兼并,亦自不得不依靠统一国家。国家和社会的这样一种结合,是秦、汉以降君主专制国家的特征。汉代初年不了解这种性质,反错误地扶植了地主阶级的势力,结果形成地主阶级的膨胀,因而使国家衰弱,人民穷困,造成极大的危机。文、景间以贾谊、晁错为首,才觉察了这种危机,开始倡议改革。为什么文、景间能觉察出来呢?这也不难理解,在豪族地主兼并下,在商业资本和高利贷资本侵蚀下,地主阶级内部亦必然起分化,他们必有的作更大的发展,而有的必沦落,下降为小土地所有者甚至更坏,这些下降的分子当然能体验出兼并的苦处,这就是要求限制商人,要求"限民名田"的由来。这些要求的呼声,结成一定的力量,反映到政治上,就形成汉武帝时代的改革。

其次,我们更应注意另外一种事实,即汉代商品经济的新发展。当时商业资本和高利贷资本固有高度发展,为生产者造成甚大灾害,但除此以外,同时也须承认为生产商品的制造业,也有同样发展。这主要表现在农业生产的商品化和手工业的发达方面。试看《史记·货殖传》所记那许多商品,农业的参加商品生产,已非常广泛,而且已循着它的规律,按地区进行,表现了多样性的特征。如《货殖传》所记:"安邑千树枣,燕、秦千树栗,蜀汉、江陵千树橘,淮北、荥南、河、济之间千树萩,陈、夏千亩漆,齐、鲁千亩桑麻,渭川千亩竹",都是按地区有特殊发展。各项农业商品中,有许多是工业性的作物,如桑、麻、竹、漆和作染料用的"卮茜"等;有的是技术作物,如各种果木和姜菲等蔬菜。这些农业的专门化和商业化,都有极大意义。我们平常对历史上工业的考查,往往太注意纯工业的寻求,而把农业和工业总分为截然不同的两个部门,以为农业总是落后的标志。殊不知农业的商业化,对农业技术的改良和劳动组织的改变,因而对社会的发展,都有极大影响,尤其中国向来被视为农业的国家,这种影响的意义更大。至于手工业的发达,如冶铸业在秦、汉间早已是大规模进行的工业,其他如铜、铁、木、竹器等业,金、银、玉器业,各种缯帛和粗细布业,车船等交通运输业,都是当时最普通的制造业。尤其冶铁工业的长期发达,那是意味着生产资料的不断改进和需要的扩大。

正因为汉代商品生产的高度发达,所以商品的流通,已不仅仅造成一个国内市场,而且已突破国界,开始找寻国外市场,这是汉代商品经济发达的又一表现。商品的向国外流通,并不是因为国内市场已达饱和点的原故,而是商品经济发达的必然结果。凡是商品生产发达到一定的高度,必然要打破封建的孤立性,而把各地方的经济联系起来。汉初的豪族地主阶级情愿忍辱求全,和匈奴、南越保境安民,但匈奴、南越既不照办,而商品生产者也不管这些,他们的缯帛、铁器,却是要把这些地方连接起来的。甚至四川的蜀布、蜀刀、邛竹杖等,更达到印度和波斯,而丝织品更经过波斯达到当时的罗马。由这些商品,把古代隔绝的世界彼此熟习起来,于是一个民族和一个民族,就又为打通这些货物的来路,又进一步纠纷而发生战争。所以在商品经济发达以后,豪族地主阶级所建立的"无为"政治和闭关主义,是绝对行不通的。这又是汉武帝断绝和亲,讨伐匈奴,并统一南越的由来。

汉武帝时代,不论主张对内改革或对外用兵的人,他们的利益都是一致的,他们的利益建筑在国家权力的提高,制止豪族地主和富商大贾的专横兼并,使农业、制造业和商业能合法进行,甚至在辽远的外域也能有顺利进行贸易的条件,这就是他们的要求和希望。汉武帝时代的改革,就是以这种要求和希望做背景而进行的。

二 汉武帝的政治改革。善良的"酷吏"政治。部刺史的设置。采用"儒术"。

汉武帝继景帝即位以后,首先解决最急迫的匈奴问题。因对匈奴用兵,感觉财政困难,乃大力整顿经济,因整顿经济而感觉豪强专横,官吏不得力,乃又大力改革政治。这一系列的改革,几乎都是同时进行,而都得到极大胜利,终于把汉初疲软无能的现象挽救过来。武帝的政治,一直进行到昭帝和宣帝时,前后将近一百年。正因为改革的成功,才形成昭帝、宣帝间"流民稍还,田野益辟""百姓安土,岁数丰穰"⑥和"吏称其职,民安其业"的现象⑦。甚至"技巧工匠器械",亦为元、成以降所不及。至于"边城晏闭,牛马布野,三世无犬吠之警"⑧,那就更不必说了。

武帝的一切改革,必须承认,首先是政治改革的成功。

当武帝初即位时,将相大臣尚多系文、景时代的旧人,不是务为专横的贵戚勋臣,即是疲软无能的所谓"长者"。及后不久,他选用了一批新人,其中有的被豪族地主指为是怀诈面谀的小人,有的是专门言利的商人,有的是用法深刻被指为残暴的"酷吏"。然而这些人有一个共同特点,就是尊崇君主,崇尚法治,摧折豪强,庇护小民,而其本人又大都清白廉洁,不累私财。由武帝到宣帝,重要官吏大都为这类人物,于是在武、昭、宣时代,形成一种和汉代初年完全不同的政治作风。这种政治,表现的最明白、最突出的是《汉书》上所谓"酷吏"。

汉代的酷吏,据说汉初只有一个侯封,其人在高后时,专门"刻轹宗室,侵辱功臣",及吕氏失败,侯封被夷族。景帝时又有一著名的酷吏郅都,其人"行法不避贵戚,列侯宗室见都侧目而视,号曰'苍鹰'"。景帝时济南有一大豪族瞯氏,宗人三百余家,豪猾,二千石莫能制,乃以郅都为济南太守,至则诛瞯氏首恶,余皆股栗,居岁余,郡中不拾遗。而其为人"公廉,不发私书,问遗无所受,请寄无所听。尝称曰,已背亲而出,身固当奉职,死节官下,终不顾妻子矣"⑨。到了武帝时,像这样的酷吏就多起来。首先有一个张汤,由长安吏擢升至御史大夫。武帝初年征伐匈奴,财用不给,张汤建议"笼天下盐铁,排富商大贾……锄豪强并兼之家"。当时经济方面许多改革,多由张汤主持。其人用法深刻,多决大狱,然"所治即豪,必舞文巧诋,即下户羸弱,时口言,虽文治法,上裁察,于是往往释汤所言"——这个意思是说,如治豪强,必加重其罪,如系下户小民,必委婉解释,最后终使皇帝听他的话释放了。他做事,专门"扬主之明",上所是,即著为法令,一切"乡上意所便"。张汤和商人有连结,政府的措施,往往为商人所知。然张汤并不营私利,死后"家产直不过五百金,皆所得奉赐,无它赢"⑩。同时有杜周,曾为廷尉及御史大夫,"其治大抵放张汤",所逮二千石官因证辞牵引,往往牵连至六七万家,多掠笞定狱,其酷暴极著名。然极尊重君主,"上所欲挤者因而陷之,上所欲释,久系待问而微见其冤状"。"客有谓周曰,君为天下决平,不循三尺法,专以人主意旨为狱,狱者固如是乎?周曰,三尺安出哉!前主所是著为律,后主所是疏为令,当时为是,何古之法乎"⑪!可见这些酷吏,和那些专门"是古非今"的人,是完全相反的。武帝时著名的酷吏,还有赵禹、义纵、王温舒、尹齐、杨仆、咸宣、田广明等人。赵禹曾与张汤共定律令,治事酷急,然"为人廉裾,为吏以来,舍无食客,公卿相造请,禹终不行报谢,务在绝知友宾客之请"。义纵初为长安令,"直法行治,不避贵戚",武帝祖母窦太后外孙犯法,义纵捕治之,武帝以为能,擢为河内都尉,"至则族灭其豪穰氏之属,河内道不拾遗",其为人亦以廉洁称。王温舒为河内太守,捕郡中豪猾,相连坐千余家,大者至族,小者乃死,家尽没入偿臧,至流血十余里,郡中无犬吠之盗⑫。

昭帝、宣帝间的著名酷吏,有田延年、严延年、赵广汉、张敞、尹翁归等人。田延年武帝末为河东太守,"诛锄豪强,奸邪不敢发"。严延年于宣帝时为涿郡太守,当时涿郡大豪族东高氏、西高氏,其宾客放为盗贼,白昼抢人,道路张弓拔刃,然后敢行,前任太守皆不敢治,延年至后,"穷竟其奸,诛杀各数十人,郡中震恐,道不拾遗"。后为河南太守,杀人流血数里,河南号曰"屠伯","豪强胁息,野无行盗",郡中正清。"其治务在摧折豪强,扶助贫弱,贫弱虽陷法,曲文以出之,其豪桀侵小民者,以文内之"⑬。赵广汉于昭帝末为京兆尹,京兆掾杜建素豪侠,宾客为奸利,广汉捕治之,中贵人豪长者为请无不至,终不听。后为颍川太守,颍川大姓原氏、褚氏宗族横恣,宾客犯为盗贼,二千石莫能制,广汉既至,诛原、褚首恶,郡中震栗。当时豪族大姓,皆互为婚姻,结成朋党,广汉设计使强宗大族互相猜疑,盗贼以故不发。宣帝时复为京兆尹,"威制豪强,小民得职","长老传以为自汉兴以来,治京兆者莫能及"[14]。张敞于宣帝时为冀州刺史,其时广川王(景帝孙)姬昆弟及王同族宗室刘调等,共为不道,为群盗囊橐,吏逐捕穷追,皆入王宫,张敞率兵直围王宫,尽捕杀之[15]。尹翁归于昭帝时为平阳市吏,其时霍光秉政,其家奴客持刀兵,入市斗变,吏不能禁,翁归一切案治,莫敢再犯。后为东海太守,东海大豪许仲孙,为奸猾,乱吏治,郡中苦之,二千石莫能治,翁归至,论弃仲孙市,一郡栗怖,莫敢犯禁,东海大治。其为治,"缓于小弱,急于豪强",为人"公廉不受馈,百贾畏之",其后病卒,家无余财[16]。

  武、昭、宣时代的酷吏,大率皆如此类,他们专门"摧折豪强,扶助贫弱"。这样的官吏,和汉初那些"奸法与盗盗"的官吏,完全不同。这样的官吏,应当是最善良的官吏,而却被地主阶级的代言人称为"酷吏"。他们"行法不避贵戚",但当时皇帝却因此以为能,何处豪强最多,即调往治理,这样的政治,也是最善良的政治,而后世却指为残暴。这些皇帝和官吏们,本都是封建统治阶级,为什么他们却专门摧折豪强,而扶助贫弱呢?这个我们不应当以统治阶级的内部矛盾轻轻了之,我们应当记起韩非子的理论,他是以"诸侯博大,群臣太富"为国家扰乱根源的。他要提高君主威权,正是要裁制这些豪强大姓,裁制豪强大姓,使"小民得职",都为统一的封建君主服务,这才是国家安定的根源。这种政治,汉宣帝也说明过:"汉家自有制度,本以霸王道杂之,奈何纯任德教,用周政乎?"是他们的政治,明白与周代不同。他又说:"俗儒不达时宜,好是古非今,使人眩于名实,不知所守。"[17]说俗儒"好是古非今",正与秦始皇、李斯的议论如出一辙。可见秦、汉以来的政治及其社会经济基础,自有它的特征,绝不是"代表地主阶级"这样的公式套语所能说明的。

汉武帝不仅仅用了一批"酷吏",来惩治汉初以来所养成的那些列侯宗室和豪族大姓,而且他还建立了几种极有效的制度,来改革那种"奸法与盗盗"的吏治。其中之一即是"部刺史"的设置。原来自武帝对外用兵,经费不继,乃笼天下盐铁,摧浮淫并兼之徒,以措军费。而自郡守与诸侯相以下官吏,皆与富商贾及豪族大姓勾结,其"沮事之议不可胜听",元狩六年乃遣博士褚大、徐偃等六人,分行郡国,专门考察郡国守相与并兼之徒共为奸利者,悉以举奏[18]。及元封六年,乃更推广此制,正式设"部刺史",分全国为十三部,派丞相长吏十三人,分部巡行考查,其任务规定以六条问事,非条所问即不省:一条,强宗豪右田宅踰制,以强凌弱,以众暴寡;二条,二千石不奉诏书遵承典制,倍公向私,旁诏守利,侵渔百姓,聚敛为奸;三条,二千石不恤疑狱,风厉杀人,怒则任刑,喜则任赏,烦扰苛暴,剥戮黎元,为百姓所疾,山崩石裂,妖祥讹言;四条,二千石选署不平,苟阿所爱,蔽贤宠顽;五条,二千石子弟怙恃荣势,请托所监;六条,二千石违公下比,阿附豪强,通行货赂,割损政令。各刺史于每年八月巡行所部郡国,次年初诣京师奏事[19]。根据刺史的这六条任务看,主要是考查豪族大地主和二千石官吏勾结的种种不法行为的。刺史是考查郡国守相二千石官吏,而郡国守相亦派其属员,分部考察其属县,称为"督邮"。

部刺史设置以后,又有所谓"绣衣使者"。因为那时盗贼甚多,阻山攻城,道路不通。据《汉书·酷吏传》所载,当时盗贼,"南阳有梅免、百政,楚有段中、杜少,齐有徐勃,燕、赵之间有坚卢、范主之属,大群至数千人,擅自号,攻城邑,取库兵,释死罪,缚辱郡守、都尉,杀二千石,为檄告县趋具食,小群以百数,掠卤乡里者不可胜数"。这些盗贼,大盛于天汉二年,他们的来源,我们绝不要以为是普通盗贼,据《武帝纪》载,是年十一月诏关都尉曰,"今豪桀多远交依东方群盗,其谨察出入者"。可见这些盗贼,仍然是那些豪桀名家做的勾当。这些并兼之徒,在政府大力摧折下,不能公然为奸利,乃群起反抗政府。其中自然也有贫苦的劳动人民参加,如"为檄告县趣具食",正表现了饥饿群众的意识,但事实上是豪桀们领导的。盗起后,武帝乃设"绣衣使者",衣绣衣,持斧,分部逐捕。这时正是杜周为廷尉的时候,因此逮系二千石官以及互相牵引作证的,多至六七万人,刺史、郡守以下多伏诛。据《酷吏传》载,自此以后,"散卒失亡,复聚党,阻山川,往往而群,无可奈何"。于是又作"沈命法",曰:"群盗起不发觉,发觉而弗捕满品者,二千石以下至小吏,主者皆死。""其后小吏畏诛,虽有盗弗敢发","上下相为匿,以避文法焉"。

当然,制止豪强大姓的为非作恶,单用这种屠戮的办法,并不是根本办法。但正如荀子所说,"征暴诛悍",是不得已的,对于那些专门椎埋、攻剽,为百姓豺狼的人们,不大力镇压,也是无法制止的。武帝这种严峻政策,实际收了很大的效果。《汉书》虽说,以后"散卒失亡……往往而群,无可奈何",但事实上以后并未蔓延下去,武帝末已再不闻这种乱事。而且武帝以后,豪族地主的作风已大大改变,除极少数外,一般都变成重礼法、尚名节的新派头了。这当然是和武帝另外一种改革,采用"儒术",分不开的。

武帝的采用"儒术",实际也是对吏治的改革。当时所谓"儒术",不是孔子、孟子的儒家学术,而是指一种有"法术"的人。这种法术,主要是能观天人相与之际,知阴阳消息之变,善说天变灾异;又习文法吏事,能判冤决狱;又能见微知著,保全身家禄位;而又都要以儒家的经书来文饰附会,以为是儒家固有的学术,因此称为"儒术"。所以这种儒术,实是儒家、阴阳家、法家、道家、墨家的混合产物[20],正如司马迁引其父司马谈所言,"夫阴阳、儒、墨、名、法、道德,此务为治者也,直所从言之异路,有省不省耳"[21],即是此意。这种儒术,是代替汉初的黄、老之学的。清静无为的黄、老之学,到景帝、武帝间已不能再用,因为已经掌握了统治权的豪族地主阶级,必须有自己的"治术",不能再"无为";同时对本阶级的作风,亦必须改良一下,文饰一下,不能永远被人视作与奸盗同科,因此就酝酿出这种儒术出来。当时这种儒术之士,普通称他们为"今文家",因为他们每个人都根据儒家一种经书——《诗》《书》《易》《礼》《春秋》来文饰,而每种经书又各有师承,即是都有一个老师,用汉代的通行文字,把经书写出来,以为传授的根据,所以称为"今文"经书,以和古代流传下来的"古文"经书相对待。他们本来讲的是一种混合学说,而却都要说是根据儒家的经书,自称为"经师"或"经生",这是因为他们本来是封建地主阶级,儒家的思想最合适,然而情况不同了,上边有了统一的专制国家,下边有了其他生产者的各种阶层,统治方法和儒家支持的封建贵族不同了,所以又觉着其他学说也可以利用的地方,于是就兼采并取,造成汉代一种特有的学说系统,称为"儒术"了。

当武帝初即位时,儒术之士已经很多,御史大夫赵绾,郎中令王臧,皆为传《诗经》的大儒申公的弟子,他们即尽力提倡儒术。建元元年初举贤良方正,因举来的人或治申、商、韩非、苏秦、张仪之书,认为皆乱国政,罢黜不用。他们又建议立"明堂",朝诸侯,又请其师申公至,欲兴礼乐。其事虽未成,然不久又举贤良方正,大儒董仲舒、公孙弘等皆至。董仲舒在对策中建议"诸不在六艺之科,孔子之术者,皆绝其道,勿使并进",后人因此遂以为武帝的兴儒术,皆自仲舒发之。其实董仲舒只说了几句话,真正能实现这种主张的,实在是公孙弘,因公孙弘不久做了丞相,他实行了两件事。

其一,设立学校,教授儒家经书。那时政府设有"博士",收罗各种有学问的人,备皇帝顾问。这种博士官,起于战国末年,原是各种法术的人都有,武帝初特设"五经博士",只限于研究儒家经书的才能做博士。公孙弘做丞相后,又建议设"博士弟子",择民年十八以上,仪状端正的,为博士弟子,学习经书。初设时弟子止五十人,人数虽少,但这是中国学校制度的开始②,这一年是武帝的元朔四年,即公元前一二五年,这是极可纪念的一件事。五经博士弟子,可以说是国立大学。另外又令各郡国,皆设立"学校官",亦设弟子,向"学官"受学[23],这是地方的学校。不管设立这些学校的用意如何,但这样普遍设立学校,对提高文化、普及文化总是有一定作用的。博士弟子到昭帝时增至一百人,宣帝时至二百余人,元帝时至千人以上,成帝时至三千人,东汉时正式称为"太学",太学诸生多至三万余人。

其二,公孙弘又建议,"以治礼、掌故,以文学、礼义为官,迁留滞"。所谓治礼、掌故、文学,都是最低级的吏员,而却是长于儒术的,这些人向来不见重用,故留滞于下级吏员,现在要特别选用这些人做官,以迁留滞。因规定:凡这类吏员,原秩在二百石以上,或仅百石而能通一艺以上,就提升为左右内史及大行令的卒史;原秩在百石以下的,提升为郡太守卒史。每郡先补这样的人二人,边郡一人,并规定"先用诵多者",即是尽先提升读儒家经书最多的,如不够才录用其次等的。这个命令的意思,就是要把各地方官的吏员(左右内史和各郡),基本上都要用儒术之士来充当。因为汉初以来,地方官的吏员都是以"赀"选用,未必读过书,对政府的法令不能体会执行,公孙弘在他的建议中即说,"诏书律令下者,明天人分际,通古今之谊,文章尔雅……小吏浅闻,弗能究宣,亡以明布谕下……"[24],正是此意,所以现在要改用治礼、掌故、文学、礼义之士来充当。这当然是对吏治上的一大改革。至于大行令的吏员"卒史",也要取用儒术之士的原因,因为大行令好像后世的"礼部",是专管郊庙行礼等事的,所以也必须用儒术之士。

这样,一方面设博士弟子,博士弟子毕业后做官;一方面又选用儒术之士做吏员,吏员经过"丞相四科"的考核,也逐渐升为官。因此《汉书·儒林传》说,"自此以来,公卿、大夫、士吏,彬彬多文学之士矣"。汉武帝和公孙弘的这种改革,他们主观上固然是对吏治的改革,使那些纨袴公子的官吏,逐渐变成治礼、掌故、文学、礼义的官吏。但这种改革,不能单由他们的主观决定,是社会上新的要求的反映,是那些豪族地主阶级提高其统治方法的反映。所以政治上尽管有这些改革,甚至再加上酷吏的制裁,但并不能夺豪族地主的权力,只不过把那些椎埋、攻剽的强盗,变成文雅的强盗罢了。

三 汉武帝的经济改革。官卖盐铁。均输平准。徙民实边。改良农业。

汉武帝对经济方面的改革,正和其在政治方面的改革一样,也是大力裁抑豪富和并兼之家,而扶植小生产者。这种改革至少在筹措军费方面,收到极大效果。武帝在位五十四年,对外用兵几乎也占了五十四年,所用军费自然非常庞大,但《汉书·食货志》说,"民不益赋,而天下用饶"。的确当时对一般的赋税并未大量增加,庞大军费的绝大部分,都是从那些豪富阶级手中夺过来的;同时小生产者的经济主要是小土地所有者的经济,未大破坏,实更有重要关系。

当时对经济方面的措施,《汉书·食货志》有一段话说的极明白,据谓元狩三、四年间,因各种用费太多,岁以亿计,"县官大空,而富商贾或滞财役贫,转毂百数,废居居邑,封君皆氐首仰给焉,冶铸煮盐,财或累万金,而不佐公家之急,黎民重困。于是天子与公卿议,更铸钱币以澹用,而摧浮淫并兼之徒"。"摧浮淫并兼之徒",就是武帝经济改革的根本方针。其具体办法,重要的有以下几项:

其一,官卖盐铁。自文帝弛山泽之禁,令民任意私自冶铁煮盐,实为造成并兼之徒畸形发展的根源。至是首先把这项利权收回,由政府自行冶铸煮盐,卖与人民,人民不得私铸作,规定"敢私铸铁器煮盐者,钛左趾,没入其器物",并用一个大盐商东郭咸阳,大矿商孔仅,为大农丞,领盐铁事,于各郡国皆设盐铁官,即用各地经营盐铁有经验的富商贾为吏,以办理此事。据说,自官卖盐铁后,引起豪富大家的激烈反对,"浮食奇民,欲擅斡山海之货,以致富羡,役利细民,其沮事之议不可胜听",政府不顾,施行数年,国用因以少饶。

其二,创均输平准法。元封元年更以一个大商人桑弘羊代孔仅领盐铁事,更创均输平准法。均输平准实在是压制商业资本,而保护小生产者最优良的办法。因为当时人民缴纳的赋税,除算赋和更赋是缴纳货币外,田租全是缴纳实物。而缴纳的实物,政府又不见得完全适用,人民或地方官吏必须把所缴纳的物品,换成政府所需要的物品,上缴政府。这样一卖一买中间,当然要受商人操纵,受商人剥削。同时各地方官吏把这些物品上缴政府时,道路运输费用以及消耗,自必甚大,这些费用和消耗,自然也要加在人民的负担上面,以为弥补,所以人民实际担负的赋税,往往要超过其应担负的数倍以上。另外,地方官吏向上级政府输送赋税,也是由人民自行输送,或出力,或出钱,是更赋的一项,也是人民的负担。所以在实物地租时代,赋税的轻重且不论,即这赋税的缴纳、输送,就是一个大问题,其结果无论在那一个环节上,都是增加了劳动人民的负担。人民的负担是额外增加了,而政府也并没有好处,所得到的只是原定的税额。但商人却处处得到便宜,从初买实物缴税起,到运到国库为止,都是商人发财的机会。所以缴纳实物赋税的过程,无形中成了一个商人剥削农民的过程。桑弘羊是商人出身,他知道这种过程的意义很清楚,所以说,"诸官各自市相争,物以故腾跃,而天下赋输,或不偿其僦费",正是此意。所谓"僦费",就是指雇用商人的车辆和各种运输费言。

桑弘羊因看到这点,所以创均输平准法来救正。他的办法是:于各郡国设均输盐铁官,"令远方各以其物,如异时商贾所转贩者为赋,而相灌输。置平准于京师,都受天下委输,召工官治车诸器,皆仰给'大农'(大农即大司农,如后世之财政部)。大农诸官尽笼天下之货物,贵则卖之,贱则买之,如此富商大贾亡所牟大利,则反本,而万物不得腾跃,故抑天下之物,名曰平准"。这个办法包含好几点:第一,各地方设均输官后,赋税的缴纳不必再问政府需要不需要,只按地方上出产什么就缴什么,本地出产的东西就是平日商贾所贩卖的东西,都可当税物上缴。这样人民和地方官吏,就不必把本地的东西卖掉,再买政府需要的东西,以致引起物价波动。第二,赋税缴纳后,由均输官自行办理运输的事,地方不必过问。运输的车辆皆由政府自备,也不雇用商车。这样,所有运费以及一切耗损,旧日都须加在人民身上的额外负担,现在可以一律免除。第三,全国各式各样的赋税物品运到京师后,京师设"平准官",尽笼天下货物,也就是掌握了平日商贾所贩运的各种货物,由政府"贵则卖之,贱则买之",这样商人就无法操纵物价,物价平稳,同时把商人平日所赚的利润,都变成国家的收入。这样,人民得到物价平稳的好处,国家也得到商业利润,增加了收入,只有商人却吃了大亏,"亡所牟大利"。据此,这种均输平准法,实在是实物地租时代最合理、最必要的办法。据《食货志》说,施行一年以后,政府的收入大大增加,"民不益赋,而天下用饶"。我们试仔细一想,确实是可以办到的㉕。

其三,征商业税。自战国以来,不论儒家、法家,都主张"重农抑商",其原因从另一方面说来实在是个赋税观点。因国家的赋税,都是依靠定居的农民,商人游食四方,无法征税。汉初对商人虽有"重租税以困辱之"的话,其实只是对有市籍的抽税。汉武帝时才正式有商业税,这也是一大进步。当时规定,凡商贾货物,皆令估价自报抽税,凡值钱二千抽一算,即征税一百二十文钱;开作坊经营制造业,或出租房屋等的,减一半,值钱四千算一;有运输工具的,当时称为"轺车",每车一算,商人的加倍,每车二算;有船的,每五丈以上一算。但这些货物和财产,因当时政府组织不严密,无法稽查,基本上是依靠自报,即是"各以其物自占",如"匿不自占,或占不悉"的,严重处分。但事实上唯利是图的商人,当然不肯自报,隐匿的很多。于是下令鼓励人民告密,凡有报告别人隐匿财产的,即以其半与之。这种告密称为"告缗",缗是串钱的绳索,一千钱即称一缗。因此告密之风大盛,当时有一人名杨可,他到处探听别人隐匿的财产,报告政府,于是"杨可告缗遍天下","中家以上大氐皆遇告",政府查明即没收财物,因此得民财物以亿计,奴婢以千万数,田大县数百顷,小县百余顷,宅亦如之,商贾中家以上多因此破产。

除以上几项外,其他还有"榷酒酤",也很著名,即是不准人民私自卖酒,也由政府官卖。又令富人纳粟赎罪,纳粟补吏,甚至"入羊为郎",纳粟买爵、买复等等,都是向富人搜括的方法。当时另有一人名所忠,言"世家子弟富人,或斗鸡走狗马弋猎博戏,乱齐民",乃把这些世家子弟、富人都拘捕起来,共数千人,称为"株送徒",即是令他们连在一起共做徒役,或肯出财物的即补为郎。

像如以上这些搜括财物的办法,固然有善有不善,但总的精神可以看出来,即是用种种办法向豪富阶级征收财物,而却不普遍征税。这种精神当然是很好的,它和汉初专门优待豪富阶级的政策完全不同了。当时搜括的对象,名义上虽只是富商大贾,但事实上却就是豪族地主阶级,因为富商大贾和豪族地主都是结合在一起的。据《食货志》载,初征商业的货物税和财物税时,诸豪富皆争匿财,惟一个大豪富卜式,却数求入财以助县官。这个卜式是兼营牧畜业的一个大地主。卜式对官卖盐铁和均输平准,都极反对,当均输平准实行后,适天旱,武帝令百官求雨,卜式说,"县官当食租衣税而已,今弘羊令吏坐市列,贩物求利,烹弘羊,天乃雨"。这就是豪富地主阶级的意识,他们对这些措施都是反对的。所以我们绝不应把这些措施理解为只是抑制商人的政策,而以为对地主有利,其实大商贾和大地主都是一种人。武帝的这些措施,正和"酷吏"政治一样,是摧折豪富地主阶级的政策,而却是保护小生产者的政策。当时豪富中家以上大抵破产,而中家以下因"并兼之徒"的削弱,却可以安顿起来,这就是汉武帝经济改革的总精神。

除裁抑豪富以外,当时对经济方面的措施,还有另外一面。首先是徙民实边,收到极大效果。因从元朔二年到元狩四年,前后十年中对匈奴的战争,得到极大胜利,匈奴远徙漠北,今河套、宁夏、甘肃一带,原本为匈奴根据地,皆得收复,设立郡县。而沿边各郡皆极空虚,虽有屯戍,而戍卒征调和粮饷转输,耗废极大。乃用主父偃计徙民实边。元朔二年募民十余万口,徙朔方(今河套境);元狩四年徙关东贫民七十二万五千口于陇西、北地、西河、上郡(今甘肃东部及宁夏地),五年又徙天下奸猾吏民于边。元鼎六年初置河西四郡(敦煌、酒泉、张掖、武威四郡),又徙民以实之。前后所徙总数当在百万以上。凡所徙民,皆由政府贷与产业,又为兴水利,以利耕作。据《史记·河渠书》言,"自是之后用事者争言水利,朔方、西河、河西酒泉,皆引河及川谷溉田"。《汉书·匈奴传说》,"汉渡河自朔方以西至令居(甘肃平番县境),往往通渠,置田官吏卒五六万人"。又兴畜牧,令民得畜边县,官假母马,令饲养生驹,三岁而归,可得马甚多,公私皆利。这些办法实行后,边境大为充实,《盐铁论》谓,武帝末年,沿边各地已是"马牛放纵,蓄积布野"了。

此外,又兴修水利,灌溉田地,并改良农业工具和技术。水利方面著名的,如大司农郑当时建议,引渭水穿渠,起长安,傍南山(即秦岭),东至黄河,共三百余里,一方面通漕运,一方面溉田万余顷。左内史儿宽凿六辅渠,中大夫白公凿白渠,皆引泾水为渠,溉田各数千顷。其他汝南、九江引淮水,东海引钜定泽,泰山下引汶水,皆穿渠溉田,各万余顷。又创"井渠",因有的地方土松,为渠易崩,乃先凿井,往往深四十余丈,井下相通行水,因称为"井渠"。井渠不久即传至西域(今新疆),溉田甚多。另外,又用一农业专家赵过为搜粟都尉,改良农业工具及耕作法。赵过创"代田",其法即后世所用之耕作法,有陇有甽(甽即陇中之沟),播种于甽中,陇可护苗,能风与旱,而陇上土经过日光照射,明年再以陇为甽,以甽为陇,如此代易,故名"代田"。赵过以前不知此法,田无陇甽之分,称为"缦田",生殖力较弱,赵过为"代田"后,一岁之收,常过"缦田"亩一斛以上。赵过又创作各种田器,其耕耘、下种田器皆有便巧,命大司农招募工匠,专门制造各种田器,各郡县官派父老善田者,受田器,并学耕种养苗状。是当时有意识地组织人力,推广新工具及新技术,这是极可注意的。武帝对农业方面的这些建设,一直继续到宣帝时。宣帝时另有一农业家名蔡葵,以好农,经常出使各郡国,改良农业。惟其事迹已不详,仅知其曾著农业专书《蔡葵》一篇,亦早失传。宣帝时又有一专言功利事业的耿寿昌,为大司农,建议设"常平仓",于谷贱时增其价而籴,使谷不至甚贱,以利农,谷贵时减其价而粜,以救济贫人。这个设置对小农经济说来也甚好,当时人民以为便利,后世也一直沿用,直到清代末年。

以上武帝以来经济方面这些设施,在当时事实上固已收到极大效果。诚如《汉书·食货志》所言,当时"外事四夷,内兴功利,役费并兴",有一时期据说已是"天下虚耗,人复相食",然而终于平安渡过,且形成昭帝、宣帝间的富庶气象。这不能说不是经济政策的成功。这种政策的所以成功,我们更应认识到它的社会意义,它一方面摧折豪强,裁抑豪富,一方面兴修水利,改良农业,这种政策显然符合了小土地所有者的利益。它一方面扶植了小土地所有者的利益,而一方面打击豪强地主,这就是君主专制国家政权性质的明白说明。

四 汉武帝对外用兵是不是侵略的。武帝的坏遗产——外戚、宦官专政。

武帝对政治和经济方面的改革,其动因大部分是为对外用兵而起。当时对外用兵牵涉的面极广,《汉书·食货志》有一段话综述用兵情况说:"武帝因文、景之畜,忿胡、粤之害,即位数年,严助、朱买臣等招徕东瓯,事两粤,江、淮之间萧然烦费矣。唐蒙、司马相如始开西南夷,凿山通道千余里,以广巴、蜀,巴、蜀之民罢焉。彭吴穿秽貊、朝鲜,置沧海郡,则燕、齐之间靡然发动。及王恢谋马邑,匈奴绝和亲,侵扰北边,兵连而不解,天下共其劳。"这一段话,把汉武帝用兵的各方面都已提到,惟尚没有说及交通西域一事。

当时对外用兵,主要由匈奴而起。武帝初即位时,尚与匈奴和亲,及后因匈奴仍侵扰不已,乃断绝和亲,发兵征讨。从元光二年

（公元前一三三年）起，即系王恢首建议在马邑县附近邀袭匈奴起，至元狩四年（公元前一一九年）止，前后十余年中，先后派大将军卫青、骠骑将军霍去病等征伐匈奴，叠获胜利，把匈奴驱逐到沙漠以北，收复匈奴原根据地今河套一带，置朔方郡，及今甘肃一带，置武威、酒泉、张掖、敦煌四郡。以后匈奴再不敢南下牧马，远没有秦、汉间的势力了。及宣帝间，匈奴分为五单于，争立，其中呼韩邪单于曾一度将五单于统一，然不久又分为三个单于，呼韩邪为另一个强大的郅支骨都侯单于所击败，乃于宣帝甘露元年（公元前五三年）南下降汉，臣属于汉。以后直至王莽时代，前后六十余年，北边再无侵扰，这就是武帝用兵的具体效果。

交通西域，也是为对匈奴用兵而起。当武帝初立时，因拟征伐匈奴，闻大月氏与匈奴有世仇——大月氏原居祁连山，为匈奴所逐，西迁至妫水（即阿姆河，在今乌兹别克与塔什克两社会主义共和国境内）一带立国，武帝欲与连结共击匈奴，乃遣张骞往通，此为交通西域的由来。张骞第一次出使西域，当在建元三、四年间（公元前一三七、一三八年间），因经匈奴地，为匈奴所留，历十余岁始得达大月氏，当时大月氏无意向匈奴报仇，不得要领而还。及元狩二年，因驱逐匈奴，收复今甘肃西境地，与西域接境，张骞乃再度建议交通西域。据张骞言，西域有一大国，名乌孙（在今新疆天山北路），臣属于匈奴，资助匈奴以扰中国，若能与乌孙和好，是断匈奴右臂，可使匈奴衰弱。武帝乃再遣张骞往西域，直至乌孙，与结和好，并分遣副使连结其他各国。那时所谓"西域"，以今新疆为主，据谓西域有三十六国，在天山以南的分南北两道，南道有鄯善、于阗、莎车等国，北道有车师、焉耆、龟兹、疏勒等国。在天山以北的主要为乌孙。三十六国都在葱岭以东，出葱岭，以西为大宛（今塔什克社会主义共和国境内之塔什干城），大宛以西为康居（今乌兹别克社会主义共和国东部），康居以南为大月氏（阿姆河以南及阿富汗地），大月氏以南为罽宾（今印度北境克什米尔），罽宾以西为乌弋山离（阿富汗西部伊兰东部),大月氏与乌弋山离以西为安息(今伊朗国地),安息以西为条支(今亚剌伯境)。张骞分别遣使至各国,各国亦遣使来报,西域遂通,匈奴因此益衰。以后又与乌孙结和亲,又在西域东部起亭障,设田卒屯田,使者经常往来不绝。及宣帝时,初设使,护南道鄯善以西诸国,神爵三年(公元前五九年)更护北道诸国,因称为"都护"。自设都护后,中国在西域势力益强,匈奴益弱,不敢接近西域了。

武帝的伐朝鲜,事实上亦因匈奴而起。朝鲜与中国本为兄弟民族,从古以来,中国有乱事,中国人因避乱往朝鲜的甚多。汉初有燕人卫满,亡命入朝鲜,自立为朝鲜王,属汉辽东太守,为外臣。及武帝元朔元年匈奴侵扰至辽西郡,杀太守,武帝乃派兵驱逐,因招降朝鲜北境称为薉君的数小国,置为苍海郡,以加强东边的防御,因与朝鲜的关系益接近。当时朝鲜王系卫满孙右渠在位,右渠招致中国亡人甚多,自作威福,又与当时所设辽东东部都尉发生冲突,攻杀都尉,武帝乃于元封二年(公元前一〇九年)发兵征讨,于次年杀右渠,将其领土设为乐浪、临屯、玄菟、真番四郡。当时朝鲜南部有马韩、辰韩、弁韩三国,号为三韩,其余小部落甚多,皆属于真番郡。

至对南方用兵,完全是为国家的统一问题。当时南方除南越国外,今浙江、福建间尚有东瓯与闽越两小王国;今四川、贵州、云南各地,即当时称为"西南夷"的,各少数民族所建立的小国更多。如今贵州境内君长以十数,夜郎国(今贵州桐梓县一带)最大,夜郎以西君长以十数,滇最大(今云南昆明),滇以北君长以十数,邛都最大(今西康邛崃县)。其他有嶲(西康西昌县)、徙(西康天全县)、莋都(西康汉源县)、冉駹(四川茂县)等国,甚多。

东瓯与闽越,据说尚为春秋时越王勾践的后裔,秦代虽于其地置闽中郡,实皆独立,汉初仍分立为东瓯与闽越两王国。武帝初,此两国与南越常互攻,曾数次派兵解决其纠纷,迄未能定。至元封元、二年间,因其地迄不安定,乃徙其民于江、淮之间。同时南越境内亦极不安定。南越自赵佗死后,虽不侵扰,但独立如故。武帝初,命其王入朝,其国人欲保持独立,不愿,并与今广西境内之苍梧秦王连结,欲为乱。元鼎五年乃发兵讨之,并灭南越及苍梧,于今广东、广西境内置儋耳、珠崖、南海、苍梧、郁林、合浦等郡。其时越南半岛号称骆越,为南越国属地,南越灭后,于今越南半岛亦置交阯、九真、日南三郡。

开"西南夷",亦因对匈奴和南越用兵而起。当武帝初派兵平东瓯和南越的乱事时,曾遣番阳令唐蒙至南越,谕其入降。唐蒙在南越食蜀枸酱,问所从来,知系出四川,经夜郎国而至南越。唐蒙因说武帝,欲制南越,从长沙、豫章(即今湖南、江西)南下,道路多不便,不如通夜郎国,从水路往南越较便。武帝因使唐蒙通夜郎,乃于蜀郡以南增辟犍为郡(今四川宜宾县),发卒治道,准备进兵。不久,至元狩元年,张骞出使大月氏还,因言在大月氏时,曾见有蜀布及邛竹杖,问所从来,云市之身毒国(即今印度),身毒国在邛西,如从邛都西经身毒,然后至大月氏,较便。武帝因遣王然于、柏始昌等十余辈,出"西南夷",指求身毒,结果得至滇国。及元鼎五年对南越用兵,除从长沙、豫章南下外,亦发兵从犍为南下,兵未至而南越已平,乃击降"西南夷"各小国,初置郡县:于夜郎境内置牂柯郡,邛都境内置粤嶲郡,莋都境内置沈黎郡,冉駹境内置文山郡,其后滇王亦降,于其境内置益州郡,这是对西南各少数民族地区的初步统一。不过这些郡县,并没有把各少数民族真正统一了。历代封建统治者无正确民族政策,经常酿成民族间的纠纷,这一带也始终是独立地区。以后又经过一千余年,至元、明间,这些地区虽被封建政府确实统治起来,但各少数民族仍然保持半独立的状态。直到最近,在共产党领导下,全国解放后,各少数民族才得解放,才能和广大的中国民族共同建立真正统一的国家。

以上汉武帝对各方面的用兵,其结果固然扩大了封建统治的领域,但原来用兵的动机和目的,却显然不是为扩大领域而出发的。我们已经知道,汉初的情形,实不能再容忍下去。对一个国家来说,无论任何时代,也绝不能允许经常有一个敌人在北方侵扰,而另一个在自己境内保持独立。如果以为汉武帝的驱逐匈奴和消灭南越,就是对外侵略,那就不啻等于说匈奴的侵扰中国是正当的,南越的独立也是应该的,这种观点如何能说得下去?即就对朝鲜的用兵说,要知当时朝鲜并不是朝鲜人自己建立的一个独立国家,而是中国的亡人建立的一个国家,中国亡人建立的一个国家而和中国为敌,如今把它改成郡县管理起来,这又如何能说是侵略?至于交通西域和通"西南夷",事实很明白,都是为了对匈奴和南越的军事而起,尤其交通西域,在制止匈奴的侵扰上起了极大的作用。在通西域和"西南夷"中,因使人辈出,对各国不无骚扰,以致引起各国的怨恨,往往攻杀汉使,因而又对各国用兵[26],这些事都是不应当的。尤其在太初元年(公元前一〇四年),因爱好大宛的汗血马,求索不得,竟先后发卒十余万,连兵四年,以征大宛,这是尤其不应该的。纵然在"伐大宛之后,西域震惧,多遣使来贡献,汉使西域者益得职"[27],因而巩固了西域和中国的关系,使匈奴益孤立衰弱,固然起了这种作用,但究竟是侵扰其他善良民族的行为,无论如何不能原谅。不过我们也绝不应因为这些事,就否定了当时对外用兵的实质,以为整个都是侵略行为。其实当时的豪族地主阶级都是反对对外用兵的(详下章),在他们的意思,只要能保持地主的统治,任何民族治理中国都可以,两千年来有好几个时期都表现了这种事实,我们绝不应和他们保持同一观点。用兵的结果,固然扩大了封建统治的领域,但绝非仅止于此,它驱逐了侵略者,消灭了割据,巩固了统一,这些事实的本身,就是对历史的贡献。我们绝不能拿非历史主义的观点,以为扩大了封建统治的领域就不足称赞,那末尽量使封建领域缩小,使中国永远保持春秋、战国时代的状况,才是历史的发展么?

总而言之,汉武帝时代,一般说来,实在是中国历史上一个伟大的发展时代和建设时代。他消灭了侵略者和割据者,把汉初衰弱空虚的现象根本扭转过来,而且对内又那样裁抑豪富地主阶级,而且又那样进行政治的、经济的和文化的建设。事实上他不仅仅把汉初的现象扭转过来，而且确实完成了秦代的统一事业，奠定了中国统一国家的基础。这个时代，是中国历史上建树最多、贡献最大的一个时代。

当然这个时代有他一定的缺点，但是这些缺点，我们绝不是指那些旧日史书中的滥调，什么"好大喜功""穷兵黩武"，什么"求神仙"，行"封禅"等事。因为我们绝不奢望汉武帝和他那些大臣们，能成了超历史的在后世任何时期都是进步的人物。我们所要说的，是他们留给历史的灾害，究竟有多大。他们是封建统治者，他们为了他们自己的利益，因而有一定的建树，对历史有一定的贡献，那是可能的。但正因为只是为了他们自己的利益，也必然要为社会造成一定的灾害，这是不能避免的。这些灾害里边，首先有极重要的一项，就是专制君主，为他们的剥削便利，尽力培养小土地所有者或小生产者。这种政策，从一方面说来，从春秋、战国时代的社会看，那是必要的，也是好的，但从中国社会的长远利益看，这种政策却是有害的，这一点到下章再说。

现在，我们要指出另外一点，就是汉武帝给历史上留下一种最坏的遗产，使他的政治远不如秦始皇的政治可称道，即开启了外戚、宦官专政的制度。

外戚、宦官的专政，特别是宦官一项，是和瓷器及丝织品一样，都是中国历史上的特殊产物。外戚是贵族阶级的一部分，贵族政治是任何地方的奴隶社会和封建社会都是如此，原不稀奇。不过在中国的君主专制政体下，贵族的另外一部分即宗室的政治权，历代被防备的很严，除名义上受有封土和爵位外，一般都不能干涉政治。这是封建的统治下，和古代比较起来一个极大的变化。而外戚这一贵族，却从汉武帝时起，又得到新的基础，重新在政治舞台上活跃起来。至于宦官，在中国古代亦早已存在，其起源当系由受宫刑的人用作贵族宫廷的奴隶，后来竟有人愿意自宫，做此种工作，其风在春秋初年已盛行。春秋以来宦官也有作恶的，但都是偶然的，尚没有形成制度，其有意使用宦官，甚至重用宦官，使参加政治，亦始于汉武帝。外戚、宦官的干政，都是始于武帝而成于宣帝时期。

初在武帝时，对匈奴用兵，军权都在所信任的外戚手中。元光六年初大举伐匈奴，当时主要将领如车骑将军卫青，是武帝卫皇后之弟，轻车将军公孙贺是卫皇后之姊夫。而骑将军公孙敖又系卫青之友人，系因卫青而贵显的[23]。后卫青以功升至大司马大将军，为当时最高统帅，其次帅为大司马骠骑将军霍去病，乃卫皇后次姊卫少儿之私生子，武帝时军权大半在此两人手中。及后武帝病卒时，受遗诏辅佐少帝之大司马大将军霍光，又系霍去病之异母弟。武帝之特别优遇外戚，不外两种原因，其一因汉高祖规定臣下必须有功才能封侯，汉武帝欲使其所宠爱的外戚为侯，故给以立功的机会。如征伐大宛时，因"欲侯宠姬李氏"，故以李氏弟李广利为贰师将军往征。其用卫青、霍去病等，用意虽未明言，亦必有此意无疑。其次，对外戚信任，即是对其他人不放心，此于付托霍光以昭帝一事最可见。据《霍光传》说，"出入禁闼二十余年，小心谨慎，未尝有过，甚见亲信"。及后欲选择大臣辅佐昭帝，"察群臣，唯光任大重可属社稷"，乃以周公辅成王事属之。据此以推，其用卫青、霍去病掌握兵权，亦必以此。不过武帝尚不是以外戚为惟一可信任的，所以和霍光同辅政的，尚有非外戚的金日䃅（车骑将军）、上官桀（左将军）为副（上官桀孙女为昭帝皇后，事在后）。但武帝时外戚是取得信任的首要条件，其意已甚明显，所以不久以后，即变成规律，外戚成了惟一可信托的。经昭帝到宣帝初霍光卒后，再过一个时期，大司马一职，就成为外戚的专职。五凤二年以许皇后叔父许延寿为大司马车骑将军，不久卒。又以宣帝祖母史良娣之侄子史高为之，于宣帝为表叔行，宣帝幼时曾养于其家，尤有特殊关系。史高后又继以王接，王接为宣帝母王夫人之侄子，与宣帝为表兄弟。王接后又继以许嘉，许嘉为许皇后之侄子。不久宣帝卒，元帝立，先后又以史高、王接、许嘉辅政。自此即成制度,每一皇帝,皆以外戚为大司马辅政,而且有一不成文法,妻族外戚重于母族,大司马先尽岳父或内兄弟为之,其次才及外祖父、舅父等,这也是汉代外戚关系的一种特色。

至于宦官的参加政权,据说是由武帝好游宴而起。《后汉书·宦者传·序》说,武帝"数宴后廷,或潜游离馆,故奏请机事,多以宦人主之"。其实事情并不这样简单,中间包含着一大段过程。原来秦、汉间的官制中有一种"少府",为九卿之一,其任务系专管皇帝的私人事务。少府属官中有一种"尚书令",其下设有尚书、侍郎等官,可以说是皇帝的机要秘书和内收发,专管传达命令和草拟诏敕等事。这种尚书,秦、汉间初本是以士人为之,及武帝,经常游宴后廷,士人往来传达不便,乃以宦官分掌其事,在宫内以宦官主之,称为"中书谒者令",简称为"中书令",有时亦称为"中尚书"。在外面仍以士人主之,仍称"尚书令"。《后汉书·百官志》说,武帝更尚书令为中书谒者令,这话是错误的,很误人,其实并未改名,只是在宫内增设了一个中书谒者令,在外面的尚书令仍存,好像是在宫内增设了一个内收发,原来的内收发(尚书令)变成外收发罢了㉙。按尚书,汉人视为"政本所在",因其秉承皇帝,批答章奏,草拟诏敕,为实际处理政务之地,今以宦官主其事,即是使宦官参预国家机密事务,自然可以播弄权柄。及武帝末(天汉二年),我们的大历史家司马迁,因其友人李陵投降匈奴受拖累,被处宫刑,变成宦官,武帝因任为中书谒者令。当然以那样大的学者任此职,自然解决问题,所以《汉书·司马迁传》说,迁自任此职后,"尊宠任事",恐怕也正因此更把中书令的权力扩大起来。昭帝时增设"领尚书事",由大司马大将军霍光兼领。其所以如此,不外两种原因:一种或系因尚书的职务愈来愈重要,故以辅政的大司马大将军兼领其事;一种或系霍光欲加重其权力,故使诏敕及章奏皆须经过其手。总之,从此以后,即沿为例,凡辅政的大臣,皆加"领尚书事",后亦称"录尚书事"。及宣帝初霍光卒,大司马车骑将军张安世领尚书事,而霍光侄孙霍山(霍去病孙)为奉军都尉,亦领尚书事。不久因霍光妻霍显及子霍禹与霍山等骄纵太甚,为宣帝所不喜,章奏往往为霍山所隔,不上奏,宣帝乃令吏民上封事,不必经过尚书,径令中书令出取之。这样一来,尚书的权力大大削弱,而中书的权力却增加起来,也就是宦官的权力更增加起来,这就是宦官参加政权并逐渐扩大的由来。

不过,终西汉一代,宦官专政的还不多,仅宣帝、元帝间先后有中书令弘恭及石显专政。及成帝时,罢中书谒者令,恢复尚书令的权力,宦官遂失势,到东汉时宦官才大盛起来,这是后话。而西汉时代外戚的势力却大大发展,终由外戚篡汉,于下章细说。

总之,外戚、宦官专政的局面,都由武帝开启,而成于宣帝,从此即为历史上开了一个恶例,以后各代,几乎每一代都免不了外戚、宦官专政的这一幕,只有宋代和清代算是例外。历代也都知道外戚、宦官干政的害处,但是历代又都不知不觉要用外戚、宦官干政,这是什么原故呢?我们要知道,这绝不是偶然的,也不是专政君主喜欢这样就弄成这样,这中间实包含一个大问题,是政治和社会矛盾的表现。由前几章所述,我们已显然看出,专制君主和地主阶级中间存在着极大矛盾,也就是统一政权和割据阶级中间存在着极大矛盾。这种矛盾经常要在专制君主和他的大臣中间,也就是和地主阶级的代言人中间表现出来。矛盾的结果,必然是地主阶级及其代言人们,不满意君主政府,同时君主也不信任其大臣们。在这时候,君主必然要采取措施,把政权交给他所信任的人。这些被信任的人,平常的时候,还可在一般大臣中选,而到了最尖锐的时候,必然就有外戚和宦官出现。因为这两种人,在专制君主看来,是唯一最亲近、最可靠的人。汉武帝时代,外戚、宦官开始参预政治,就是由此而来。当时豪族地主阶级对汉武帝那种专门裁抑豪富的政治,自然极度不满,在当时固已是"沮事之议不可胜听",后来简直形成推翻汉室的运动,这些事将在下一章细述。正因为这种情况,才正使汉武帝觉着有必要选择其最可信任的人,于是军权必交与卫青、霍去病,日常处理政务亦开始建立中书宦者了。关于中书宦者,汉人传说只是因武帝游宴后廷而起,其实那只是表面原因,实际未必尽然。试看汉宣帝因不信任霍山,就令吏民上封事不关尚书,辄下中书令出取之;而汉元帝更露骨地说,"中人无外党,精专可信任",遂委宦官以政事㉚。凡此都可看出专制君主使用外戚、宦官的真正心理。所以外戚、宦官的干政,绝不是偶然的,而是专制君主和其大臣矛盾的表现,实质上即是统一政权和地主阶级矛盾的表现。所以历代都免不了外戚、宦官之祸,而历代也都免不了要用外戚、宦官,就是因为这种根本的矛盾无法克服,矛盾到了尖锐的时候,就看不见它的祸,只看见它的可信任了。所以外戚、宦官这两种事物,就成了中国君主专制时代的特殊产物。

所以汉武帝时代(包括昭帝、宣帝),在各方面都充分表现了统一政权和地主阶级中间的尖锐矛盾。汉武帝用了种种办法,提高其统一政权,扩大了君主权力,同时对豪富地主阶级的裁抑,亦尽了最大气力。他的种种政策,在一方面的确也收了很大的效果。老实说,如果没有这个时期的大力改革,汉代帝国无论内因外因,恐怕不等到"三七之厄",都应使它分崩离析了。但是这些改革究竟成功到什么程度?是不是就把地主阶级已经打下去,统一政权便从此巩固了呢?我们在下一章回答这个问题。

【注释】

① 见《汉书·食货志》。
② 见《汉书·贾谊传》。
③ 见《汉书·食货志》。
④ 见《汉书·食货志》。
⑤ 董仲舒的意思实在是想恢复古代领主制下的农奴制,下章详说。
⑥ 见《汉书·食货志》。
⑦ 见《汉书·宣帝纪·赞》。
⑧ 见《汉书·匈奴传·赞》。
⑨ 见《汉书·酷吏传》。

⑩ 见《汉书·张汤传》。

⑪ 见《汉书·杜周传》。

⑫ 赵禹以下皆见《汉书·酷吏传》。

⑬ 田延年、严延年事皆见《汉书·酷吏传》。

⑭ 见《汉书·赵广汉传》。

⑮ 见《汉书·张敞传》。

⑯ 见《汉书·尹翁归传》。

⑰ 见《汉书·元帝纪》。

⑱ 见《汉书·武帝纪》及《食货志》。

⑲ 见《汉书·百官公卿表注》(《后汉书·百官志注》较详)。

⑳ 当时儒术,除儒家和阴阳家外,法、道、墨各家的"术"也都采取。如董仲舒著有《公羊董仲舒治狱》十六篇,讲治狱事。传《尚书》的大师欧阳生,有《尚书造狱》,亦讲治狱事,兒宽习《欧阳尚书》,然佐张汤"以古法义决疑狱"。此皆法家术。又昭帝、宣帝间的大儒王吉,劝昌邑王以"吸新吐故"的修养方法。宣帝时以《春秋》著名的疏广,为太子太傅,引老子言"知足不辱,知止不殆"的道理辞官归。成帝时的梅福,明《尚书》及《谷梁春秋》,然常以读书养性为事,后委妻子去,传以为仙。此皆道家的术。又公羊家主复百世之仇,以为君主非礼杀臣,臣子可复仇,因之注重名节,报仇过直,此皆墨家的术。

㉑ 见《史记·太史公自序》。

㉒ 传说中国上古时代已有学校,夏曰校,殷曰庠,周曰序。其实这些名称都不是学校,都是行政机关的名称,养老、射箭、朝诸侯都在庠序举行,可知他绝不是后世的学校。

㉓ 事实上学校制度应起于景帝时,据《汉书·循吏·文翁传》载,文翁于景帝末为蜀郡守,因蜀地僻陋,乃遣郡县小吏十余人至京师,"受业博士"。可见景帝末博士已有弟子。文翁又在成都起学官,亦招子弟为学官弟子,因此"蜀地学于京师者比齐、鲁焉",可见景帝末,齐、鲁各地亦多到京师受学。

㉔ 见《汉书·儒林传·序》。

㉕ 宣帝时张敞亦言,"昔先帝征四夷,兵行三十余年,百姓犹不加赋而军用给",见《汉书·萧望之传》。

㉖ 参看《汉书·张骞传》、《西南夷传》及《西域传》。

㉗ 见《汉书·西域传·序》。

㉘ 见《汉书·卫青传》。

㉙ 中书谒者令设后,尚书令仍存,并未改名。如武帝末年司马迁为中书谒者令,而外面张安世仍为尚书令,元帝时宦官石显为中书令,而士人五鹿充宗为尚书令,可知二者并存,《后汉书·百官志》所言实误。

㉚ 见《汉书·佞幸传·石显传》。

第十一章　豪族地主阶级的反攻及王莽

——元、成、哀、平到王莽时期

（公元前四八—公元二四年）

**一　汉武帝政治的失败。地主阶级的新战术
——今文家学说的内容。今文家的"禅
代"运动。**

汉武帝的种种改革，固然有它的成就，有它的贡献，甚至有些值得称道——不论怎样，他那样摧折豪强，要使小民得职，以及专门搜括豪富，而不普遍益赋的政策，是可以称道的。但也不论怎样，他的政治无论如何却是失败了的，他并没有把地主阶级压制下去，而巩固了统一政权。汉武帝的政治，也就是秦始皇的政治，也就是法家主张的政治，他们是依靠小生产者来维持其统一政权的。这种小生产者的经济固然有它的重要性，在前一章我们已经提及，专制君主裁抑地主阶级，而培养并保护小生产者，这种政治也是好的。但小生产者却绝不能解决专制君主的问题，它绝不是地主阶级的对手，它绝不能消灭割据性的地主阶级，而巩固了统一。同时因为小生产者的散漫性和脆弱性，也不能巩固小生产者自己，它经常在分化中——他们或者靠极残酷的剥削，上升为地主阶级，或者沦落为赤贫的无产者。所以专制君主即使像汉武帝那样，大力裁制地主阶级，并大力培养小生产者，而其结果，既不能消灭地主阶级，也不能

使小生产者稳定，而且专制君主所绝不喜欢的，破坏统一的割据性的地主阶级，且经常从专制君主所培养的小生产者中滋生，这是君主专制国家永远不能解决的矛盾。专制君主要解决这个矛盾，只有一个办法，除非大力发展工商业，把封建社会推进一步始可。然而这又是专制君主绝对办不到的，他又不喜欢较自由的工商业者。专制君主所要的，只是人人都有一份小量产业，能耕、能织，并能战，正好为专制君主规规矩矩服务，能贡献专制君主以大量赋税的小生产者。而小生产者除这一点外，却再无力完成其他事业，他们即使幸而能保持原状，也不过是些克勤克俭、仅能温饱、绝无力再过问他事的可怜人。他们虽然能促进商品经济的发展，但却不能完成商品生产，使社会有进一步的发展。因此在君主专制国家中，就使地主阶级永远不能裁制下去，永远有企图割据、破坏统一的阶级存在。所以汉武帝虽对地主阶级费了那样大的气力来裁制，结果地主阶级仍然照样发展，他们正如秦始皇以后反对秦始皇的一样，在汉武帝以后也猛烈反对起汉武帝来了。

地主阶级对汉武帝政治的反攻，是直接以那些儒术之士或今文家的经生做战士。

汉武帝的"专尊儒术"，其主观上是对吏治的改革，而实质上是地主阶级的新战术。地主阶级感觉到仅仅用黄、老家言的"清静无为"政策，已经不够用，必须有实际的统治法术，这种法术，儒、道、墨、法、阴阳各家学说对地主阶级有用的部分都采取，前已言及。而其中最突出的，是用儒家的教条，结合阴阳五行的道理，来说天变灾异。说天变灾异，是今文家学说的中心，不管他们是根据那一种经书，《诗》《书》《易》《礼》《春秋》，不管那一种都好，而都是以阴阳五行、天变灾异来做解释。这种古怪的学说，为什么产生的呢？他们的意思很明白，是拿阴阳五行、天变灾异这种"法术"做武器，来吓唬劳动人民，以维持地主阶级的统治。他们把儒家的道德一律都硬性化了，以为是自然界的组成部分之一，是天地间阴阳五行(金、木、水、火、土)各种元素配合成的,正和日月、星辰、风云、雷雨一样,都不是人为的。因为如此,所以必须跟着儒家的一切道理做,如有违背,就是违犯了天地的组织,必然要引起天变灾异,如日食月食、大风大雨、天旱雨潦、山崩地裂以及母鸡变成雄鸡、冬天桃树开花等等。凡遇这些现象,就必然是做错了事,以致阴阳不和,才发生这些灾异。今文家法术的可贵,就是善说灾异,他们能从天变灾异研究出是什么事情做错了,教人赶快改正,如不改正,就要出更大的乱子。今文家的本领就是如此,今文家的学说就是如此。

不过今文家的这种学说,一方面固然是吓唬劳动人民,一方面也是吓唬专制君主。吓唬劳动人民,是要使劳动人民都遵守"三纲五常"的道理,要知"君臣父子之义,皆取诸阴阳之道","仁义制度之数,尽取之天"①,所以必须服从。而吓唬专制君主,是要君主必须听大臣的话,不要专断独行,对人民要爱护,不要乱作威福。事实上专制君主的行动,较任何一个普通人影响更大,所以天变灾异,绝大部分都是君主及其政府的错误行为引起来的,因此必须密切注意政府的行为,经常分析某种灾异和政府措施的关系。汉武帝时著名的今文家大师董仲舒说的很明白:"凡灾异之本,尽生于国家之失。国家之失乃始萌芽,而天出灾害以谴告之;谴告之而不知变,乃见怪异以惊骇之;惊骇之尚不知畏恐,其殃咎乃至。"②他又说:"刑罚不中,则生邪气,邪气积于下,怨恶畜于上,上下不和,则阴阳缪盭,而妖孽生矣。"③可见天变灾异,实多由政治上的错误而起。而某种错误能引起某种灾异,亦有具体规定。如"弃法律,逐功臣,杀太子,以妾为妻,则火不炎上","火不炎上"就是说要发生火灾。又如"简宗庙不祷祠,废祭祀,逆天时,则水不润下",即是说要发生水灾。又如"貌之不恭,是谓不肃,厥罚恒雨……时则有鸡祸(如雌鸡变雄之类),时则有下体生上之痾"(如牛足生于背上之类,痾谓疾病)。所谓"貌之不恭",是指君主对臣下无礼貌时,就要发生这些灾异。又如"言之不从,是谓不艾,厥罚恒阳……时则有犬祸,时则有口舌之痾"。"言之不从",谓君主不听臣下的意见。又如"视之不明,是谓不悊,厥罚恒奥(意谓温度必过高太热),厥极疾(即常生病),时则有犬祸,时则有口痾"。"听之不聪,是谓不谋,厥罚恒塞……时则有豕祸,时则有耳痾"等等④。像如这些规定甚多,而且引经据典,都有证据来证明确有必然的关系。

像如这种学说,说穿了,实系今文家搞的把戏。他们拿这种天变灾异来威吓专制君主,使他不要不听话,不要不礼貌,不要弃法律、逐功臣,不要逆天时等等,总而言之,要规规矩矩的,作地主阶级的傀儡。按今文家的理论,君主是必要的,然而君主有特定的任务,董仲舒说:"天生民性,有善质而未能善,于是为之立王以善之,此天意也。民受未能善之性于天,而退受成性之教于王,王承天意以成民之性为任者也。"⑤这就是君主的任务。君主的这种任务,不是初创的,而是周代"封建共主"周天子的任务。地主阶级就是需要像如周天子那样的君主,只有个"共主"的名义,而一任地主阶级割据,皆自治其领土,天子不直接治理,那才是合天意的君主。反是,像如秦、汉以来的专制君主,就不是合天意的,他们什么事都要管理,他们要统一治理,一切都要由君主专制,这就不合地主阶级的胃口。所以地主阶级的知识分子——今文家,才创出这种阴阳五行、天变灾异的学说,要设法使君主就范,否则"灾异之本,尽生于国家之失",凡日食月食,大风大雨,以至牛足生于背上之类,都要专制君主负责任。这样一来,胆小的专制君主,就不敢不听大臣们的话,只好乖乖的;但胆大一些的君主却不在乎,比方汉武帝就不在乎这些,如桑弘羊施行均输平准时,适有小旱,武帝令百官求雨,兼营牧畜业的大地主卜式就气愤愤的说,"烹弘羊,天乃雨"。这就是说,天旱是桑弘羊与民争利引起来的灾异,把桑弘羊在开水锅里煮死,以谢天地,才能下雨,但汉武帝并未照办。又如汉宣帝也不怕这些,宣帝用耿寿昌兴办各种事业,如改良漕运,设常平仓,设"海租"(海租是对海产物抽税)等。当时一个今文家大师萧望之说,"故御史属徐宫,家在东莱,言往年加海租,鱼不出。长老皆言,武帝时县官尝自渔海,鱼不出,后复予民,鱼乃出。夫阴阳之感,物类相应,万事尽然,今寿昌……有动众之功,恐生旱气,民被其灾",因请不要任用耿寿昌,宣帝也不听⑥。正因为汉武帝不听今文家这些鬼话,大力兴办各种事业,而且专门裁抑豪富,因此当然要引起豪富阶级的反对,所以在当时已是"沮事之议不可胜听",武帝以后反对更烈。宣帝初即位,欲尊崇其祖父(即汉武帝),拟立"庙乐",令群臣共议。当时传《尚书》的今文家大师夏侯胜,一般经生称为"大夏侯"的,即反对说,"武帝虽有攘四夷广土斥境之功,然多杀士众,竭民财力,奢泰亡度,天下虚耗,百姓流离,物故者半,蝗虫大起,赤地数千里,或人民相食,畜积至今未复,亡德泽于民,不宜为立庙乐"⑦。

夏侯胜对武帝的反对,那是最轻微的,只是一种普通形式,其最深刻的形式,是简直认为汉代的政治已经要不得,必须改朝换姓。而改朝换姓不是起革命,而是要如儒家所说过的尧、舜禅让的那种方式,选择贤人来禅位。这个意思说穿了,就是应在地主阶级中选择一个最能为地主服务的人,举行禅位典礼,来代替汉室。今文家的这种思想,不仅仅表现在言论上,而且形成一种运动,且在长时期间做这种运动,这实在是专制君主和地主阶级的矛盾中极微妙的一种发展,也是汉代中叶后极可注意的一种事项。

当武帝死后不久,在昭帝时候,这种运动即已开始。据说在昭帝元凤三年,泰山有大石自立,高丈五尺,大四十八围;又昌邑有枯社木卧复生;又皇帝的花园上林苑中有大柳树,原已断枯卧地,现亦自立生。因为有这些怪事项,当时有董仲舒的一个大弟子名眭孟,他推《春秋》之意,以为"石、柳皆阴类,下民之象,泰山者岱宗之岳,王者易姓告代之处。今大石自立,僵柳复起,非人力所为,此当有从匹夫为天子者"。因为说曰,"先师董仲舒有言,虽有继体守文之君,不害圣人之受命。汉家尧后,有传国之运。汉帝宜谁差("谁差"即访问的意思)天下,求索贤人,禅以帝位,而退自封百里,如殷、周二王后"。睢孟将意见写好后,就作为正式建议,托人送交政府。那时昭帝年幼,霍光秉政,认为是妖言惑众,将有关的人一齐斩首⑧。睢孟是做这种运动的第一个牺牲者。睢孟的老师是董仲舒,因此我们不能不注意董仲舒这个人,董仲舒大约是做这种运动的领袖。董仲舒在武帝时极不得意,有一次因说灾异,他的另一个弟子吕步舒,不知系其师所说,以为大愚,遂被下吏,几死,以后再不敢复言灾异。董仲舒虽反对土地的兼并,而主张"限民名田"(引见前章),但他绝对不是小生产者的平均主义,而是主张领主地主时代的农奴制度。他以为应"使富者足以示贵而不至于骄,贫者足以养生而不至于忧,以此为度而调均之"。又说,"故明圣者,象天所为,为制度,使诸有大俸禄,亦皆不得兼小利,与民争利业,此天理也"⑨。是他的思想,显然是以领主做统治,而施小惠于民,使不至无以为生。这种政治是孟子的"仁政",和专制君主的政治不合;尤其他以为官吏有了大俸禄就够了,不要与民争利业,这和武帝的政治更不合。因此他在武帝时不得意,他对武帝的政治当然也不满意,所以就传授给弟子们以汉家尧后应禅位的学说。

当时这种思想流布很广,并没有因为睢孟的牺牲而中止。宣帝时另一儒者盖宽饶,又以皇帝信任宦官为出发点,奏封事说:"方今圣道浸废,儒术不行,以刑余为周、召,以法律为《诗》《书》。又引《韩氏易传》,言五帝官天下,三王家天下,家以传子,官以传贤,若四时之运,功成者去,不得其人则不居其位。"⑩这话说的很露骨,简直要宣帝立刻退位。宣帝把他下吏案问,宽饶自杀。同时又有一个路温舒,也是学《公羊春秋》的,据说从他的祖父学过历数、天文,以为"汉厄三七之间",就是说汉代只能维持三七二百一十年,逃不过这个大限⑪。及成帝时,又有一个著名的今文家谷永,更强调这种说法,经常上书成帝,说汉室不能持久:"陛下承八世之功业,当阳数之标季,涉三七之节纪,遭无妄之卦运,直百六之灾阸,三难异科,杂焉同会……兵乱作矣,厥期不久!"又说:"白气起东方,贱人将兴之表也;黄浊冒京师,王道微绝之应也。夫贱人当起,而京师道微,二者已丑。"就是说这两样已结合起来,快要实现了。谷永断定汉室快要灭亡,所以说的更大胆,有一次上书说:"臣闻天生蒸民,不能相治,为立王者以统理之。方制海内非为天子,列土封疆非为诸侯,皆以为民也。垂三统,列三正,去无道,开有德,不私一姓,明天下乃天下之天下,非一人之天下也。"⑫这些话如果不问说话的是什么人,那就是很有道理的话了。

成帝时,汉代应当灭亡的命运似乎已被断定,当时做这种准备的人已经很多,如齐人甘忠可造《天官历》《包元太平经》十二卷,"以言汉家逢天地之大终,当更受命于天,天帝使真人赤精子,下教我此道"。甘忠可把这些说法传给夏贺良、丁广世、郭昌等人,后事发觉,甘忠可下狱死,而夏贺良等仍秘密传授。及哀帝立后,因久病,夏贺良等得到另一个说灾异的大师李寻的介绍,遂引起哀帝的信仰,以为"汉历中衰,当更受命",乃将建平二年(公元前五年)改为太初元年,也不称汉帝了,改号曰陈圣刘太平皇帝,以为如此可以符合更受天命之意。不料改号后,其疾自若,其他方面也并未见效,乃又后悔,把夏贺良等皆诛死⑬。

以上是汉武帝以后反对汉室的种种活动。这些事不可以为是荒唐迷信之谈,就不加理会。其实汉代整个地主阶级的学说,即今文家的学说,都是荒唐的,这是说明当时落后的地主阶级,就拿不出高明的东西来。他们的说法虽荒唐,但是代表他们的企图和思想,而且这些活动,直接促成了"王莽篡汉"事件。从成帝时起,所有今文家的大师,一方面反对汉室,一方面都依附了外戚王氏,王莽事件,实在是以这些反对汉室的活动做压路机的。

二 "元帝改制"。外戚王氏势力的形成。今文家的没落和古文家的出现。裂痕的加深。

推翻汉室的活动,那只是地主阶级的知识分子们的一种活动,这种活动是比较激烈的。另外当时反对武帝以来政治最普遍、最盛行的另一种活动,是改革武帝以来的各种制度、政策,使它基本上恢复了汉初的政治。而最高的理想是要恢复儒家的"礼治",所以武帝时代过后,另外盛行起来的是一种"复古"运动。做这种运动的当然也是今文家,他们的主要政策是:反对法治,提倡礼治,主张复古,限制君主权力,反对统制经济,反对开边用兵等等。这些政策,试和武帝时代相较,恰恰转了一百八十度。他们为实行自己阶级的政策,早已找好一个代理人,就是汉宣帝的宝贝儿子汉元帝。汉元帝在今文家盛行的时代,从小即受今文家的教育,"柔仁好儒",一向即不满意他父亲"以霸王道杂之"的政治。汉宣帝也不满意他这个儿子,曾说"乱我家者,太子也"。汉元帝一即位,不到几年即把武帝时代的政治一齐推翻,附带还把汉初即已施行的迁徙豪富政策也推翻。地主阶级的分子都很高兴,一再称颂"元帝改制"。其实改什么制呢?不过是把汉武帝刚刚振刷起来的国家,改的给衰弱了,而地主阶级却提高了一步,改成势力更大的门阀地主罢了!

首先以主张改革汉制而恢复古代礼治出面的,是宣帝时的王吉。这个王吉,我们已经说过,他是六朝时最大的士族"琅琊王氏"的始祖。他认为当时的官吏都是"俗吏","其务在于期会簿书,断狱听讼而已",他们不能"建万世之长策,举明主于三代之隆"。他引"孔子曰,安上治民,莫善于礼",主张"王者未制礼之时,引先王礼宜于今者而用之",因建议,"臣愿陛下承天心,发大业,与公卿大臣延及儒生,述旧礼,明王制,驱一世之民,跻之仁寿之域"。他的这些建议,显然不合宣帝的口胃,遂"以其言迂阔,不甚宠异也"。王吉只好谢病归[14]。王吉有一事,可以看出这些主张礼治的人们人品如何。

宣帝初，王吉为益州刺史，益州道路险峻，某次王吉因公行至最险峻的"邛崃九折阪"，乃叹曰，"奉先人遗体，奈何数乘此险"，遂谢病归。以王吉这种行为，试和那些被称为"俗吏"的人比较一下，酷吏之一的郅都尝说："已背亲而出，身固当奉职，死节官下，终不顾妻子矣！"王吉和郅都在汉代是代表两个阶层的人物，究竟那一个人品高，是可以一望而知的。

　　王吉固然碰了钉子，但元帝即位以后，他们这些人就得到机会，畅行其志。于是有继续攻击法治的，如大儒匡衡说："今俗吏之治，皆不本礼让，而上克暴，或忮害妤陷人于罪，贪财而慕势，故犯法者众，奸邪不止。"因建议，"臣愚以为宜壹旷然大变其俗"，"任温良之人，退刻薄之吏，显洁白之士，昭无欲之路"⑮。有攻击官卖盐铁及以金钱为币的，如御史大夫贡禹说："古者不以金钱为币，专意于农，故一夫不耕，必有受其饥者。今汉家铸钱，及诸铁官，皆置吏、卒、徒，攻山取铜铁，一岁功十万人以上，中农食七人，是七十万人常受其饥也。凿地数百丈，销阴气之精，地藏空虚，不能含气出云，斩伐林木，亡有时禁，水旱之灾，未必不由此也。"因主张罢铸钱官，不用货币，一以布帛为租税，并禁止商人贩卖等等。贡禹又亟言武帝以来过于奢侈，"齐三服官"作工各数千人，一岁费巨万，"东西织室"亦然（齐三服官及东西织室，皆官立的纺织工厂），武帝又多取好女以填后宫，至数千人，凡此都宜罢去⑯。又有攻击武帝对外用兵的，有一个贾捐之于元帝初上书，盛行称道文帝，而诋毁武帝的对外用兵，说武帝"北却匈奴万里，更起营塞，制南海以为八郡，则天下断狱万数，民赋数百，造盐铁酒榷之利，以佐用度，犹不能足！当此之时，寇贼并起，军旅数发，父战死于前，子斗伤于后，女子乘亭障，孤儿号于道，老母寡妇饮泣巷哭，遥设虚祭，想魂乎万里之外……是皆廓地泰大，征伐不休之故也"。因而建议云："臣愚以为非冠带之国，《禹贡》所及，春秋所治，皆可且无以为（意即都不应与发生关系）。"⑰又有反对汉代的宗庙及祭祀制度，以为不合古礼，宜大行厘定改建，做这种主张的以贡禹、韦玄成、匡衡为主。

在以上诸人的主张下,汉元帝一即位即大行改革,如罢"黄门"乘舆狗马,"水衡"禁囿,"宜春"下苑,令"大官"毋日杀,所具各减半,罢角觝及"上林"宫馆希御幸者,罢齐三服官,罢盐铁官及常平仓,罢武帝所设的珠崖郡,罢迁徙豪富,又省刑罚七十余事等等,一连串进行了许多改革。其中盐铁官罢后,不三年又恢复起来,以后一直到东汉初时罢时复。至罢迁徙豪富,可以说是一个大变动。从汉初到宣帝时每代都迁徙豪富,已迁徙了七代,故汉代有"三选七迁"之说。及汉元帝始不迁徙,他的理由说:"安土重迁,黎民之性,骨肉相附,人情所愿也。顷者有司缘臣子之义,奏徙郡国民以奉园陵,令百姓远弃先祖坟墓,破业失产,亲戚别离,人怀思慕之心,家有不自安之意……今所为初陵者,勿置县邑,使天下咸安土乐业,亡有动摇之心,布告天下,令明知之。"⑱

从以上种种改革表面看来,好像是尽量节约,减少宫廷费用,节省国家开支,并把许多不用的闲田、花园之类,"假与贫民",又为了人民的生活,不经略远方,不迁徙豪富。这些好像都是从人民的利益出发,好像都是正确的。但是如果有人只是这样看问题,那他就未免太容易上当了!不错,节约是必要的,尤其劝皇帝节约,减少宫廷费用,这应当是最必要的。但是请看这些劝的人自己,王吉说的漂亮话最多,最讲礼治,劝元帝示天下以俭,不要奢靡,但他自己呢?其本传说,自王吉至其孙王崇,"禄位弥隆,皆好车马衣服,其自奉养极为鲜明",然又说他们"世名清廉",然又说"天下服其廉,而怪其奢",人多疑王吉能自造黄金云。这就是那些世家大族特有的作风,生活上极端奢侈,却又能"世名清廉",我们简直想像不来,他们究用何术致此!匡衡更漂亮,要"朝廷崇礼,百僚敬让",要元帝"哀闵元元,大自减损"。但他自己呢?他却可以最不敬让,最不减损。他做丞相受封为乐安侯,本来封地是三千一百顷,地方官划界时因错误多划给他四百顷,他明明知道,却故意说是他应封的,结果因此免官。在他们这几个人中,贡禹自称是最穷的,据说原有"家訾不满万钱,有田百三十亩"。这应当不算太穷了,但他说"妻子糠豆不赡,短褐不完"。这话能不能相信呢?后来官做大了,才满意了,"家日以益富,身日以益贵"。我们要知道,汉代那些地主阶级的知识分子,尤其在西汉末年,都是些最虚伪不过的人。他们明明极卑鄙,极贪污,而却都是"茂才""廉吏",人人都有"清廉"的高名。这种秘密也不难了解,司马迁已经道破:"渊深而鱼生之,山深而兽往之,人富而仁义附焉。"[20]这是当然的,在地主阶级统治下,劳动人民的财富须给他们,名誉也得给他们。在汉代,是有了好名誉才能中"四科""四行"之选,中选了才能做大官,做了大官才能成为更大的地主。做了地主,就怕政府生事,像如汉武帝那样,对外用兵,修路开渠,因而官卖盐铁,均输平准,向他们豪富地主搜括,这当然是地主阶级最讨厌的。所以他们包围汉元帝,尽量缩减各种国家事业,乘舆狗马、上林宫馆固然应缩减,国家的领土也应弃掉,外族侵略也不应抵抗,当然官卖盐铁、迁徙豪富于他们更不利,更应罢除。唯有这样,国家什么事情也不要做,那地主阶级的土地、奴客,才能越积越多起来。地主阶级的这些用心,我们不去分析,而只从表面上看他们说的天花乱坠,就恭维他们,就和他们一样把一切罪恶都推到专制君主身上,那就是再上当没有的事了。我们要晓得,记载在《汉书》上的这些今文家的漂亮话,对后世的历史影响极坏。人们只从表面上看见他们的话好听,就作为历史教训,世世代代也就是劝君主不要做事,一做事就是"与民争利""穷兵黩武",把国家的事业当成"过光景",只知一味节俭,"恭已正南面而已矣",什么事都不要办最好!中国社会不能发展的原因很多,由《汉书》上记载下来的这些传统意识,也是一种大祸害。

不过,以上这种用心,还只是事实的一面,实际上还有另外一面,就是当时君主政府的财政已极困难,事实上也不得不紧缩。汉武帝搜括来的钱,能不加赋够了他的军费,已经了不起,当然不必希望有节余。昭帝、宣帝间安静了几十年,那只是给豪富地主阶级复苏的机会,地主阶级一发展,纳税的人势必减少,中央的财政必然要困难,这是君主专制国家铁的法则。试看元帝对博士弟子,本打算"毋置员,以广学者"(毋置员即是不限名额),但是终因复除者太多,用度不足,只得又限制为千人。在这种情形下,当然非紧缩不可,尤其地主阶级,必须作这种主张,因为不紧缩,可能又搜括到豪富头上,而国家紧缩了,却是地主阶级发展的机会。这种用心,自然又是和前一种用心分不开的。

今文家的大师们对汉武帝的政治一切都反对,当然对外戚、宦官的任用也是反对的,从元帝到成帝间,因反对外戚、宦官牺牲的人也很有几个。宦官终被反对下去,成帝即位,罢中书宦官,专用尚书士人,且将尚书官制扩大(详下章)。但外戚不惟没有反对掉,而且势力更扩大起来。成帝即位后,以其母舅王凤为大司马大将军辅政,其弟王谭、王商、王立、王根、王逢时五人,同日封侯,世谓之"五侯"。王凤以后,王音、王商、王根及其侄子王莽又相继为大司马辅政,终成帝一世,政权皆在王氏手中,王氏一门势倾朝野。于是武帝以来为日已久的外戚政权,到成帝时更形成外戚王氏的政权了。

时势既已如此,那些本来反对外戚的今文家大师们,非常现实,一转身都去依附王氏,而且愈是大师,愈转的快。比方有一个张禹,是汉成帝的师傅,是著名的经师,后世念的《论语》,据说就是他传下来的,成帝时久为丞相,极受优礼。那时常有日蚀、地震,吏民多上书言灾异之应,多归咎于王凤专政所致。因为说的人很多,汉成帝也颇疑心,乃于一天特地到张禹家中,将吏民攻击王氏的事给他看。这时张禹如果稍为附和几句,王氏也许失势,但张禹的态度怎样呢?本传说"禹自见年老子孙弱,又与曲阳侯(即王根)不平,恐为所怨",乃极力替王氏解释,并且说"新学小生,乱道误人,宜无信用"。"上雅信爱禹,由此不疑王氏"。于是王氏子弟闻之,皆亲就禹,张禹的儿子们遂官至九卿了。又如前文所举善说灾异的谷永,他能说"天下乃天下之天下,非一人之天下"这样有道理的话,但他却看出王凤"方见柄用,阴欲自托",早已和王凤拉拢,常常上书替王凤解释,王凤很感激他,擢为光禄大夫。像如这种人很多。又如孔光,是孔子十四世孙,更是吃经师饭的,他在成帝、哀帝、平帝三世皆为丞相,位望极隆,平帝时王莽专政,每欲做坏事,都先令孔光提议,光奉命唯谨,因而做太师很久。

西汉末年,今文家的大师们,不惟堕落到都做了外戚的走狗,而且他们那种学说,也愈来愈荒谬,灾异也不说了,专说"符瑞",歌颂王莽功德。又造所谓"谶纬",故为隐语,预说吉凶,经书也不念了,专念纬书(当时以经为外学,纬为内学,学经须先学纬书)。这种种事实,都说明一个问题,就是地主阶级的知识分子,到了西汉末年,都没落了。他们为了自己的权势、禄位,都背叛了自己的阶级——地主阶级,而和他们向来反对的外戚勾结,以达到升官发财的目的。知识分子的这种行为,不论他们代表那一个阶级,都是极卑鄙、极无耻的。历史上凡到了这种时候,统治阶级(地主阶级)必然要选择另外一批知识分子来为他们服务。西汉末年的地主阶级,就是在这种要求下,产生一种新学说和一批新的知识分子,称为"古文家"。

这种古文家的学说,和今文家没有根本的区别,只是有彻底的修改。古文家也是依据儒家的经书,不过他们的版本和今文家的不同。古文家的经书据说都是秦代以前,即是文字未改革以前,用春秋、战国间的文字书写的经书。这种古文经书,据说在景帝、武帝间已陆续发现,和今文家由其先师用汉代通用文字写下来的经书,在篇数和文字方面多有不同。当时今文家正在兴盛的时候,也是正在能符合地主阶级需要的时候,认为那些古文经书都靠不住,是伪造的,都不承认,于是被搁起来,无人理会。及成帝间,先后用刘向及其子刘歆整理政府所收藏的各种书籍,刘歆发现了那些古文经书,非常爱好,就建议政府也设立古文经书的博士,和今文经书同样教授弟子。这个建议引起今文家大师们的激烈反对,甚至有人大怒,刘歆惧诛,暂时不敢再提。这样好像古文经书没有抬出来,然而事实上并不然。刘歆建议设立古文经书博士,不过是事实的暴露,其实事实早已存在。那时古文经书并不仅政府收藏的有,民间流传的还很多,据《汉书·儒林传》所载,古文经书的《费直易》《古文尚书》《毛诗》《左传》等,在西汉皆一直有传授,只是没有立于学官而已。古文经书和今文的不同处,实不仅仅版本问题,而是思想问题。古文家的特点是完全不用阴阳五行、天变灾异的说法,而是从实际上阐明儒家的道理,提倡实行儒家的道德。试看西汉中叶以后,许多世家大族都是以孝悌、勤俭、谦让为尚,这是地主阶级维持其私有财产,即保持家业,最合适的道德。西汉中叶以后,那种椎埋、攻剽、横行霸道的豪强地主,固然还有,但是一般已感觉到那种过于露骨的行为,非长久之法,所以要提倡采用"儒术"。今文家的兴起原是为了此种需要,而在今文家过于偏重灾异以后,已嫌荒唐,若流于"谶纬",以至做外戚的走狗等等,都显然不合地主阶级的需要,所以比较朴素的古文家,原在社会上有一定范围的传布,所以就代之而兴。刘歆的建议,只是这种趋势的表面化,事实上在地主阶级中间,早已接近了古文家的意识,他们早已从汉初的豪强地主,慢慢变成重礼法,重孝悌,具有浓厚绅士风度的门阀地主了。

和古文家出现的同时,西汉末年另有两种新风气,即讲究"名节"与"清高"。这种风气初见于成帝时,据说当时有谷口(谷口在今陕西泾阳县西北)郑子真,蜀郡严君平,皆以此种作风著名。这种作风的具体形象如下。郑子真有高名,大将军王凤以礼聘请他做官,他不诎而终。严君平卖卜于成都市,"与人子言依于孝,与人弟言依于顺,与人臣言依于忠",每日卖卜得百钱,够用即足。哀帝初有龚胜、龚舍二人,都是楚人,皆著名节,人称为"楚两龚"。龚舍无论如何不肯做官,龚胜虽被一再聘请做官,但架子极大,多和其他官吏不合,经常辞官不肯做。同时又有琅琊邴汉,亦系被强迫做官的,及王莽秉政,龚胜与邴汉皆辞官归老乡里。邴汉又有侄子名邴曼云,养志自修,为官只做六百石的小官,一超过六百石,即自免去。同时又有薛方、郭钦、蒋诩、栗融、禽庆、苏章、曹竟、卓茂、孔休、蔡勋等数十人,皆因王莽专政,都辞官归[21]。这类人西汉末年已经很多,其特点是不慕权势,不肯做官,以节操自许,清高自守。以这些人和同时的张禹、谷永、孔光等人比起来,恰好是两极。这类人是不是真正清高,超越一切阶级之外呢?那绝不然,社会上绝没有超阶级的人。这类人大体上都是小生产者,被地主阶级鼓励出来,作为缓和阶级矛盾的工具。在地主阶级发展下,小生产者的经济势必愈趋愈坏,他们在没落途中居然肯安贫乐道,养志自修,这对地主阶级说来,实在是再好没有的态度。把这种人鼓励出来,作为榜样,使贫穷的人都安贫乐道,清高自守,永远也不去探求贫穷的原因,更不要说斗争,这是麻痹被剥削的阶级,消弭斗争情绪最好的药剂。而这些清高之士,事实上被抬举,被恭维,反倒有名有利,落得清高。所以愈是清高,愈是统治阶级的工具,愈是劳动人民的敌人。因清高而不肯做官,保持自己的名节,所谓"不事王侯,高尚其志",这是对政治不合作的态度,这在西汉末年一直到东汉时代,都另有它特别重要的意义。当时地主阶级对君主政府,已完全形成对立的局面,地方政权已渐渐为互为婚姻的少数大地主掌握(地主互为婚姻,结成势力集团,已见前章),统一国家已不是他们所需要的,清高之士的砥砺名节,不肯做官,只是这种裂痕的一种表现。因为事实很明白,如果国家是地主阶级自己的国家,那他们绝对不肯鼓励士人不做官,放弃了自己的政权。西汉末年新起来的这种"士风",绝不是什么好现象,绝没有什么可称道的。那些清高之士,不过是地主阶级的工具,这种工具的大量产生,不过是说明政治和社会的裂痕加深罢了。

当时这种裂痕表现在经济方面的尤其明显,全部社会经济形成两头小、中间大的情况:国家财政极端困难,社会上贫穷人民日增,成帝初郡国到处水灾，全国十分之四以上缴不起田租，而豪富地主阶级却迅速膨胀，鸿嘉二年一下就迁徙了赀五百万以上的豪富地主五千户于昌陵——迁徙豪富本已废止，这算是又恢复了一次。因财政困难，地主阶级的知识分子，一再劝皇帝节省，损膳损乐，减乘舆厩马，省各种园囿，假与贫民，而地主阶级却是豪奢有加。据成帝永始四年的诏书说："方今世俗，奢僭罔极，靡有厌足！公卿列侯，亲属近臣，四方所则，未闻修身遵礼，同心忧国者也。或乃奢侈逸豫，务广第宅，治园池，多畜奴婢，被服绮縠，设钟鼓，备女乐，车服嫁娶，葬埋过制。吏民慕效，浸以成俗。而欲望百姓节俭，家给人足，岂不难哉！"[22]因为这种情况，哀帝时曾有人建议，要对贵族、官僚及地主的田地和奴婢数目加以限制，曾一度规定：诸侯王、公主、吏民名田皆无得过三十顷，诸侯王奴婢二百人，列侯、公主百人，关内侯、吏民三十人，如过此限，皆没入官。当时诏书说："诸侯王、列侯、公主、吏、二千石及豪富民，多蓄奴婢，田宅无限，与民争利，百姓失职，重困不足，其议限列。"[23]这个意思是好的。当时做这样建议的大司马师丹以及附和的丞相孔光、大司空何武等，他们本身都是豪富大地主，其所以做这样建议，实完全出于赋税观点，和董仲舒的提议"限田"又不同。尤其师丹在哀帝时极负责任，他们显然是看到土地、奴婢都为贵族、官僚、地主垄断，"豪富吏民赀数巨万，而贫弱愈困"，贫弱愈困就必然要影响到税收。欲解除这种困难，觉着只有从豪富地主手中争取一部分土地、奴婢，为国家开辟税收和劳动力的来源，所以诏书强调"与民争利，百姓失职"一点，百姓失职就完成不了国家的税收，必使百姓得职才能解除国家的财政困难，所以这种政策是站在君主立场方面的打算。西汉末年就是这样，地主有地主的打算，君主有君主的打算，双方对立的姿态都非常明显。以我们现在看来，就当时的事论当时，那还是君主政府的做法比地主阶级要好点。君主政府希望百姓得职，固然是为了他自己的利益，但他的利益能建筑在百姓得职的基础上，这就是好的，总比地主阶级愈发展，失掉土地的人就愈多,劳动人民愈奴婢化,那比较起来总是好的。这就是秦、汉以降有了统一国家,就无论如何也比地主阶级割据的局面要好一点的地方。不过这种建议当然行不通,正在地主阶级发展将要形成分裂割据的时候,谁还肯让步来限制自己的权力,所以"诏书且须后,遂寝不行"了。

汉哀帝还有一项好政策,就是"除任子令",这和限制名田及奴婢是同时的[24],如果实行,可以取消豪富地主一项政治特权,但当然也是行不通的。废除任子制度,宣帝时王吉也曾建议过,总算是可取的一点。大体上哀帝时的政治和元、成间不同,《汉书·哀帝纪·赞》说,哀帝"欲强主威,以则武、宣",确实有这种意思。但不惟哀帝"飨国不永",即使在位长久,专制君主是无法解决他的矛盾的。

西汉末年许多尖锐的、露骨的矛盾,使得汉代皇帝确实有点支持不下去的样子,各方面抬出个王莽来,要解决问题,请看王莽如何解决。

三 王莽的蛮干。王莽的笑话。恢复汉室的运动。

在西汉末年各方面的矛盾都弄得不可开交的时候,王莽利用这些矛盾,更利用武帝以来一百年中所造成的外戚势力,尤其是成帝以来三十余年中所造成的外戚王氏势力,于公元九年轻轻把汉室推翻,自己做起"新"室的皇帝来了。我们说王莽利用西汉末年各种矛盾,这在事实上很明显,他把武帝以来各种反对汉室专制,企图发展地主权力,或限制地主发展,主张提高君主权力的种种言论、政策及其人物,都搜罗在一起。他从成帝到平帝,"爵位益尊,节操愈谦,散舆马衣裘,振施宾客,家无所余。收赡名士,交结将相卿大夫甚众"[25]。他所收罗的这些人里边,今文家说灾异的、造符命的、主复古礼古制的,古文家反对灾异的,法家诛锄豪强的,以及以名节清高自守的,各色人等,无不应有尽有。这些人也都希望依附王莽,能各达到自己的及其阶级的目的，故都替王莽捧场。结果各家的目的，确实也都达到了。力言汉逢"三七之厄"过不去的，王莽是应了他们的"命"，真的"深惟汉氏三七之厄，赤德气尽……皇天明威……属予以天下"[26]。主复古礼古制的，王莽执行的非常彻底：恢复五等爵位，划天下为万国，把汉代官制都照《书经》《礼记》等书所载改过来，如把大司农改为"羲和"，少府改为"共工"，郡守改为"大尹"等等。古文家的刘歆得意了，身被尊为"国师"，《周礼》《左传》都得立于学官。王莽也能"诛锄豪俊"，尝欲捕杀大侠原涉、漕中叔等人，不过不能捕得罢了[27]！至于那些以名节清高自守之士，他们也做王莽的官，也极受王莽优礼。如琅琊纪逡、齐薛方，太原郇越、郇相，沛郡唐林、唐尊，据说他们都是明经饬行，显名于世，志节甚高，和那些清高之士同传。但纪逡、两唐皆仕王莽封侯，贵重历公卿位，郇相为王莽太子"四友"（四友是王莽时官名，以辅佐太子），一直死官。当时固然也有不做王莽官的，但同样也不做汉室的官，如汉哀帝数征龚舍做官，龚舍因称病笃，终不肯起。周党、王霸在王莽时不做官，然东汉光武征聘，或不肯称臣，或伏而不谒，也不肯做汉光武的官[28]。王莽时齐人薛方有高名，莽以安车迎方，方辞谢曰，"尧、舜在上，下有巢、由，今明主方隆唐、虞之德，小臣欲守箕山之节"，莽说其言不强致。这和汉光武优礼周党、严子陵正同。所以他们这些人都是以志节自高，清名自守，原不管汉室、新室。要知一般门阀地主的意识，都是以自己的身家为重，并没有国家观念，后世乃以为他们是反对王莽，而替汉室守节，那完全是错误的。

王莽固然把各色人等都网罗起来，各各与以满意，皆大欢喜，都热烈拥戴王莽做皇帝了。但问题怎样解决呢？摆在王莽面前的，是两头小，中间大，国家财政困难，人民缴纳不起赋税，土地和劳动力绝大部分都被地主阶级掌握了去，"而不佐公家之急"，这该怎么办呢？骗个皇帝做做容易，但要做下去却不容易。据《汉书·地理志》载，王莽篡汉的前夜，汉平帝时是汉代极盛的时候，据说当时人口有五千九百五十九万四千九百七十八人,是西汉人口最盛的时候。历代《地理志》所载户口,事实上是纳税人的户口,如果汉平帝时是汉代纳税人最多的时候,那还有什么困难?殊不知这都是王莽搞的把戏。平帝元始元年,王莽再三以辞让要挟,策为安汉公,先益封三万户不够,再益封二万八千户,王莽才"惶恐"受号,但不受封邑,说是"愿须百姓家给,然后加赏",于是"百姓家给人足,大司徒大司空以闻"㉙。这样就形成汉平帝时的极盛时代。这些户口数目,正和吏民八千余人上书要求加王莽以"宰衡"称号,和四十八万七千五百七十二人上书要求为王莽益封土地的一样,完全没有丝毫可信的价值。事实上是元始二年"郡国大旱、蝗,青州尤甚,民流亡",以及政府派许多官吏,劝告"江湖贼","皆自出,送家在所收事"㉚,这些记载暴露了当时的真正事实。所谓"皆自出,送家在所收事"二语,颜师古注的极好,那是令"江湖贼"等自出,"各送其家人诣本属县邑从赋役耳"。就是说,劝他们不要做"贼",好好回家为国家担任赋役。这是成帝以来灾荒相继,人口流亡,担任国家赋役的人口锐减,形成财政困难的具体写照。王莽要做皇帝,必须解决这种困难。怎样解决呢?没有别的,只是蛮干。

王莽既然网罗了当时所有的今文家、古文家大师们,这些人都是要兴复古礼古制以改革汉制的,这些人自然都把经书背得烂熟,知道"古者设庐井八家,一夫一妇,田百亩,什一而税",一切都复古,这些当然也要复古。于是下令"更名天下田曰王田,奴婢曰私属,皆不得卖买。其男口不盈八,而田过一井者,分余田予九族。邻里乡党故无田,今当受田者如制度。敢有非井田圣制,无法惑众者,'投诸四夷,以御魑魅'。如皇始祖考虞帝故事"。他又以"《周礼》有赊贷,《乐语》有五均"(《乐语》系河间献王所传古书),因设"五均六筦",于长安、洛阳、邯郸、临淄、宛城等五都,各设"五均官",办理平抑物价及贷与人民货币等事。把盐、酒、铁器、名山大泽、钱布铜冶和五均赊贷等六项事业,管制起来,称为"六筦"。这些就是王莽解决问题的办法。这些办法,当然是复古的意识所驱使,要拿这些古代办法解决他的问题。但是一方面锐意复古,一方面要解决问题,结果也不管古代办法的性质如何,也不管现在的问题如何,只是一意照抄古书的记载作为解决,于是古书上的这些办法,和王莽时代的实际情况一接触,立刻抵触起来。因为照他这些办法,必须恢复古代的领主制度,即是必须把那些豪富地主阶级都如所愿,都封为诸侯、大夫,然后再由他们把领地分给农民,"一夫一妇,田百亩",六种物资自然也由诸侯、大夫经营,工商仍旧食官,那才能行。如能这样,那当时的门阀地主、豪富地主,必要更大欢喜,也许要进一步拥护王莽做个周室的封建天王。但是王莽事实上又不是如此。他并不是打算帮助那些地主变成贵族,使他们有更高的发展,而是要解决王莽自己的问题,仅仅是要解决自己财政困难、增加税收的问题。他要把地主所有的土地夺过来,都变成他自己的"王田",奴婢成了他自己的"私属",各种物资也都由他"筦"起来,而使地主一夫一妇,受田百亩。这如何能行?于是王莽的企图,和豪富地主阶级想改革汉制,恢复古礼古制的企图,完全相反,完全抵触。所以王莽的妙策一颁布,全国立刻骚动,"人心思汉"了。

　　王莽的办法,即使最好的解释,也只能说是和秦始皇、汉武帝一样用心,是要裁抑地主阶级,培养小生产者,以造成自己唯一封建大地主的地位。但他除了下一道命令,"名天下田曰王田"以外,并没有秦始皇、汉武帝的种种政策来裁制豪富地主,更没有积极性的政策来培养小生产者。他的办法,无以名之,只可说是"蛮干"而已!

　　王莽不惟蛮干,而且专门制造笑话。因为匈奴不服从他,他把匈奴改成"降奴","单于"改成"服于",这样正和阿Q一样,以为就完全胜利了。那时武帝在朝鲜所置的郡县,元帝、成帝间已渐渐有朝鲜民族自己建立的高句骊、百济、新罗三个小国兴起,百济、新罗在朝鲜南部,高句骊在朝鲜北部。王莽时欲发高句骊兵伐匈奴,高句骊人不愿行,王莽大怒,改其名为"下句骊"。其他西域和"西南夷"

也都发生冲突。这样不惟断绝了工商业者的国外市场,而且经常有边兵二十余万,增加了他自己的困难。他做皇帝不到三年,反对他的兵已纷纷起事,但他的野心却比秦始皇更大,令太史推三万六千岁历,以为"身当尽此度"。但居然也能挨延了十五年,到公元二十三年,兴复汉室的各路兵已包围长安,莽忧惧不知所出,其臣大司空崔发建议曰:"《周礼》及《春秋左氏》,国有大灾,则哭以厌之。故《易》称先号咷而后笑,宜呼嗟告天以求救。"于是莽乃率群臣至南郊(祀天的地方),搏心大哭。又雇诸生小民五千余人会,旦夕哭。专设餐饭,以供哭者。大约哭了没有几天,长安城内兵起,一个商人杜吴杀莽(一说为东海人公宾所杀)。

王莽就是这样一个人物!近来我们的历史书中,很多人称道王莽是"社会改革家"。这算什么"社会改革家"?神经病家罢了!

王莽时候起兵的,大率分两类,一类欲恢复汉室,一类企图割据。其中赤眉、绿林两支原为纯粹劳动人民,而为恢复汉室者所利用。赤眉初起于今山东莒县一带,当王莽天凤二、三年。间山东及江苏一带大饥,贫穷人多起义,以琅琊人樊崇为首,初起时不过百余人,不一年即众至万余人。因与王莽兵战,欲与分别,朱其眉,故号赤眉。稍后,今湖北一带亦遭饥馑,新市(今湖北京山县)人王匡、王凤,与诸亡命马武、王常等亦起,聚于绿林山(今湖北当阳县)中,因号绿林,不数年众至五万余人。及王莽地皇三年,因遭疾疫,绿林分散,王匡、王凤、马武等号新市兵,王常、成丹等号下江兵,陈牧、廖湛等号平林军,皆称将军,攻入河南。于是河南南阳一带的大地主汉代宗室刘縯、刘秀弟兄亦起兵相应,于地皇四年(公元二三年),共立刘縯等族兄刘玄为帝,因刘玄前为"更始将军",故号更始。更始既立,各地皆以为汉已复兴,皆起兵响应。是年九月,长安暴动者纷起,王莽被杀,更始攻下洛阳后即入据长安。其时赤眉兵亦从山东经河南入武关,立刘氏另一宗室刘盆子为帝,称建世元年,进攻长安,更始不敌,乃降于赤眉。

在此期间,各地官僚、地主乘机起兵割据的甚多,如今安徽庐江县一带为一县令李宪所据,称淮南王,后亦称天子。今河南、湖北间为秦丰所据,称楚黎王。今河南、安徽间为刘氏另一宗室刘永所据,初称梁王,后亦为天子。公元二五年,原属更始的刘秀,因经略河北,亦即位称帝,国仍号汉。同时今四川为公孙述所据,亦称天子,号成宗。今山西及陕西北部为卢芳所据,初称西平王,后亦称帝。今甘肃东部为隗嚣所据,称西州上将军。今甘肃西部为窦融所据,称河西大将军。其他较小的还有数起。及后赤眉一支,先为刘秀所并,河北、河南、山东间形成刘秀的基本势力,遂逐渐并吞其他割据者,才把王莽末年分裂割据的局面重新统一。刘秀定都于洛阳,是为东汉光武帝。

自西汉末年以来,许多矛盾不得解决,引起王莽的纷扰,更增加了许多纠纷。现在刘秀要来收拾这种局面,他又有什么办法呢?请看下文。

【注释】

① 见董仲舒《春秋繁露·基数篇》。
② 见董仲舒《春秋繁露·必仁且智篇》。
③ 见《汉书·董仲舒传》。
④ 以上皆见《汉书·五行志》。
⑤ 见董仲舒《春秋繁露·深察名号篇》。
⑥ 见《汉书·食货志》。
⑦ 见《汉书·夏侯胜传》。
⑧ 见《汉书·眭孟传》。
⑨ 见董仲舒《春秋繁露·度制篇》。
⑩ 见《汉书·盖宽饶传》。
⑪ 见《汉书·路温舒传》。
⑫ 见《汉书·谷永传》。
⑬ 见《汉书·哀帝纪》及《李寻传》。
⑭ 见《汉书·王吉传》。
⑮ 见《汉书·匡衡传》。

⑯ 见《汉书·贡禹传》。
⑰ 见《汉书·贾捐之传》。
⑲ 见《汉书·元帝纪》。
⑳ 见《史记·货殖传》。
㉑ 以上皆见《汉书·王贡两龚鲍宣传》。
㉒ 见《汉书·成帝纪》。
㉓ 见《汉书·哀帝纪》及《食货志》。
㉔ 见《汉书·哀帝纪》。
㉕㉖ 皆见《汉书·王莽传》。
㉗ 见《汉书·两龚传》。
㉘ 见《后汉书·逸民传》。
㉙ 见《汉书·王莽传》。
㉚ 见《汉书·平帝纪》。

第十二章 东汉初年的一些设施和地方权力的扩大

——光武帝、明帝、章帝三世情况

（公元二五—八八年）

一 汉光武裁抑豪族。"度田"的乱事。解放奴婢，救济贫民。

以豪族大地主兼刘氏后裔而推翻王莽的刘秀，做皇帝后，把王莽末年起义的"群雄"都并吞了，恢复了汉代的称号，只是把都城从长安迁到洛阳，所以这一时期称为东汉或后汉。

王莽末年起义的诸人中，刘秀这一集团是代表豪族大地主的集团，最为明显。刘秀本人是一个恶霸地主，已见前述。和他同时起兵的他的姊夫邓晨，"世吏二千石"。他的岳父郭昌是真定著姓，"有田宅财产数百万"。他的另一岳家阴氏，自前汉宣帝以来一直是巨富，"田有七百余顷，舆马仆隶比于邦君"。其他有"世以货殖著姓"、"为闾里雄"的李通；有"世为著姓"的寇恂；有"家富给"的祭遵；有"家累千金"的王丹；有以牧畜业起家，"遂役属数百家"宾客的马援；有"率宗族宾客聚兵数千人"以迎刘秀的刘植；有"巨鹿大姓"，"率宗族宾客二千余人"迎刘秀的耿纯。诸如此类甚多①。

但这一豪族地主集团的头目刘秀做皇帝后，却和同样是豪族地主集团头目的刘邦不同。刘邦,如前所述,是以培植豪富地主的势力为政,而刘秀却是以裁抑豪富地主为政。在这里,最可看出历史必须具体分析,而不能按公式叙述。其所以形成刘秀和刘邦的不同,事理很明白:刘邦时代,统一政权和割据政权的矛盾未显著,当时是以秦始皇、李斯裁抑地主的政治为暴虐,故在"与民休息"的口号下,不知不觉培植了地主阶级。而在刘秀时代,上承西汉末年"两头小,中间大"的社会情况,诚如韩非所说,"无令而擅为,耗国以便家"的豪族大地主太多,劳动人民日益穷困,大都流为豪族著姓的奴婢、徒附,国家的纳税人减少,政府的财政极端困难,王莽欲解决这些问题,没有解决了,刘秀自己虽是大地主,但他做皇帝后,面对现实,什么东西威胁着他的政权,那能看不清楚。所以大地主刘秀,在变成光武帝以后,却不得不进行裁抑自己本阶级——豪族地主阶级的政策,来维持自己新的统一政权。不过汉光武所施行的这种政策,并不高明,尚远没有秦始皇、汉武帝的有效。因为,就本质上说,要维持统一政权,必须促进工商业,纵然不是有意的,至少在无意间要有几项暗合了这种规律。但汉光武所施行的,却是单纯从权力观点、税收观点出发,与工商业无关。所以其结果,并没有从根本上削弱了豪族地主的势力,反倒刺激豪族地主进一步造成坚强的封建堡垒,以与统一政府对抗。结果东汉政府一筹莫展,只有依托自以为最可信任的外戚、宦官来维持其统治,于是愈演愈糟,终于实现了豪族地主割据的局面。

汉光武所施行的政策,不外三项:其一,清丈田地,要从豪族地主手中找出隐没租税的土地,以开辟税源;其二,大量解放奴婢并救济贫民,以增加为国家劳动的人民,也就是向豪族地主争取劳动力,减少庇荫在豪族地主手下,专为豪族地主服务的人口,使其为皇帝自己,即是以唯一封建大地主自居的皇帝服务;第三,裁制臣下,大权独揽,以防止地主阶级的代言人士大夫们篡夺其权力。这第三项,虽然是专制君主经常的手法,但汉光武所建立的"尚书"官制,有很大的进步性,成了后世通用的官制。

关于清丈田地,当时称为"度田",这在西汉时代没有施行过,它比王莽那种"更名天下田曰王田"的蛮干做法较为正规,用意却是一样的。此事施行于建武十五年,据《后汉书·刘隆传》说,"是时天下垦田多不以实,又户口年纪,互有增减,十五年诏下州郡检核其事"。又据《光武纪》建武十五年,"诏下州郡检核垦田顷亩,及户口年纪"。这个意思很明白,就是因为田地的亩数不确实,田税多隐匿,户口也不确实,把应当担负徭役、算赋的年纪,有意增减,使国家的收入减少,因此"检核其事"。做这种隐匿、偷漏税收勾当的,当然是豪族大地主,他们与地方官吏勾结,无法核实,所以在十五年的诏书中,同时要"考实二千石长吏阿枉不平者",但"刺史太守多不平均,或优饶豪右,侵刻羸弱,百姓嗟怨,遮道号呼"。《刘隆传》载有当时最明白的一件事例,据谓:"时诸郡各遣使奏事,帝见陈留吏牍上有书,视之,云:'颍川、弘农可问,河南、南阳不可问。'帝诘吏由,趣,吏不肯服,抵言于长寿街上得之。帝怒。时显宗(即明帝)为东海公,年十二,在幄后言曰:'吏受郡勑,当欲以垦田相方耳!'帝曰:'即如此,何故言河南、南阳不可问?'对曰:'河南帝城多近臣,南阳帝乡多近亲,田宅踰制,不可为准。'帝令虎贲将诘问吏,吏乃实首服,如显宗对。"这就说明当时在检核田亩中,官吏对豪族大姓的田地,并不检核,而却乘机"侵刻羸弱"。《光武纪》注引《东观汉纪》也说,"刺史太守多为诈巧,不务实核,苟以度田为名,聚人田中,并度庐屋里落,聚人遮道啼呼"。但当时汉光武似乎是下了决心要核实的,所以对那些"优饶豪右"、检核不实的官吏,大行诛戮。《光武纪》说,十六年秋九月,"河南尹张伋,及诸郡守十余人,坐度田不实,皆下狱死"。这样一来,地方官吏似乎不得不认真度田了,结果引起大乱。《光武纪》说,"郡国大姓,及兵长群盗,处处并起,攻劫在所,害杀长吏。郡县追讨,到则解散,去复屯结,青、徐、幽、冀四州尤甚"。这种乱事,很明白是"郡国大姓"因反抗度田,起而作乱,其中被侵刻的羸弱,当然也乘机暴动。这次乱事,据说不久平定,"遣使者下郡国,听群盗自相纠摘","于是更相追捕,贼并解散"。乱事固然结束,度田一事也无下文,大约因"郡国大姓"这末一反抗,度田也只好不了了之。当时究竟检核出多少税收来,就无法知道了。不过不论结果怎样,这事充分暴露了当时政治、社会上不能解决的矛盾。

同时,汉光武也采用了汉武帝的做法,任用酷吏,以裁抑豪族的势力。其中著名的,如董宣,初为北海相,因大姓公孙丹为吏杀人,宣即并其宗族亲党三十余人悉诛之。后为洛阳令,因帝姊湖阳公主的苍头白日杀人,藏匿主家,吏不能得,董宣候其从公主出,径格杀之,并责备公主藏匿之非。湖阳公主诉于光武,光武反赐董宣钱三十万以奖之,"由是搏击豪强,莫不震栗,京师号为卧虎"②。其为人亦极廉洁,卒后,"诏遣使者临视,唯见布被覆尸,妻子对哭,有大麦数斛,敝车一乘",光武伤之曰:"董宣廉洁,死乃知之。"又如樊晔,光武时初为河东都尉,"诛讨大姓马适匡等,盗贼清,吏人畏之"。后为天水太守,"政严猛,好申、韩法,善恶立断,人有犯其禁者,率不生出狱,吏人及羌、胡畏之,道不拾遗"。其政绩,以后官天水的皆不能及③。又如李章,光武初为阳平令,"时赵、魏豪右,往往屯聚,清河大姓赵纲,遂于县界起坞壁,缮甲兵,为在所害"。章到即诱杀之,并击破其坞壁,"吏人遂安"。后为琅邪太守,"时北海、安丘大姓夏长思等反,遂囚太守处兴,而据营陵城。"章闻,即发兵千人,越境击平之④。其他明帝、章帝间有庞参,为汉阳太守,"抑强助弱,以惠政得民"。又有陈龟,为京兆尹,"时三辅强豪之族,多侵枉小民,龟到厉威严,悉平理其怨屈者,郡内大悦"⑤。又有周纡,其为人"性仇猾吏,志除豪贼","奉法疾奸,不事贵戚",如为洛阳令时,"下车先问大姓主名,吏数闾里豪强以对,纡厉声怒曰,本问贵戚,若马、窦等辈,岂能知此卖菜佣乎!于是部吏望风旨,争以激切为事,贵戚局蹐,京师肃清"⑥。

大率东汉初年,光武、明帝、章帝间,略仿前汉武帝、宣帝间政治,企图裁抑豪族。但东汉时豪族地主的势力,比前汉初年又大了多少倍,汉武帝费了许多力气都压制不下去的豪族,东汉初年只这些简单的做法,当然更压制不下去了。

东汉初年另一种措施是解放奴婢和救济贫民。这在前汉时代也常举行,但远没有东汉初年那样频繁,特别是解放奴婢,几乎成了东汉初年政治上的特色。对于这些措施,绝不应只看成是专制君主的假慈悲或温情主义,事实上这是已经微弱了的专制君主,向日益强大的豪族地主争权的表现。在豪族地主发展下,小生产者大量被吞没,大都转为豪族地主的奴婢、徒附,试看东汉初年那些豪族大家,宗族宾客往往数千人,即足说明为地主阶级服务的人口不断膨胀,而为专制君主服务的人口却急剧减少。据皇甫谧《帝王世纪》谓,前汉平帝时人口极盛,"及王莽篡位,续以更始、赤眉之乱,至光武中兴,百姓虚耗,十有二存"⑦。这"百姓虚耗",并不是如皇甫谧的看法,是在"更始、赤眉之乱"中间全都死掉了,当然死亡也是大量的,但更多的数目,是被豪族地主阶级吞噬了去。正确的统计应当是,国家的百姓是虚耗了,而地主阶级的宾客却是增加了。这一趋势所标识的严重事实,就是国家的税收必然愈来愈少,财政必然愈来愈困难。这种情况,前汉末年以来就是如此,到了东汉,自然更甚。解放奴婢干什么呢?是用政治力量,把奴隶待遇提高成普通人民,实即提高成农奴,使为国家服役,这样隶属于豪富大家的奴婢,自然都愿意挣脱奴隶的束缚,投入国家的怀抱。救济贫民干什么呢?是把快要被地主阶级吞噬的人民,与以救济,使为国家生产,以杜绝投入地主阶级的血口。专制君主这些政策的用意,不外如此。在这些政策的背后,本来就不必找寻什么善意的。

所谓解放奴婢,如建武二年,诏民"有嫁妻卖子欲归父母者,恣听之,敢拘执,论如律"。六年"诏王莽时吏人没入为奴婢不应旧法者,皆免为庶人"。七年"诏吏人遭饥乱,及为青、徐贼所略,为奴婢下妻,欲去留者恣听之,敢拘制不还,以卖人法从事"。十三年"诏益州民自八年以来被略为奴婢者,皆一切免为庶民,或依托为人下妻,欲去者姿听之,敢拘留者,比青、徐二州以略人法从事"。十四年又诏"益、凉二州奴婢,自八年以来自讼在所官,一切免为庶民,卖者无还直"。此外又禁止杀戮奴婢,十一年诏"天地之性人为贵,其杀奴婢不得减罪"。又"诏敢炙灼奴婢,论如律,免所炙灼者为庶民"。又"诏除奴婢射伤人弃市律"⑧。凡此皆系提高奴隶待遇,即是解放奴隶。

其救济贫民,如(建武)六年诏曰:"往岁水旱蝗虫为灾,谷价腾跃,人用困乏,朕惟百姓无以自赡,恻然愍之。其命郡国有谷者给禀,高年鳏寡孤独,及笃癃无家属,贫不能自存者如律。二千石勉加循抚,无令失职。"此后又经常以粮食救济贫人,如廿九年赐鳏寡孤独、笃癃贫不能自存者粟,人五斛,卅年又赐人五斛,卅六年又赐人六斛。明帝、章帝间此种救济更多。明帝永平九年"诏郡国以公田赐贫人各有差"。十三年因修汴渠成,诏以"滨渠下田,赋与贫人,无令豪右得固其利"。章帝元和元年"令郡国募人,无田欲徙它界就肥饶者姿听之,到在所赐给公田,为雇耕佣,赁种饷,贳与田器,勿收租五岁,除算三年,其后欲还本乡者勿禁"。除此以外,又令军士屯田,又经常赦免罪犯为民。汉光武的"军士屯田"必系一大政,惜史书未载其详。王船山《读通鉴论》尝疑汉光武收降王莽末年割据诸人的士卒,不下数百万人,此数百万人后来如何安置,史无明文,因谓"所贵乎史者,述往以为来者师也,为史者记载徒繁,而经世之大略不著,后人欲得其得失之枢机以效法之,无由也,则恶用史为"⑨。船山指摘史有阙文诚是,但此事亦非完全无线索可寻。《后汉书·光武纪》建武六年诏曰:"顷者师旅未解,用度不足,故行什一之税,今军士屯田,粮储差积,其令郡国收见田租三十税一,如旧制。"据此,光武初年必行军士屯田,而军士屯田的作用甚大,所以才使"粮储差积",足以恢复三十税一的田租旧制。但此一大事,除此一条外,他处皆无记载,其故当系因《后汉书》本缺志书,而《续汉书》各志又独缺《食货志》所致。但不论怎样，当时军士屯田，必系恢复经济、增加国家税收的一大措施，要无可疑。至于赦免罪犯为民，如建武五年"令中都官、三辅、郡国出系囚，罪非犯殊死，一切勿案，见徒免为庶人"。廿九年又诏"天下系囚，自殊死以下及徒，各减本罪一等，其余赎罪输作各有差"。这种措施，和解放奴婢一样，是令罪犯为民，从事耕作，为国家增加税收。在这中间，有一点极可看出当时财政困难情状的，即是令罪人"赎罪"。此事在光武时尚不多见，而明帝时常常举行，如明帝一即位，即令"天下亡命殊死以下，听得赎论：死罪入缣二十匹，右趾至髡钳城旦舂十匹，完城旦舂至司寇作三匹，其未发觉诏书到先自告者半入赎"。十五年又诏"亡命自殊死以下赎死罪缣四十匹，右趾至髡钳城旦舂十匹，完城旦至司寇五匹，犯罪未发觉诏书到日自告者半入赎"。似此还有数次。

  以上这些措施，用意都很明显，奴婢、罪犯、贫民、军士，凡皇帝力所能支配的，都使从事耕作，为国家的税收劳动。这是地主阶级发展后，土地、人口被大量侵占，小生产者大量破坏，享有特权"而不佐公家之急"的人太多，真正为国家担任赋役的人太少，统一政权发生严重危机的情况下，不得不采取的一些措施。对于这些措施，固然不必找寻什么善意，但却可以看出，统一政府和割据性的地主阶级显然不同。地主阶级兼并土地的结果，使劳动人民愈趋愈坏，只有流为奴婢、罪犯、贫民、军士。而统一政府，在其政权的性质上，却是需要把这批人的生活略予改善，使各有一份小量产业，要"勉加循抚，无令失职"，必须这样，统一政府的剥削才能有着落。这就说明专制君主和地主阶级，虽同样都是封建的剥削者，但专制君主的统一政府，却是多少有点进步性的。这一点进步性，就是秦、汉以来统一国家始终受欢迎，而分裂割据始终被人厌弃的原因。

  于此，另外有个问题，就是西汉时代大量使用奴婢，虽统一政府，也经常在把贫民、罪犯转化为奴婢，以供役使，而东汉初年，却是解放奴婢，赦免罪犯，转化为普通人民，从事生产。这一个转变，非常值得注意。这还不是仅仅因为专制君主所需要的小生产者过于缺乏所致,更不是如一种错误的诊断所说,以为是西汉的奴隶社会,到东汉开始向封建社会转变的征候。而实际上却是雇佣劳动大量发展,已渐渐代替残余的奴隶劳动的结果。雇佣劳动在西汉末年本已更加普遍,如国家的各项工程,汉初皆用奴隶,不闻有雇佣的,但成帝营昌陵,"卒徒工庸以巨万数"⑩,是其间已有很多雇佣工人。平帝时令"女徒已论归家,顾山钱月三百"⑪,意谓女子犯徒刑后,即遣归家,只月出钱三百雇人于山伐木,名曰"顾山"。是汉初的官徒奴隶,到西汉末年亦以雇佣工人代替,及至东汉,雇佣劳动更加发达,凡官私事业,在西汉几全用奴隶的,到东汉都见佣工。如《后汉书·夏馥传》:"入林虑山中,隐匿姓名,为冶家佣,亲突烟炭。"《申屠蟠传》:"家贫佣为漆工。"《班超传》:"为官佣书。"《郭太传》之庚乘,"为诸生佣"。《范式传》之孔嵩,"佣为新野县阿里街卒",而且范式欲使人代嵩,而"嵩以为先佣未竟不肯去",是其佣工似乎已订有一种契约。以上这几项中,冶工、漆工的出现,更是秦、汉间所未见的。至于农业和其他杂役,佣工更形普遍。《光武纪》建武二十二年,因地震,坏房甚多,因诏"吏人死亡或在坏垣毁屋之下,而家羸弱不能收拾者,其以见钱谷取佣为寻求之"。《章帝纪》元和元年,令贫民无田欲徙他界的,"到在所赐给公田,为雇耕佣"。东汉时代雇佣劳动在各方面这样发达起来,残余的奴隶劳动更成了残余,所以东汉政府才大量解放奴婢,解放刑徒,这是东汉的社会较西汉又进了一步的表征。谁说只有地主阶级发展,社会就没有新的发展呢?

二 汉光武的裁抑"三公"。尚书官制的起源。
尚书官制的进步性。地方权力的扩大。

汉光武裁抑豪族地主的势力,表现在另一方面的,是裁抑"三公"。原来秦、汉间丞相、太尉、御史大夫三种官,当时只习惯上称"三公",尚非定制。及武帝,废太尉,更置大司马;成帝改御史大夫为大司空,欲建三公制,旋罢;到哀帝元寿二年,始正式立三公官,改丞相为大司徒,大司马及大司空如旧。汉光武根据旧制,仍立三公官,惟去"大"字,只称司徒、司马、司空⑫。此三公官是百官领袖,也就是地主阶级代言人的领袖,一向权力极重,已见前章。尤其汉光武看见西汉末年以来,大司马权力过重,终于篡汉,所以他统一后,极力裁抑三公权力,而把政权都移到"尚书台"。东汉末年的仲长统说的好:"光武皇帝愠数世之失权,忿强臣之窃命,矫枉过直,政不任下,虽置三公,事归台阁,自此以来,三公之职备员而已。"⑬

什么是"尚书台"呢?即秦、汉间属于"少府"的尚书。自武帝分设"中书",开宦官专政之端,及成帝建始四年罢中书宦者,专用士人,并于"尚书令"下增设尚书员五人,以一人为"尚书仆射",另四人分主"四曹",尚书的组织开始扩大⑭。其四曹:一、常侍曹尚书,主公卿事(蔡质《汉仪》曰,主常侍、黄门、御史事);二、二千石曹尚书,主郡国二千石事(蔡质《汉仪》曰,掌中郎官、水火、盗贼、辞讼、罪眚);三、民曹尚书,主凡吏民上书事(蔡质《汉仪》曰,典缮、治功作、监池苑囿、盗贼事);四、客曹尚书,主外国夷狄事。到光武时,更把四曹扩充为六曹,即分二千石曹为二,又分客曹为"南主客曹"与"北主客曹",共六曹。另外又改常侍曹为"吏曹"。此外又设左右丞各一人,每曹又设侍郎六人,共三十六人,其下又设令史十八人,每曹三人。这六曹尚书,和尚书令、尚书仆射共八人,称为"八座",总称"尚书台"。

据六曹尚书的职务看,所有事务几于无不统理。皇帝把尚书官的机构扩大,把实际政务都交给尚书处理,三公的权力自然大大缩减,这就是皇帝有意疏远三公、裁抑三公的具体表现。因此东汉时代的三公,远没有西汉时代权力大,而且更妙的是,尽量减少三公管理国家事务的权力,而却令他们管理天上的事务。据《后汉书·陈忠传》记,"时三府(即三公)任轻,机事专委尚书,而灾眚变咎,辄切免公台"。这就是说,机密重务,不要三公过问,"专委尚书",而有天变灾异，却要三公负责，引咎免官。明帝永平十三年"冬十月壬辰晦，日有食之，三公免冠自劾"，这是三公对日食表示负责的开始[15]。安帝永初元年，以灾异屡见，策免太尉徐防，隔一日又因水雨漂流，策免司空尹勤，这是以灾异策免三公的开始[16]。以后史不绝书。本来西汉时代，三公亦以燮理阴阳为己任，如陈平对汉文帝说，"宰相者上佐天子理阴阳，顺四时"[17]。宣帝时的丞相丙吉，亦谓三公以"调和阴阳"为职[18]。但西汉时代的三公，权力甚大，天上地下无不管理，有了灾异，实际上是要君主负责，正如董仲舒所说，"灾异之本，尽生于国家之失"，凡遇灾异，都是指摘君主的过失，君主亦多下诏表示改悔。但东汉时代，有了灾异，臣子归罪君主的却很少，君主却名正言顺拿灾异来策免三公。这是一个很有意味的变化，是表示着君主及其大臣们——地主阶级的代言人们，互相玩弄意识，企图劾治对方。这不是别的，是活生生的斗争。

由西汉到东汉，尚书代替了三公以后，尚书官制仍然继续扩大，六朝时代分设多至三十六曹[19]，不管宰相名义为何，尚书官始终掌握着实际政权，到隋、唐时代遂确定了"六部尚书制"，一直沿用到清代，始终是宰相机关。为什么尚书官制就能代替了秦、汉间的三公制度呢？这不是仅仅皇帝个人的好恶问题，纵然皇帝的权力甚大，至多也不过决定某一时期的一些个别问题，绝不能决定普遍千余年中的共同制度。尚书官制所以能够扩大和发展，实在是因为这种官制有它的进步性，它比三公官制为优，符合了秦、汉以降日益发展的社会的要求。试看三公制下九卿的分职，几乎完全是办理君主及其家族的私人事务，而尚书官的分职，一开始就是办理国家公共事务的。秦、汉间九卿的职务，如我们所熟知，"太常"掌宗庙礼仪，"郎中令"掌宫殿掖门户，"卫尉"掌宫门卫屯兵，"太仆"掌舆马，"廷尉"掌刑辟，"宗正"掌亲属，"大司农"掌谷货，"少府"掌山海池泽之税，以给供养，"典客"掌归义蛮夷。此九卿，除"廷尉"近于后世的刑部尚书，"典客"仿佛近世的外交部，"大司农"亦可视作财政部，都勉强可算作公共事务外，其余六卿，就完全是君主个人的私事或家事，于国家公务无关。以国家的政府机关，专办君主的私人事务，这并不足为奇，这是秦、汉以前贵族政治下，"家""国"不分的遗制。但秦、汉以降，国家社会的公共事务日益发达，也日益复杂，专门供应君主个人的机构，势必办理不过来，必须把君主的事务和国家的事务分开来处理，所以新的尚书官制就应运而生。尚书官汉人一向认为系"政本所在"，其最初虽也是少府属官，也只是为君主奔走，收发章奏，草拟诏敕。然其性质究有不同，究竟和专管君主宗庙祭祝的"太常"、专管舆马的"太仆"、专管宗族的"宗正"等等究有不同，也和太医、太官、御府（主膳食）、宦者（主天子衣服）等等其他少府属官不同。尚书的收发章奏、草拟诏敕，一开始就接触到公共事务，也接触到国家的机密要事。及成帝后分曹办事，如前所述，常侍曹主要是办理官吏的升迁考核等事，近于后世的"吏部"，汉光武已改其名为"吏曹"。二千石曹办理水火、盗贼、辞讼等事，近于后世的"兵部""刑部"。民曹办理典缮、治功作、监池苑囿等事，近于后世的"工部"。客曹主外国夷狄事，等于近世的外交部。是尚书官所处理的，与九卿的职掌迥然不同，也和那些以"调和阴阳"自任的三公不同，尚书所处理的都是国家社会日益发展以后各项公共的事务。它的本来性质上就较进步，所以能代替了落后的"三公九卿"制度。由这一项事件，我们可以看出，历史上的重大事变，纵然统治者有他的主观企图，但他们主观企图，必须和客观的需要符合，才能成立，才能发展，否则任何英雄豪杰、圣帝明王的施为，如果和客观的规律或需要相违背，那必然是一事无成的。

但任何剥削的统治阶级，绝不能主动地、意识地符合客观需要，他只是为了自己的统治利益，有些措施偶然符合了客观需要，但必然又会立刻引导到相反的路线上去。汉光武为了自己专制，扩大尚书以裁抑三公；但同时又去扩大地方官权力，以进一步削减三公权力，却弄巧成拙，造成分裂割据的祸根。原来自汉武帝设立十三部刺史,以考察二千石官,其刺史本系委员性质,每年八月由丞相派长史分部出刺,次年初回京奏事,所谓"传车周流,匪有定镇",并非地方一级官吏,地方官仍以郡守二千石为最大。及成帝时,颇有人以为刺史仅六百石官,名位太轻,不足以察二千石长吏,曾一度改为"牧",加其秩亦为二千石,但委员性质仍未变。及光武时,因务欲削减三公权力,嫌刺史为丞相属官,对郡守的考核黜陟,权皆操于丞相,为不便,乃于建武十一年"断州牧自还奏事"[20],即是不令州牧回京奏事,常驻一地,经常管理其所属各郡,这样就把原来的委员性质变成郡守以上的一层实官。其所以如此改变,实质上只是不欲令丞相(司徒)再过问地方事。旧制州牧还京奏事,因其原为丞相所派,故实系向丞相奏事,对郡守的升降黜陟,亦由丞相办理。如今"断州牧自还奏事",即是割断他们和丞相的关系,而直接向皇帝奏事,这就把丞相的权力又大大减轻。所以《朱浮传》说,"旧制州牧奏二千石长吏不任位者,事皆先下三公,三公遣掾吏案验,然后黜退。帝时用明察,不复委任三府,而权归刺举之吏"。这个改变的意义就是如此,它和扩大尚书的机构,用意正同。而且事实上还不止此。汉武帝于丞相下设有"司直",掌佐丞相,助督录诸州,州郡举荐人才,皆由司直秉丞相意旨办理。建武十八年把司直官亦废掉,州郡有所举荐,亦不经丞相,统由尚书掌握。经过这些措施,三公的权力固然削除殆尽,但地方官的权力却大大提高。《马严传》说:"臣伏见方今刺史太守,专州典郡,不务奉事,尽心为国,而司察偏阿,取与自己……"这话还是明帝时候说的,以后愈来愈大,如州、郡自有军队[21],刺史得自行任免郡守二千石官[22],刺史、太守对其属吏自为君臣,几于不属中央[23]。及东汉末年,因黄巾起义,地方纷扰,由刘焉建议复改刺史为州牧,格外加重其权力,以为镇压[24],遂形成州牧割据。地方权力的这样逐步扩大,并不是说全由"断州牧自还奏事"这样制度上的改变就能造成,事实上是这种改变正切合了豪族地主阶级割据的局面,因而促成并实现了割据。自西汉末年以来,地方权力本已为豪族大姓把持,汉光武正是惧怕豪族大姓的势力过大,妨碍了他的统一政权,所以才极力裁抑豪强地主,裁抑豪强地主的代言人三公,而大权独揽。"断州牧自还奏事",在他主观上,不过是削减三公权力,由他自己直接处理地方事务。他没有料到,这样一来,恰好使权力比太守大了好几倍的州牧,正好和想要割据的豪强大姓勾结在一起,益发使割据变成现实的。这就是统治者弄巧成拙,他的主观企图和客观形势相违背以后,他不惟不能改造客观,反受客观支配的明显事例。

三　北方民族的变化。豪族发展下民族仇恨的加深。域外交通的发展。

东汉初年,在统一政权和割据政权尖锐的矛盾下,统治阶级既无力对外发展,也无暇对外侵略,所以对外关系东汉初年常采取保守态度,原是停顿着的。但因为两种原因,又不能停顿:一方面豪族地主和官僚经常制造民族仇恨,使少数民族地区无法生活,常起作乱;另一方面,商品生产者为追求更高的利润,不惜冒种种危险,向外发展,遂使很远的民族都和中国发生联系,对统治阶级说来是来"朝贡"。因此,在东汉初年我们所看到的政治社会裂痕,已经快要到破裂的时代,而对外关系却是发展着的,较西汉时代又有新的发展。

首先在北方民族匈奴地区,发生了很大的变化。原来匈奴自呼韩邪单于于汉宣帝甘露元年降汉后,和他敌对的郅支骨都侯单于,不久即为汉兵诛死,呼韩邪复将匈奴地区统一,以后呼韩邪的子孙一直和中国和好,及王莽时始再侵扰,至东汉初仍侵扰不绝。光武建武二十四年,因匈奴内部争立,有呼韩邪单于之孙名比的,因不得继位,忿而自立为单于,仍号呼韩邪,复南下降汉,光武令其居于西河美稷[25]。自此匈奴即分为南、北两部,南匈奴常与汉连结,共击北匈奴,北匈奴遂衰。延至章帝末年(章和二年,公元八十八年),北匈奴又迭被其东边的鲜卑民族侵扰,境内又连遭瘟疫及饥蝗,因而大乱,南匈奴遂乘机与汉兵大举攻击北匈奴,北匈奴不敌,率其众西去,不知所往㉖。惟北匈奴虽消灭,但南匈奴亦未恢复其故地,因鲜卑族乘机侵入,尽占北匈奴地,又发展出一个鲜卑帝国。鲜卑本为东胡民族㉗,匈奴盛时居今热河、辽宁间,与其同族乌桓,同役属于匈奴,至是代替匈奴成为北方大族,东汉中叶后,与南匈奴共成为北方严重的外患。

北方民族的这种纠纷,实质上是经济的需要所驱使。那时匈奴地区极端需要中国的缯帛、布匹、铁器和其他货物,而中国亦极需要匈奴的牛马、皮革以及鲜卑的"貂豽鼲子",所谓"皮毛柔蠕,故天下以为名裘"的物品。所以明帝永平六年,北匈奴"数寇边",然实欲求"合市","遣使求和亲"。章帝元和元年,北匈奴"复愿与吏人合市","驱牛马万余头来,与汉贾客交易"。南匈奴降汉后,中国赐缯彩,动辄万匹,且"岁以为常"㉘。可是匈奴的侵扰中国,无非是争取这些货物,其依附中国,亦系依附这些货物,而中国贾客亦必欢迎这种"合市",所以有牛马万余头的交易。但封建的统治者,看不见两国人民间这种需要,平日既不能为有效措施以满足要求,略有纠纷又只知派兵征讨,遂结仇怨,侵扰不已,这是酿成外患的一种根源。

东汉初年酿成的外患,除北方的南匈奴和鲜卑外,更较严重的为西北的氐、羌族。氐、羌族分布于今甘肃、青海、西康一带,其族与古代的姬姓、姜姓氏族实为同族,春秋、战国间称为戎人,从古以来常常迁入黄河流域及今四川境内。及秦、汉统一帝国建立,氐、羌居地为政治区划所不及,始与中国分隔。西汉时氐、羌族尚不盛,初役属于匈奴,汉武帝征匈奴,特设"护羌校尉"统之,以割断其与匈奴的关系。西汉末年至东汉初,其族始渐盛,有先零、封养、牢姐、夕姐、参狼、烧当、烧何、勒姐、吾良、当煎、当阗等部族,不下数十种。这些部族在甘肃、四川边境,多与汉人杂居,经济上尤其依赖中国,但政府官吏与豪族地主任意侵陵,遂致怨叛。诚如《后汉书·西羌传》所说,"诸降羌布在郡县,皆为吏人豪右所徭役,积以愁怨"。又记光武时的著名史学家班彪说,"羌胡被发左衽,而与汉人杂处,习俗既异,言语不通,数为小吏黠人所见侵夺,穷恚无聊,故致反叛。夫蛮夷寇乱,皆为此也"。班彪说"蛮夷寇乱,皆为此也",这是最公允、最合事实的话。因为这种原故,在东汉初,先零、参狼、烧当各羌,迭起作乱,其中尤以烧当羌最盛。烧当羌居今青海东北部,王莽末年,其族长滇良开始强盛。光武中元二年,滇良子滇吾与弟滇岸,结合诸羌,始扰陇西。战争数年,双方杀伤皆极重。明帝永平二年,滇吾势屈投降,其族人多被徙于今甘肃及陕西境内。章帝建初二年,内徙羌人因不堪官吏虐待,滇吾子迷吾等,复结合各族羌人,叛出塞外,肆行侵扰。延至章和元年,迷吾兵败被杀,而其子迷唐,复结合烧何、当煎各种羌,继续侵扰,直扰乱十余年,中间屡降屡叛。至和帝永元十三年,迷唐病卒,势始渐定。但至安帝初,又因官吏及豪族虐使降羌过甚,又欲发羌人征西域,羌人遂又群起作乱,勒姐、当煎、滇零、钟羌诸族,与烧当羌族长麻奴等相结,乱事较前更为扩大。从此直至东汉末年,时起时伏,羌事迄未平定。东汉国力消耗于羌乱的,较匈奴尤甚,计在安帝十余年间,因羌乱用费多至二百四十余亿,顺帝五六年中用八十余亿,桓帝时用四十四亿,其余各期尚不在内。

同样的乱事,在今湖南、广西至越南半岛的所谓南蛮和今四川、贵州、云南的所谓西南夷中,亦不断发生。湖南、广西间的南蛮,以武陵蛮最盛,从光武建武二十三年起,几乎每隔数年即生乱事,一直至东汉末年。其原因大都为官吏残暴,横征暴敛而起。如安帝元初二年,武陵、澧中蛮"以郡县徭税失平怀怨恨,遂结充中诸种二千余人,攻城杀长吏"。顺帝永和元年,又因增加租赋,澧中、溇中蛮又起作乱。和帝永元十三年,南郡巫蛮许圣等,"以郡收税不均,怀怨恨,遂屯聚反叛"。各次乱事,大都皆因此种原因而发,此仆彼起,连续至一百余年。在越南半岛,自武帝设交阯、九真、日南三郡后,成为中国对海外交通的口岸,官吏贪其珍宝,多侵侮土人,以致率数岁一反。光武建武十六年曾发生一次著名的大乱,当时有交阯女子徵侧、徵贰,因不堪交阯太守苏定的压迫,忿而作乱,与九真、日南两郡土人相合,攻下六十五城,乱事迄不能定。建武十九年,遣伏波将军马援率万余人讨之,始平定。传说今越南境内尚有马援所立铜柱,为其用兵遗迹。在西南夷方面,以益州郡(今云南境内)及邛都(今西康境内)两地乱事最多。建武十八年,益州郡夷人族长栋蚕,联络附近七县夷人反叛,攻杀长吏,连兵数年,至建武二十一年虽平定,但小的乱事仍继续不已。及安帝初,因"郡县赋敛烦数",又激起益州、邛都三十余种夷人反叛,破坏二十余县,剽略百姓,骸骨委积,千里无人。

东汉一代,在豪族地主发展下,少数民族地区像如这些乱事,固然显得特别频繁,但另外也往往有些较好的官吏,能推行建设性的政策,对少数民族生活的改善,文化的提高,也有一定的帮助。如光武初年,交阯刺史锡光,九真太守任延,在当地教人民耕稼,改良婚姻及衣冠制度,并建立学校,传播文化。章帝时蜀郡王追为益州郡太守,初在今云南建立学校,改易风俗。其他如明帝时广汉郑纯为永昌郡太守,巴郡张翕为越巂郡太守,皆能减轻赋役,安辑人民,极得夷人拥戴。像如这些官吏和措施,虽只是偶然的,但正说明各民族的和平共处,才是劳动人民所需要的。如果一味残害其他民族,以维持自己的统治,那是只有引起反抗革命,绝不会有丝毫效果的。

民族间的和平共处,在封建的或任何剥削阶级的统治下,当然不能依靠统治阶级进行,各民族最广泛、最有力的结合,乃是劳动人民自己,这种结合是任何剥削的统治阶级所不能阻止也不能破坏的。东汉时代的统治阶级在种种矛盾自顾不暇的情况下,却不惟和沿边各地的少数民族有种种不能避免的纠纷,而且在广大的世界上,和辽阔的远方民族也发生了密切联系。这些联系,都是劳动人民自己发展出来的,而却成为统治阶级夸耀的资本,说什么"重译来朝"。同时这些事实也有力地打破了近来中国史读物中一种论调,以为中国始终是闭关自守的,和世界隔绝的。殊不知闭关自守只是封建的统治阶级的政策,而在广大的社会上却时时有新的发展,要冲破国界,和其他民族发生关系。这些新的发展,正和以闭关自守为满足的封建统治阶级矛盾着。

　　首先如西域,自王莽时与中国断绝,东汉初力采保守政策,不愿再通。那时西域莎车国强盛,压迫其他国家,其他国家欲得中国保护,曾于建武二十一年有鄯善、焉耆等十八个国家,皆遣子入侍,愿得"都护"。当时光武以中国初定,不愿过问西域事,谢绝其请。诸国不得已,乃附于匈奴,匈奴遂又利用诸国,侵扰西北郡县。明帝永平十六年,因匈奴侵扰不已,乃不得不通西域,复置"都护"——西域自王莽时绝六十五载,至是始复通。但至章帝初,又嫌西域常有叛乱,疲敝中国,乃又断绝。惟其时有军司马班超,因事留于阗,乃利用诸国矛盾,征服诸国,适和帝永元元年(公元八九年)北匈奴大败西迁,不知所往,西域遂复通,即以班超为都护。班超又分遣副使,招降葱岭以西诸国,特别是在和帝永元九年,遣使甘英,经安息(今伊朗国)、条支(今阿拉伯境),欲使大秦。大秦即罗马帝国,据《后汉书·西域传》谓,"其王(即大秦王)常欲通使于汉,而安息欲以汉缯彩与之交市,故遮阂不得自达"。这话系事实,据罗马史家记载,公元一、二世纪间,中国的丝织品在罗马销行极广,而皆由安息人居间贩易,罗马人不欲受安息人操纵,欲打通丝织品的直接来路,常与安息人战争。当甘英欲往大秦时,即为安息人所阻,《西域传》记:"安息西界船人谓英曰,海水广大,往来者逢善风,三月乃得渡,若遇迟风,亦有二岁者,故入海人皆赍三岁粮。海中善使人思土恋慕,数有死亡者。英闻之乃止。"是安息人确有意阻隔中国和大秦的交通。班超使大秦未通,而西域关系,在班超以后亦复断绝,因安帝初西域复有乱事,围攻都护,"朝廷以其险远,难相应赴,诏罢都护",遂又弃西域。但又过二十年,终因西域和中国断绝后,又和匈奴连合扰乱边郡,安帝延光二年(公元一二三年)乃不得不再通西域,遣班超子班勇平定乱事,复在西域屯田,惟葱岭以西未再通。及顺帝阳嘉以后(公元一三二年),东汉渐乱,无力再过问西域的事,终绝不复通了。

不过东汉对西域的关系,时通时绝,那只是政府的事,若人民间经济和文化的来往,似乎始终未断。如四十余年前,曾在新疆发现公元二世纪中叶造的"纸",按纸的发明,始于东汉和帝时的宦官蔡伦,蔡伦于和帝元兴元年(公元一〇五年)始奏上其所造纸,而数十年后即流传至西城,那时东汉对西域已经不复通㉙,可见政府对西域关系的通绝,并未阻断了人民间的来往。即丝织品的输往安息、罗马,亦并未因政治的关系而改变,安息人始终掌握着中国和罗马间丝织品的交易。

东汉的对外关系,以海上交通的发展最突出。即如和罗马的关系,陆路上虽为安息人所阻,但罗马人却从海道来中国。《后汉书·南蛮传》记,安帝永宁元年(公元一二〇年),"掸国王雍由调复遣使者诣阙朝贡,献乐及幻人,能变化吐火……(幻人)自言我海西人。海西即大秦也,掸国西南通大秦"。此所谓掸国,即指缅甸,缅甸人为掸族,故名。缅甸西南经印度洋至波斯湾,再至叙利亚及小亚细亚,皆为当时罗马领地,故云"通大秦",是罗马人在安帝时已有来中国的。而《西域传》更记,"桓帝延熹九年(公元一六六年),大秦王安敦遣使自日南徼外,献象牙、犀角、玳瑁。"此所谓安敦,实即公元一六一——一八〇年间在位的罗马王安敦尼(Marcus Aurelius Antoninus)。此为中国和欧洲直接交通的最初记载。日南郡在当时中国之最南端,为从海外来中国必经之地,故海外诸国皆称"自日南徼外"来献。所谓"贡献",实即古代国际贸易的称呼,古代国际贸易皆以互相馈赠或贡献的形式举行,中国乃视为外国臣属的表示,这不过是统治者故意夸大罢了。

东汉时代的中国人民,又和今印度尼西亚共和国的古民族发生关系。《后汉书·顺帝纪》永建六年(公元一三一年)十二月,"日南徼外叶调国、掸国遣使贡献"。《注》引《东观记》曰,"叶调国王遣使师会诣阙贡献,以师会为汉归义叶调邑君,赐其君紫绶。及掸国王雍由亦赐金印紫绶"。此事亦见《南蛮传》,云"永建六年日南徼外叶调王便遣使贡献,帝赐调便金印紫绶"。此所谓叶调国,即爪哇,古代印度称爪哇为 Yavadvipa,叶调即其讹音。当时中国人民及爪哇人民必早有经济上的来往,故其国王来献,只是正式举行国际贸易而已。

除爪哇和缅甸外,东汉和印度的关系,尤较密切。中国和印度自古已有交通,汉武帝通西域后,始明见于记载。《汉书·地理志》记,自日南郡船行经数国,最后至黄支国,平帝元始中(公元一至五年)王莽辅政时,黄支王曾遣使献生犀牛。此黄支国即当时南印度之达罗毗荼国,其都城为 Kancipura(建志补罗),黄支即其首二音之译音。其时印度北部为大月氏所据,故《汉书·西域传》只记大月氏之名。及东汉时代始知印度与大月氏不同,《后汉书·西域传》记:"天竺国一名身毒(印度),在月氏之东南数千里……身毒有别城数百,城置长,别国数十,国置王,虽各小异而俱以身毒为名,其时皆属月氏……"据谓在和帝及桓帝时,皆遣使来献。然当时印度和中国的来往绝不止此,当时佛教已在中国传布,婆罗门教的各种幻术在东汉流行甚广,其详在下章细述。

东汉又和日本人民开始有了密切的来往,《后汉书·东夷传》对古代的日本有初步记载。当时称日本为"倭"或"倭奴",此名称系古代日本人民通称为 Ainu(阿夷奴)的译音,绝非如后世解释有丑诋日本人民矮小的意思。那时日本尚未有统一国家,氏族部落甚多,《东夷传》记,"倭在韩(即朝鲜)东南大海中,依山岛为居,凡百余国。自武帝灭朝鲜,使译通于汉者三十许国。国皆称王,世世传统,其大倭王居邪马台国"。邪马台为大和族 Yamato 之译音,大和族为后来统一日本之部族,当时似已较其他部族为大,故称大倭王。光武"建武中元二年(公元五七年)倭奴国奉贡朝贺,使人自称大夫,倭国之极南界也,光武赐以印绶。安帝永初元年(公元一〇七年)倭国王帅升等献生口百六十人,愿请见。桓、灵间倭国大乱,更相攻伐,历年无主,有一女子名曰卑弥呼……于是共立为王"。这些事实,究竟是那几个部族的事,已经不能知道了。当时日本和中国的来往,大抵皆经由朝鲜半岛,东汉以后来往更密,朝鲜半岛直成为向日本传布中国文化的枢纽,不久以后,中国文化在日本即发生了巨大的影响。

东汉时代就是这样一个时代,政治和社会的裂痕愈来愈深,一天一天分离着,而劳动人民的创造,为远近各民族所依靠,却替腐朽的统治阶级增加了光彩,经常来"朝贡"。可是劳动人民替统治阶级带来的是光彩,而统治阶级回答劳动人民的却是灾难,不久以后,统一政权和分裂割据的地主阶级中间争哄愈烈,他们都是尽量压榨劳动人民,以扩大自己的力量。同时,东汉时代自然界的变化又特别多,灾荒、地震、疾疫和外戚、宦官、豪门大族以及由他们引起来的外患,都成了劳动人民的负担。公元一、二、三世纪时代的中国人民,实在是历史上受苦难、受折磨最多的。在这苦难深重的特殊时代,劳动人民一方面有许多极宝贵的创造,和恶作剧的自然界,和恶毒的剥削者,作斗争;另一方面,也接受了许多迷信、方术和离奇的幻想,企图用宗教的方式解除痛苦。所以这个时代,又是中国的宗教形成的时代。以下两章,我们即以这个特征作题目,来看看这个混沌复杂而却是斗争极尖锐时代的种种现象。

【注释】

① 以上皆见《后汉书》各本传。
②③④ 皆见《后汉书·酷吏传》。
⑤ 见《后汉书·庞参陈龟传》。
⑥ 见《后汉书·酷吏传》。
⑦ 见《后汉书·郡国志》注引。
⑧ 以上及以下所举各条,未注明出处的,皆见《后汉书》光武、明帝、章帝纪。
⑨ 见《读通鉴论》卷三。
⑩ 见《汉书·陈汤传》。
⑪ 见《汉书·平帝纪》。

⑫ 除三公外,又设太傅,号"上公",又复太尉,与司马迭叠,并三公号称"五府"。

⑬ 见仲长统《昌言·法诫篇》。

⑭ 尚书员设于何时,及成帝所设究为四曹或五曹,汉人所记并不一致。《汉书·成帝纪》及《百官公卿表》与《后汉书·百官志》,皆谓成帝"初置尚书员",然《后汉书·光武帝纪》注引《汉官仪》又谓,"尚书四员,武帝置,成帝加一为五"。成帝所置尚书员,据《成帝纪》及《百官公卿表》,谓系五人,然《后汉书·百官志》谓系四人,分为四曹。《后汉书·百官志》注引《汉旧仪》,谓成帝所置五曹,除常侍曹、二千石曹、民曹、客曹外,尚有"三公曹"。然《百官志》所记成帝及光武帝所设各曹中,皆无"三公曹"。但据《陈忠传》,陈忠于安帝初"擢拜尚书,使居三公曹",是东汉又有"三公曹"之名。大率制度时有变更,各书根据不一,故有分歧。惟汉武帝已置尚书员四人之说,恐不确。汉武帝置中书谒者令,应是缩小尚书官,而不是扩大。如武帝已置尚书员,班固似不能说"成帝初置",而于武帝却不一提。按《后汉书·朱穆传》记朱穆语:"臣闻汉家旧典,置侍中、中常侍各一人,省尚书事。"此当系成帝置尚书员以前旧制。

⑮ 见《后汉书·明帝纪》。

⑯ 见《后汉书·安帝纪》及《徐防传》。

⑰ 见《汉书·陈平王陵传》。

⑱ 见《汉书·丙吉传》。

⑲ 见胡三省注《资治通鉴·晋纪》。

⑳ 《后汉书·光武纪》,光武初,依西汉末年旧制,称刺史为州牧,建武十八年后改州牧为刺史。

㉑ 东汉初年军制,本较西汉更为集中。汉光武除依西汉旧制,设立南、北军外(南军属光禄勋及卫尉,北军属执金吾,平时宿卫,有事用以征伐),更立"黎阳营"与"雍营",专设"谒者"统之,而罢其他地方军(建武六年罢地方都尉官,七年又罢轻车、材官、楼船士,皆地方军),这样军权本皆属中央。但初年以后,各州郡皆自设兵,如安帝永初三年,因缘海九郡有乱事,发州郡兵讨破之,次年乱复起,发幽、冀诸郡兵数万人讨之(见《安帝纪》及《法雄传》)。是安帝时各州郡皆自有兵,而中央的南、北军,亦自安帝时起衰微不振,徒有虚名(见《文献通考·兵考》)。

㉒ 顺帝永建元年"诏幽、并、凉州刺史,使各实二千石以下至黄绶,年老劣弱不任军事者上名"(《顺帝纪》)。是郡守二千石以下官吏的任免,其权操在刺史,只"上名"而已。东汉地方官尤其有一种特殊现象,即可擅自离职。如贾琮为冀州刺史,因其有清能名,诸赃吏皆望风解印绶去。朱穆为冀州刺史,因其威略素著,县令长解印绶去者四十余人。陈实为太丘长,以沛相赋敛无法,乃解印绶去。宗慈为修武令,因

太守贪污,遂弃官去(皆见各本传)。此类事甚多,皆可见组织松懈涣散之一斑。

㉓ 中央及地方官皆可自置属吏,西汉已然,惟属吏对长官有君臣之分,几于不知有中央,东汉始有此风,西汉尚不至如此,详下章。

㉔ 见《后汉书·刘焉传》。

㉕ 西河郡美稷县,在今内蒙古自治区鄂尔多斯旗境。

㉖ 北匈奴西迁后,有人以为迁至欧洲,公元四、五世纪间,欧洲民族大迁徙时的匈人,据谓即中国史上的匈奴。此事无确据,只是一种推测,姑备一说。

㉗ 东胡即通古斯族,与后来之女真、满洲为同族。

㉘ 以上所引皆见《后汉书·南匈奴传》。

㉙ 按西域在班超以后,从安帝永初元年(公元一〇七年)起,又断绝,延光二年(公元一二三年)再通,桓帝元嘉二年(公元一五二年)最后断绝。

第十三章 形成宗教的时代(上)
——和帝、安帝、顺帝至桓、灵间现象
(公元八九——八三年)

一 豪族地主阶级发展的顶点。所谓"东汉士风"。

汉光武和他的继承者明帝、章帝,虽极力挣扎,企图从政治上和经济上压制豪族地主,以振刷自己的统一权力,但东汉时代的豪族,已不是他们那种做法所能压制下去的了。他们的做法,本来就不如秦始皇、汉武帝的高明,更何况东汉时代的豪族,已经到了成熟的地步,他们已快要实现割据政权,这不是仅仅压制或专制所能压下去的了。

东汉时代,是自秦、汉统一以来,豪族地主阶级发展到最高点的时代。他们不惟把应属于国家的,或说是应属于以唯一封建大地主自居的皇帝的土地和财富,绝大部分都集中到他们手中,而且把皇帝视作新农奴的小生产者以及劳动人民,也都用种种名义,如门生、故吏、宾客、徒附等等名义(奴婢、佣客等人尚不在内),隶属到他们手下。他们把地方权力已经掌握起来,地方官吏都和他们通同一气,可以为所欲为,如有不合他们意的,可以立刻驱逐。对于统一的中央政府,已完全站在对立的地位,"品核公仰,裁量朝政",那只是极平常的事罢了。这些族大、人多、势大的豪族地主,当时已发展成

为两个阶层。一个仍然是豪族地主,仍保持秦、汉间豪强的旧作风,经常做"弄法犯奸"的勾当,无所顾忌。一个是门阀地主,他们以做官为掠夺手段,以道德为吃人工具,讲究什么德行、名节、辞让、孝友等等,既以保持家业,且以愚弄麻痹劳动人民。这种门阀地主,是自西汉中叶后就已发展出来,到东汉格外成熟了的。

东汉的豪族或门阀地主,他们积累土地、财富之多,隶属人口之众,是西汉时代所不及的。西汉时代,照司马迁所述,一般的也不过以年入二十万的"千户之君"或"百万之家"相比,故只要有带郭田千亩,或牧马二百蹄,或千足羊,或僮手指千等等,也就了不起了。但若和东汉时代的豪富比较起来,真是小巫之于大巫!桓帝时的崔实说,"上家累巨亿之赀,户地侔封君之土,行苞苴以乱执政,养剑客以威黔首。专杀不辜,号无市死之子。生死之奉,多拟人主。故下户踦岖,无所跱足,乃父子低首,奴事富人,躬率妻孥,为之服役"①。献帝时的仲长统说:"豪人之室,连栋数百,膏田满野,奴婢千群,徒附万计。船车贾贩周于四方,废居积贮满于都城。琦赂宝货巨室不能容,马牛羊豕山谷不能受。妖童美妾填乎绮室,倡讴妓乐列乎深堂。"又说:"井田之变,豪人货殖,馆舍布于州郡,田亩连于方国。身无半通青纶之命,而窃三辰龙章之服;不为编户一伍之长,而有千室名邑之役。荣乐过于封君,势力侔于守令,财赂自营,犯法不坐,刺客死士为之投命。遂使弱力、少智之子,被穿惟败,寄死不敛,冤枉穷困,不敢自理。"②

崔实、仲长统所说的这种大豪富,且都是一传几百年的大家族,绝不是偶然的"暴发户"。这种著名的豪富大家族极多,不必列举,我们只举出一直传到六朝时代都是著名大士族的几家。六朝时代的著名士族,有几家是兴于西汉,而更多的是兴于东汉。如和琅琊王氏相颉颃的太原王氏,其最初见于记载的是王莽到光武时一直隐居不仕的王霸③,其次是灵帝、献帝间有高名的王烈④,到献帝时王允做司徒才显赫,两晋时代,太原王氏是数一数二的大氏族,一直传到六朝末年不衰。又如六朝时著名的"郡姓"之一清河崔氏,其始祖是汉昭帝时做过侍御史的崔朝⑤。王莽时劝王莽大哭向天求救的大司空崔发,就是崔朝的孙子。东汉时这一族的名人极多,如崔骃、崔瑗、崔寔父子,《后汉书》皆有传。崔寔为有名的政论家,著有《政论》,上文已引及。崔寔的从兄崔烈,于灵帝时以钱五百万买得大司徒。以后历魏、晋、南北朝皆历有大官。这一族到了唐代还很著名。又如另一著名的"郡姓"荥阳郑氏,其始祖是汉武帝时的大司农郑当时,前书已述及。这一族在东汉时以学者著名,如光武、明帝、章帝间以明《左传》《周官》著名的郑兴、郑众父子,经学家称为先郑、后郑,是东汉有权威的古文家。郑众的曾孙郑太,灵帝时又"名闻山东",《后汉书》亦自有传。魏、晋以降也是直至唐代,始终不衰。又如六朝时著名的关中"郡姓"之一,宏农杨氏,其初出名虽始于安帝时为太尉的杨震,但杨震的八世祖杨喜,已为汉高祖功臣,封赤泉侯,昭帝时做丞相的杨敞,乃其高祖父,《汉书》有传。杨震做太尉后,其子秉,秉子赐,赐子彪,连接四代皆任太尉,所以东汉末年人皆艳称杨氏的"四世清德",其家世也是一直到六朝末年不衰。又如六朝时列为"吴姓"之一的会稽陆氏,其祖先初见于记载的是光武建武中为尚书令的陆闳,列于《后汉书·独行传》的陆续,是陆闳的孙子,续孙陆康东汉末为庐江太守,亦自有传,以后即为三国时吴孙权的丞相陆逊,西晋时的著名文学家陆机、陆云等,也一直传到六朝末年。其他如另一山东"郡姓",范阳卢氏,其始祖是灵帝时以讨黄巾著名的北中郎将卢植,这一族也是一直到唐代还有势力。东晋时著名的大军阀桓温,是属于谯国桓氏,其始祖是光武时以经学名家的桓荣,桓荣及其子桓郁,郁子桓焉,祖孙三代历为明帝、章帝、和帝、安帝、顺帝五帝师傅,桓温是桓荣的十世孙。东汉末年以"四世三公"著名的陈郡阳夏袁氏,其始祖是汉平帝时为太子舍人的袁良,袁良孙袁安,章帝时历为司空及司徒,其子袁敞后为司空,其孙袁汤于桓帝初又为司空,汤子袁逢、袁隗,灵帝时亦皆为司空及太傅,这一族也一直传到六朝末年。诸如此类,凡是六朝时代的大士族,大都皆可推其源流至东汉,甚或西汉。真是世代簪缨,门高地尊,说不尽的荣华富贵!像如这样一传数百年的大家族,他们都是"馆舍布于州郡,田亩连于方国","奴婢千群,徒附万计"。像如这样的地主阶级,他们和战国时代的领主地主比较,所不同的只是土地或由分封得来,或由巧取豪夺得来罢了,而近人乃把秦、汉以来的这些地主,称为"新兴地主阶级",究不知"新"在那里,"兴"了些什么!

东汉时代这些豪族的、门阀的地主阶级,他们不惟把土地、财富集中了最大的数量,而且把所有失掉土地的人,大部分都变成他们的奴婢、佣客不说外,而且把中小土地所有者,也隶属到他们手下,变成他们的"臣",而不是国家或专制君主的"臣"。这就是说,东汉的地主阶级,已各自造成他们的封建组织,在他们的土地上俨然是独立的小王国,专制君主无论在法律上或理论上都不能支配了。

东汉的门阀地主,一般都有门生、故吏,甚多,为他们的臣属。普通的豪族地主,虽无故吏,但也有门生,而通常仍如西汉有许多宾客,较特殊的称"轻客""剑客"⑥。这类人即是仲长统所谓"徒附"。这类徒附,完全保存春秋、战国时代家臣的性质,对地主有全面的封建义务。比方,对主人⑦应当替死、报仇,表示"忠"节;主人死后应当服丧三年——按汉代对君主及父母丧服,普通只三十六日即释服,但对主人却多争取行三年丧服。这些关系如王充《论衡·齐世篇》记,"会稽孟章,父英,为郡决曹掾,郡将过杀非辜,英引罪自予,卒代将死。章后复为郡功曹,从役攻贼,兵卒比败,为贼所射,以身引将,卒死不去"。这是孟英、孟章父子两代,皆代其主人死难,因被称道。《后汉书·乐恢传》记乐恢于章帝时,"仕本郡吏,太守坐法诛,故人莫敢往,恢独奔丧行服,坐以抵罪"。乐恢系京兆长陵人,京兆尹张恂任恢为户曹史,张恂被诛,恢为其故吏,不避牵累,独奔丧行服,因此获罪。《后汉书·李固杜乔传》,李固、杜乔于顺帝、桓帝间先后为太尉,因得罪大将军梁冀,被诛,"暴尸于城北","令有敢临者加其罪","家属故人莫敢视者",而固弟子郭亮,"诣阙上书乞收固尸不许,因往临哭,陈辞于前,遂守丧不去"。固另一弟子董班,"亦往哭固,而殉尸不肯去"。杜乔故吏杨匡,"守卫尸丧,驱护蝇虫,积十二日",后"成礼殡殓,送乔丧还家,葬送行服"。又《第五种传》,种于桓帝时为兖州刺史,因得罪宦官单超,被诬陷,徙朔方,其故吏孙斌闻之,乃"将侠客晨夜追种,及之于太原,遮险格杀送吏,因下马与种,斌自步从,一日一夜行四百余里,遂得脱归"。《桓典传》,典为沛相王吉举为孝廉,"无几,会国相王吉以罪被诛,故人亲戚莫敢至者,独典弃官收敛归葬,服丧三年,负土成坟"。同传《桓鸾传》,"年四十余,时太守向苗有名迹,乃举鸾孝廉,迁为胶东令,始到官而苗卒,鸾即去职奔丧,经三年然后归"。又《傅燮传》,"少师事太尉刘宽,闻所举郡将丧,乃弃官行服"。

像如以上这些故吏对长官,举人对举主,皆以能履行封建道德,因而著名。他们对长官或举主的封建义务,显然比对国家或君主的义务为重,因为他们一闻长官或举主或师傅有急难或有丧,即立刻"弃官""去职"以赴,可见国家的职务,远没有对私人的义务重要了。而且长官或举主,即使所举人未到职,也成立封建关系。如《李恂传》,李恂为安定郡临泾县人,章帝时安定郡太守李鸿署恂为功曹,未及到任,而凉州刺史又辟恂为从事,恰巧李鸿卒,李恂遂不应州命,而送鸿丧还乡里,既葬,留起冢坟,持丧三年。又《荀爽传》,爽有重名,灵帝时"五府"并辟⑧,司空袁逢举"有道",不应,及逢卒,爽制服三年。据此,只要说一句话,就成立君臣关系了。

东汉时代的这些作风,就是后世盛行称道的"东汉士风",这种士风,反映出当时极浓厚的封建关系。除长官、举主的关系外,当时尚有更较广泛的门生、弟子关系。东汉时代所谓"门生",与后世不同,后世以受业的弟子称门生,但东汉弟子与门生为二,《后汉书·贾逵传》,章帝"拜逵所选弟子及门生为千乘王国郎",可见弟子自弟子,门生自门生。弟子在名义上是曾听讲授的学生,若门生,就与学业无关，只是趋炎附势、自行投靠的一类人。东汉时代自称以经学教授学生的人极多，其弟子普通都有数百人或数千人，多的有在万人以上，当时是否真有那末多的经学大师，足以教授学生，和是否有那末多的好学之士，远来求学，恐怕都成问题，事实上恐怕是讲授其名，徒附其实。今见于各列传的，如刘淑"立精舍讲授，诸生常数百"，魏应"教授山泽中，徒众常数百人"，李育"教授门徒数百"，杨伦"讲授于大泽中，弟子至千余人"，张玄"弟子著录千余人"，姜肱"远来就学者三千余人"，宋登"少传《欧阳尚书》，教授数千人"，楼望"教授不倦，世称儒宗，诸生著录九千余人"。在万人以上的，如牟长，在河内，"诸生讲学者常有千余人，著录前后万人"；蔡玄"学通五经，门徒常千人，其著录者万六千人"。当时文化就这样发达？就有这末多的教授，这末多的学生么？绝不尽然，恐怕都是豪族著姓吸收徒附的一种方法罢了。至于门生，那就像如"骄奢非法"的外戚窦宪，也有门生，《郅寿传》记，章帝时"大将军窦宪以外戚之宠，威倾天下，宪尝使门生赍书诣寿，有所请托"。横行霸道、目不识丁的宦官，也有门生。《杨彪传》说，灵帝光和中，"黄门令王甫，使门生于郡界，辜榷官财物七千余万"。关于这些门生、弟子，东汉末年著名的文学家徐幹说的好，其《中论》《谴交篇》说，"有策名于朝，而称门生于富贵之家者，比屋有之。为之师而无以教，弟子亦不受业，然其于事也，至乎怀丈夫之容，而袭婢妾之态，或奉货而行赂以自固结，求志属托，欲图仕进"。东汉所谓门生、弟子，大率都是这一类人。

门生、故吏对其主人——长官、举主、师傅等——尚有一种特殊作风，就是立碑颂德。立碑的风气，西汉时代尚很少，到东汉才大盛起来。后世历代发现东汉的碑碣甚多，大都为门生、故吏为其主人所立，歌颂其德行。另外，六朝时代盛行的谱系之学，亦兴于东汉，唐刘知几所著《史通·烦省篇》说，"降及东京（即东汉），学者弥众……家谱、宗谱，各成私传"。这是因为东汉时代门阀阶级已成立，高门大族都要夸耀其祖先官阶，以为吸收徒附、巩固其势力的资本,所以做成家谱、宗谱,六朝时尤其盛行。

除门生、故吏等人外,一般隶属豪富地主的"宾客"一类人,当然更多。如《马防传》言,"防兄弟贵盛,奴婢各千人以上,资产巨亿,皆买京师膏腴美田……宾客奔凑,四方毕至,京兆杜笃之徒数百人,常为食客,居门下,刺史守令多出其家"。《任延传》言,武威郡将兵长史田绀,"郡之大姓,其子弟宾客为人暴害,延收绀系之,父子宾客伏法者五六人。绀少子尚,乃聚会轻薄数百人,自号将军,夜来攻郡。"当时的豪族大姓就是这样,聚集许多宾客,和中央对抗。《李章传》说,光武即位,以李章为平阳令,"时赵、魏豪右,往往屯聚,清河大姓赵纲,遂于县界起坞壁,缮甲兵,为在所害"。同时"北海安丘大姓夏长思等反,遂囚太守处兴,而据营陵城"。《郅寿传》说,"京兆尹郡多强豪,奸暴不禁"。《陈龟传》说,"三辅强豪之族,多侵枉小民"。《陈宠传》说,"西州豪右并兼,吏多奸贪"。《左雄传》说,冀州"多豪族,好请托"。《范康传》说,太山"郡内豪姓多不法"。大率东汉时代,州郡地方权力多为豪族大姓把持,已形成半割据状态,官吏多与勾结,"奸暴不禁",如不勾结,官吏就随时可被驱逐,桓帝建和元年曾"诏州郡不得迫胁驱逐长吏"⑨,可以想见当时豪族地主对统一政府的关系了!

二 政治上的末路——外戚、宦官专政。党锢之祸。

东汉时代,豪族地主既已形成那样庞大的势力,他们积累财富之多,隶属徒附之众,势必大大影响统一国家的基础,应是极明白的事实。惟其如此,所以汉光武才极力压制豪强,极力解放奴婢,救济贫民。因为事情很明白,极大数量的生产人口,都隶属于门阀的、豪族的地主,即是为豪族地主服务,而不为他这个皇帝,也就是统一的国家服务,那他的统一政权又如何维持?所以只有解放奴婢,救济贫民,向豪族地主争取劳动人民,才是他认为最必要的政策。这些政策的实质,显然说明了专制君主和地主阶级中间毫无共同的利益,而且是相反的——地主阶级愈发展,割据的倾向愈浓,势必破坏国家的统一,反之,统一政权愈发展,也必然遏止了割据的发展。这种情况,本来是秦、汉以来历史上极明显的事实,而我们的许多历史家,却硬说专制君主是代表一般地主阶级的利益,而建立统一国家。如果这样,那就应当是地主阶级愈发展,统一国家应当愈巩固,专制君主也应当愈能安享其太平,然而几千年的历史事实,不惟不是如此,而且是恰恰相反的。普通所以有那样认识,主要是因为统一国家经常压制农民暴动,保护了地主阶级的利益,同时统一国家的各级官吏,一般都是地主或都要变成地主,显然可见是为地主阶级服务。殊不知这些情况是统一国家的绝大矛盾,而不是它的本质。统一国家是把所有的人民都当成专制君主的"新农奴"看待,在专制君主眼中,无所谓地主与农民之分,都是小民,都是为他——唯一封建大地主——服务,是他的纳税人。农民暴动即是小民中间的任何骚动,都影响他的收入,破坏他的国家的安宁。所以他的压制农民暴动,客观效果上虽保护了一般地主阶级的利益,而在他主观上却是保护他自己的小民,保护他的统一政权,而绝不是保护企图割据、和他敌对的一般地主阶级。在这里,我们应当同时记起,统一国家另外有一项重要政策,和压制农民暴动同样重要的一项政策,就是也经常压制豪族、豪强,即是本书对秦始皇、汉武帝和现在叙述的汉光武着重指出来的,这也是二千年中普遍的政策,为什么忽视了呢?另外我们还必须记起统一国家基于税收观点,经常分化大户为小户的政策——这在以后各代还要详述——也是压制地主阶级发展的一项政策。这些事实,是分析中国历史时绝不应不考虑的。至于统一国家的官吏都是地主阶级群,这是另一种矛盾。专制君主是把各级官吏当成他的工作人员看待,来替他治理统一国家的,但他只能用封建的剥削方法来豢养这些官吏,结果他的政府适成了地主阶级的温床,那些官吏没有不变成地主的,最后破坏他的统一国家,形成割据或进行篡夺的，也是他的官吏。为专制君主计，也就是为统一国家计，只有大力发展工商业，然而这一点是封建的专制君主绝对办不到的，这一点办不到，专制君主就没法解决其矛盾，只有在矛盾中打圈子了。

东汉时代就是在这些矛盾中打圈子的典型例证，他们一方面压制豪族地主，而另一方面却在他的政府中豢养成许多势力更大的门阀地主。这些门阀的、豪族的大地主，一天一天发展，使专制君主日益感到大权旁落，财政困难的威胁，他们除尽量压榨劳动人民外，没有其他办法，最后只有拿出汉武帝遗留下来的恶劣办法，信任外戚、宦官，以为抵制，这就走上政治的末路上来了。

宦官在西汉末年本已失势，但到东汉初又抬起头来，汉光武把信任宦官也当成他大权独揽、政不任下的措施之一。桓帝时的朱穆说，"案汉故事，中常侍参选士人，建武以后乃悉用宦者"[⑩]。《后汉书·宦者列传·序》也说，"中兴之初，宦官悉用阉人，不复杂调他士"[⑪]。东汉时代的中常侍权力极大，相当于西汉的"中书宦者"。照朱穆所说，建武以前中常侍本参用士人，"中兴之初"才悉用宦官。大约汉光武在外面委任尚书，在宫内专任中常侍，仿佛汉武帝的"中书谒者令"一般。照西汉的情形，中书谒者的权力高于尚书，所以东汉的中常侍就成了最有权力的人物。惟光武、明帝、章帝三代，皇帝的权力尚没有落到中常侍手中，而外戚除豪奢外，也还没有专权弄柄。从和帝时起，情形就不同了。从和帝时起，历代继位的皇帝，都是幼主，计和帝即位时才十岁，殇帝即位时生下才三个月，安帝才十三岁，顺帝十一岁，冲帝二岁，质帝八岁，桓帝十五岁，灵帝十二岁，献帝九岁。继位的皇帝都这末幼小，有的还在吃奶，如何能办理国事？于是不得不母后临朝。母后是女主，为办事便利，自自然然要委任其父兄和宦官，于是外戚、宦官的势力遂日益扩大。这种现象，当然不能认作是促使外戚、宦官专政的决定因素，而且相反，这种现象反倒是被其他因素决定产生的。《后汉书·皇后纪·序》说，"东京皇统屡绝,权归女主,外立者四帝,临朝者六后,莫不定策帷帘,委事父兄,贪孩童以久其政,抑明贤以专其威"。《阎皇后纪》说,安帝崩后阎氏为皇太后,"太后欲久专国政,贪立幼年",乃立一少帝。又《五行志》说,冲帝崩后,"太后及梁冀(外戚)贪立年幼,欲久自专政",遂立八岁的质帝。由此可见,东汉的皇帝,因猜防臣下,欲大权独揽,遂委任自以为"精专可信"的外戚、宦官,而外戚、宦官得势后,却又为了他们专政的便利,"贪立年幼",致使历代皇帝皆成了幼主,实际政权都堕入外戚、宦官手中,弄得乌烟瘴气,益发使地主阶级的代言人——官僚士大夫们不满意,格外闹对立,闹分裂,愈弄愈糟。所以无论任何时代,凡君主自以为得计,信任外戚、宦官的,无一不是政治上的末路!

外戚、宦官本身就是豪族大地主,他们掌握了皇帝的权力,当然比普通豪族地主更要凶恶十倍。其最著的如和帝的舅父窦宪,为大将军,与其弟窦笃、窦景、窦瓌,四人俱封侯,"权贵显赫,倾动京师""刺史守令,多出其门"。其中以窦景为尤甚,"奴客缇骑,依倚形势,侵陵小人,强夺财货,篡取罪人,妻略妇女,商贾闭塞,如避寇仇,有司畏懦,莫敢举奏"⑫。又顺帝梁皇后兄梁冀,暴厉尤甚,其家前后七封侯、三皇后、六贵人、二大将军,夫人女食邑称君者七人,尚公主三人,其余卿、将、尹、校五十七人。梁冀任大将军二十余年,穷极盛满,威行内外,百僚侧目,莫敢违命。与其妻孙寿共为贪暴,梁、孙两家子弟亲戚为官吏的,"皆贪叨凶淫,各遣私客籍属县富人,被以它罪,闭狱掠拷,使出钱自赎,赀物少者,至于死徙"。"扶风人士孙奋,居富而性吝,冀因以马乘遗之,从贷钱五千万,奋以三千万与之,冀大怒,乃告郡县,认奋母为其守臧婢,云盗白珠十斛、紫金千斤以叛,遂收考奋兄弟,死于狱中,悉没赀财亿七千万"。像如这些行径,确是比统治阶级指为盗贼的人厉害多了!不过这些行径,其实是汉代豪族地主的普通行径,梁冀不过是最典型的。即如被梁冀陷害的这个士孙奋,他的家赀亿七千余万,也是做官劫夺来的。据《后汉书》

注引挚虞《三辅决录注》说,"士孙奋字景卿,少为郡五官掾,起家,得钱赀至一亿七千万,富闻京师也"。士孙奋做了几年地方小官,因而起家,得钱这末多,那就对梁冀不必奇怪,后来桓帝时梁冀被宦官除灭后,"收冀财货,县官斥卖,合三十余万万,以充王府用,减天下租税之半"⑬。

东汉外戚的凶横残暴,大率如此。在这些外戚面前,普通的豪富地主,本被指为豪强的,亦相形见绌,乃以豪强奉赠外戚。章帝时有一个周纡,是酷吏一类,"志除豪贼",曾为洛阳令,"下车先问大姓主名,吏数闾里豪强以对。纡厉声怒曰,本问贵戚,若马、窦等辈(马指马防,明帝外戚;窦即窦宪,其时尚无梁冀),岂能知此卖菜佣乎"⑭。对于这些"加大豪强",别人无可奈何,只有宦官能制伏,因为宦官比外戚又凶。和帝时因窦宪兄弟专横过甚,乃与中常侍宦官郑众密谋诛之,郑众以此封侯,宦官权力的加大亦自此始。安帝时宦官李闰与帝乳母王圣合谋,驱除当时的外戚邓骘等,于是宦官李闰、江京、樊丰、刘安、陈达等,与帝舅耿宝、皇后兄阎显等外戚,共专朝政。及安帝崩,阎显(车骑将军)与江京勾结,诛除宦官樊丰及耿宝、王圣等,欲自专政。不久宦官孙程、王康等,又共诛江京、刘安、陈达及阎显,而立顺帝,孙程等十九个宦官因此封侯。顺帝到桓帝间,外戚梁冀尚能凶横专政,及桓帝时,宦官单超、左悺、徐璜、具瑗、唐衡五人合谋诛梁冀,单超等五人也因此封侯。从此政权全归宦官,外戚就远不如了。

这些比外戚还要厉害的宦官,他们那些穷凶极恶的事迹,真是举不胜举。即如单超等五个人,"皆竞起第宅,楼观壮丽,穷极伎巧,金银罽毦,绝于犬马。多娶良人美女,以为姬妾,皆珍饰华侈,拟则宫人。其仆从皆乘牛车而从列骑。又养其疏属,或乞嗣异姓,或买苍头为子,并以传国袭封。兄弟姻戚,皆宰州临郡,辜较百姓,与盗贼无异"。"五侯宗族宾客,虐遍天下,民不堪命,起为寇贼"⑮。当时另外有一个中常侍,叫侯览,同样著名。他本人"倚势贪放,受纳货遗,以巨万计"。他的"仆从宾客,侵犯百姓,劫掠行旅"。有一个普通豪族地主张俭⑯,大约看的眼红,他替侯览算了一下账,说"前后请夺人宅三百八十一所,田百一十八顷,起立第宅十有六区,皆有高楼池苑,堂阁相望,饰以绮画丹漆之属",又揭发侯览"破人居室,发掘坟墓,虏夺良人,妻略妇子"⑰。

外戚和宦官们的行径,大率类此,他们一个比一个凶横罢了,而又互相争权夺利,每隔几年即要互相杀戮一场,弄得政治紊乱不堪。更重要的是,他们的凶狠残暴,超过了普通那些官僚豪富大地主,不管你什么"德行高妙""敦厚有道",也不管你什么高门大族,凡是被外戚、宦官看上了他的财富、美女,就要掠夺,凡是不顺从外戚、宦官意思的,就要诛戮。如上文所言士孙奋,他因做官"侵陵小民"得来的家财亿七千万,遇到外戚梁冀,就又来侵陵他,把他弄得家破人亡。另有一个汝南太守李暠——这是"二千石长吏",并非小可的官,在当时起码也是一家豪强了——他有一个女儿甚美,为宦官徐璜的侄儿徐宣所爱,求婚不与,徐宣即率人至暠家,抢其女以归,戏射杀之⑱。顺帝时的太尉李固,桓帝初的太尉杜乔,皆以名德位至三公,为当世所重,而皆因得罪外戚梁冀,为所诛戮,并暴尸通衢。安帝时的太尉杨震,是著名士族宏农杨氏之祖,名儒硕德,极为诸儒所尊,但以得罪宦官樊丰等,终被迫自杀。像如这类事很多,普通的门阀世家、豪族地主,被外戚、宦官掠夺残害的,不知有多少。这种情况,当然使普通的门阀地主、豪族地主大大恐惶,也大大愤怒。因为他们平日就是"侵陵小民""鱼肉乡里"来成家立业的,如今被更较凶狠的外戚、宦官来侵陵他们,鱼肉他们,这如何能容忍?如何能不恐惶,不愤怒?于是门阀地主、豪族地主,就一齐起来和这些外戚、宦官搏斗。到了桓帝初年外戚失势后,豪门地主就又和外戚联合起来,共同对付宦官。这种搏斗,到桓帝末年灵帝初年(公元一六六——一八三年)达到顶点,形成所谓"党锢之祸"。这种搏斗,说明东汉时代的豪门大族和西汉时代的不同,西汉时代的豪门大族后来都投降了外戚、宦官,以达到升官发财或保持家业的目的,而东汉时代却是起来搏斗,和外戚、宦官对抗。这说明什么呢?绝不要误会成是东汉时代的豪门大族有什么可取,恭维他们那些什么"名节""气节"。事实上只是表明东汉时代的豪门大族已经发展成熟,达到西汉时代豪门大族发展的要求。他们用那些上层建筑——经古文学,封建道德,门生、故吏的封建关系等等,为他们服务,已形成强大坚固的封建堡垒,已快要形成他们自己的政权——割据政权。他们正要拖垮了统一国家,专制君主正是觉察了这种危机,而一筹莫展,才拙劣地信任外戚、宦官,作为排挤豪门大族的手段。殊不知外戚、宦官一得势,也是要发展他们自己的势力,也是子弟、亲戚、门生、故吏一大堆,那管你专制君主和统一国家。所以外戚、宦官得势后,"贪立幼主",任意弒立,事实上统一国家已经亡了,剩下的只有普通的豪门大族。豪门大族那里要受外戚、宦官的宰割,自然非起来搏斗不可。所以这种搏斗,正是半斤八两,豪强对豪强,一群官僚、外戚、宦官和普通的地主,互争"幸较百姓"的权力罢了,有谁比较可取呢?可是那些豪门地主,居然也以搏击豪强自居,有什么"不畏强御"的陈仲举,什么"不隐豪强"的魏齐卿,有因"太守出自权豪,多取货赂",因弃官不做的宗慈,有专门攻击"刺史二千石权豪之党"的范滂,等等[19],好像都是大义凛然,名节可钦,其实剥开来一看,都不过是要打倒别的"权豪",以发展自己的"权豪"罢了,有谁还上他们的当呢?

"党锢之祸",不过是豪族地主阶级要实现割据政权的前夜,斗争最尖锐的一幕,中间绝没有新的气息可寻。远在事情发生以前,在豪族地主阶级内部,早已形成"部党",互相攻讦。这是当然的,绝不能设想豪族地主阶级会团结一致,共同对付宦官,他们各有门生、故吏、奴婢、宾客,原是要各自成为独立王国的。桓帝初立时,擢其师甘陵、周福为尚书,时同郡河南尹房植,有名当朝,"乡人为之谣曰,天下规矩房伯武,因师获印周仲进",二家宾客遂互相攻讦,各树朋党,由是甘陵遂有"南北部",形成两派。同时汝南太守宗资,任功曹范滂,南阳太守成瑨亦委功曹岑晊,范滂、岑晊的声望,要比宗资、成瑨来的大,二郡又为谣曰:"汝南太守范孟博,南阳宗资主画诺,南阳太守岑公孝,弘农成瑨但坐啸"。这就是说,当时的官僚士大夫们,都是这样互相标榜,各树旗帜,各占山头,抬高自己,打击别人,以便由此吸收更多的徒附,形成更大的势力。这种风气,尤其在当时的太学中最盛。当时的太学是官僚子弟和各处想往上爬的士大夫们的集中地,从顺帝时起已多至三万余人,他们"章句渐疏,而多以浮华相尚"[20],就是说,他们并不研究学术,只是互相标榜,各替自己的长官、师傅捧场,以冀拉引做官。那些"学生",以郭林宗、贾伟节为首,替几个大官僚李膺(司隶校尉)、陈蕃(太尉)、王畅(长乐卫尉)等捧场。这几个人在当时都有极高的声望,其声望所以高,因为他们正是门阀地主的典型人物。他们祖宗以来皆做大官,世有家法,勤俭、孝友、礼让,有浓厚的绅士风度,肯汲引徒众,并能代表门阀地主和宦官为敌,所以为远近所宗。桓帝延熹九年(公元一六六年),有一个算命先生张成,他和宦官有勾结,知道不久将大赦,而却说是因推算知有大赦,乃教其子杀人。时李膺为河南尹,加以逮捕。不久果然大赦,其子本应赦出,但李膺知此事,恨其奸巧,在赦中竟杀之。张成弄巧成拙,当然怨恨,遂与宦官连结好,使其弟子牢修上告李膺等,"养太学游士,交结诸郡生徒,更相驱驰,共为部党,诽讪朝廷",于是桓帝大怒,把李膺等二百余人逮捕下狱,并"布告天下,使同忿疾"。这时外戚正在失势,皇后兄窦武,仅仅做个"城门校尉",敌不过宦官,正和李膺等这些名士有勾结,遂与太尉陈蕃力为营救,而宦官也觉着声势太大,怕引起他事,乃于次年赦出,惟皆令归田里,"禁锢终身",不得做官。但这样一来,对这些名士益发增高了声价,标榜的愈高,有所谓三君、八俊、八顾、八及、八厨等名目,声势格外浩大,这样自然引起宦官的忧惧。恰巧这一年桓帝崩(永康元年,公元一六七年),窦武的女儿窦后升为窦太后,与窦武定策,立灵帝,于是窦武升为大将军,以陈蕃为太傅,王畅为司空,又把李膺等那一班名士前被禁锢的,皆复起用,这样,这一班人应当得势了。不料这一班"浮华之士"中看不中用,这样大好的时机,他们不会利用,反弄出大祸。灵帝建宁元年,窦武、陈蕃谋诛宦官,却被宦官知道,先发制人,中常侍曹节等发兵把窦武、陈蕃等一齐逮捕,族诛死。于是宦官和一般名士的仇怨也一齐暴发,首先是"八及"中的张俭,和中常侍侯览是同乡,结得仇最深,其乡人朱并秉承侯览意旨,上书告俭与同乡二十四人"共为部党,图危社稷"。建宁二年,宦官遂把前一次的党人李膺等一百余人重新逮捕,皆死狱中,并把"诸附从者,锢及五属"。经过这两次事件,东汉末年的那些名士,差不多一网打尽了。

这样的"党锢之祸",有什么影响呢？当然影响很大,这个影响就是说,只有使那些门阀的、豪族的地主阶级,益发增加了对统一政权的憎恶,只有加紧对劳动人民的剥削,以发展他们在地方上的势力,从而加速了割据政权的实现。同时根本暴露了统一政府的混沌黑暗,无力维持它的统一政权,在宦官、官僚、地主各自横行,又互相骚动下,小生产者及劳动人民还有什么方法生活？只有暴发大乱。所以"党锢之祸",无论从那方面看,都只有当作汉帝国崩溃的序幕看。在这中间,有一件小事,可以看出在宦官主持下,在地主发展下,汉帝国的政治组织瓦解到什么程度。那个引起第二次逮捕党人的祸首张俭,一百多个党人都被逮捕,拷死狱中,而张俭却跑掉。宦官当然严加追捕,但张俭"望门投止",无论走到那里,皆重其名行,破家相容。结果因收容张俭,牵连全家被杀戮的,不下数十百家,有的郡县为之残破,而张俭却终于跑掉。十六年以后,即灵帝中平元年(公元一八四年),党事解,张俭又出现,直到曹操时代才病死,年八十四。

至于那些作恶多端的宦官,二十年后亦以极悲惨的局面结束。中平六年(公元一八九年),灵帝崩,外戚大将军何进与虎贲中郎将袁绍合谋诛宦官,不料何进又蹈了窦武的覆辙,事久不决,谋泄,何进为宦官所杀,袁绍愤极,乃将兵围宫,尽捕宦官,无少长,皆杀之,计共杀二千余人。不过这时东汉的历史已成定局,宦官虽除,已毫无积极的意义了。

三 灾荒,地震,疾疫。劳动人民的苦难。

东汉一代,在官吏贪污,豪族横行,外戚、宦官凶暴,以及外患频仍,战争不休,种种情况下,所有一切恶果,都要落到人民头上,都要人民负担。于是就有崔实《政论》所言的惨状:"仆前为五原太守,土地不知缉绩,冬至积草伏卧其中,若见吏,以草缠身。"[21] 又有刘瑜所言的惨状:"贫困之民,或有卖其首级,以要酬赏,父兄相代残身,妻孥相视分裂。"[22] 人民贫困至于冬天一丝不挂,只伏卧草中;至于出卖首级,以邀酬赏,以养活妻子,这真"令人酸鼻"了!但东汉人民的苦难,还不止此,除这些"人祸"外,还有极严重的"天灾"。东汉时代,即从公元一世纪到三世纪初,特别是在第二世纪的一百年中(从和帝到献帝初年),天灾特别多,大风、大雨、大水、山崩、地裂、地震,几乎年年不绝,而且非常普遍。有的灾荒当然是人为的,因为政府腐败黑暗,地主阶级只知剥削,河堤不修,害虫不治,当然要酿成灾荒。但东汉时代的天灾,除人为的成份外,有许多确是天然灾害,如经常有六七级以上的大风,经常山崩、地震,损害人畜、房舍、树木极多。大约公元一、二世纪时代,地壳或有特别变化,以致产生这些现象。

据《后汉书·五行志》及各帝本纪所记,灾害以和帝、安帝、顺帝到桓、灵间最多,而大都开始于东汉初年即光武时,到献帝后三国中叶始渐停止。如《光武纪》建武八年条记,"是岁大水"。《五行志》注引《东观汉记》谓"建武八年郡国比大水,涌泉盈溢"。《注》又引《古今注》记,建武四年及七年皆有大水,杀民伤禾甚多。《古今注》又记,建武六年九月,大雨连月;十七年洛阳暴雨,坏民庐舍,压死人,伤害禾稼。《古今注》及《五行志》又分别记,建武三年、五年、六年、九年、十二年及廿一年皆大旱。《五行志》又记,建武二十二年九月，郡国四十二地震，南阳尤甚，地裂压死人。像如这些灾变，明帝、章帝间亦有数次，而从和帝时起，就更加频繁起来。

和帝在位十七年，几乎年年有各种灾害。永元元年，郡国九大水，十年、十二年、十三年、十四年、十五年，连年淫雨大水，尤其在十年京师大水，其他五州雨水，十五年兖、豫、徐、冀四州（今河北、河南、山东及江苏北部）皆大水。永元二年，郡国十四大旱，六年旱，十五年丹阳及郡国二十二并旱。永元四年，郡国十三地震，五年、九年陇西地震，七年京都地震。其他蝗虫、冰雹等灾尚不在内。这些灾情的严重，由当时诏书中可以反映出来。和帝时几乎每年都有救济贫民或流民的诏书。如永元四年，因遭旱蝗，下诏说，"今年郡国秋稼为旱蝗所伤，其什四以上，勿收田租刍槁"。六年诏，"朕以眇末，奉承鸿烈，阴阳不和，水旱违度，济河之城，凶馑流亡……"十二年诏，"比年不登，百姓虚馈，京师去冬无宿雪，今春无澍雨，黎民流离，困于道路……"

安帝一代，灾情最为频繁而严重。安帝在位十九年，计大雨水灾十四次，旱灾十三次，蝗虫七次，而地震竟达二十一次，其他大风、冰雹等灾尚不在内。各种灾情几乎普遍各郡国，如永初元年，郡国十淫雨伤稼，又郡国四十一水出，漂没民人；二年，京师及郡国四十雨水；三年，京师及郡国四十一大水。永宁元年，郡国三十八雨水。建光元年，京师及郡国二十九雨水。延光元年，京师及郡国二十七雨水；三年，京师及郡国三十六雨水。其灾情之严重，如《天文志》谓："永初元年郡国四十一，县三百一十五雨水，四渎溢，伤秋稼，坏城郭，杀人民。"《五行志》谓："延光三年大水，流杀民人，伤苗稼。"蝗虫亦极普遍，永初五年，九州皆蝗；六年，郡国四十八蝗。地震亦极普遍，永初元年，郡国十八地震，二年，郡国十二地震，以后除永初六年未见地震记载外，其余年年皆有，且有两次的。其间最严重的，如"元初六年二月乙巳，京都郡国四十二地震，或地坼裂涌水，坏败城郭民室屋，压人"，是年冬又有郡国八地震。"建光元年九月己丑，郡国三十五地震,或地坼裂,坏城郭室,压杀人"。延光元年七月癸卯,京都郡国十三地震;九月戊申,又有郡国二十七地震。因为灾害这样频仍,普遍而严重,当时反映这种情况的言论甚多。如尚书仆射陈忠说,"故天心未得,隔并屡臻,青、冀之域,淫雨漏河;徐、岱之滨,海水盆溢;兖、豫蝗螟滋生,荆、扬稻收俭薄;并、凉二州,羌戎叛戾。加以百姓不足,府帑虚匮,自西徂东,杼柚将空"㉓。永初三年诏书也说,"朕以幼冲,奉承鸿业,不能宣流风化,而感逆阴阳,至今百姓饥荒,更相噉食"。五年又诏,"朕以不德……灾异蜂起,寇贼纵横,夷狄猾夏,戎事不息,百姓匮乏,疲于征发,重以蝗虫滋生,害及成麦,秋稼方收,甚可悼也"。按安帝时羌乱最甚,灾眚亦最多,这十九年(公元一〇七年至一二五年)是东汉人民最受熬煎的时代。

顺帝在位亦十九年,灾情次数虽少于安帝,而其严重情形亦不下于安帝。在这十九年中,大雨水五次,旱灾六次,蝗虫二次,地震十二次。顺帝时的水灾,以冀州(即今河北境内)最甚,诏书屡次说及,如永建六年诏说,"连年灾潦,冀部尤甚,比蠲除实伤,赡恤穷匮,而百姓犹有弃业,流亡不绝"。阳嘉元年又以"冀部比年水潦,民食不赡,诏案行禀贷,劝农功,赈乏绝"。又"禀冀州尤贫民,勿收今年更租口赋"。顺帝时以地震最为突出,而以京都、陇西两地为最多。永建三年正月丙子,京都、汉阳地震,汉阳屋坏杀人,地坼涌水出。阳嘉二年、四年,永和二年、三年、四年、五年,京都连续地震,(永和)二年、三年皆每年两震。永和三年二月乙亥,京都、金城、陇西地震裂,城郭室屋多坏,压杀人。汉安二年,凉州六个郡陇西、汉阳、张掖、北地、武威、武都地皆震,且连续震一百八十日,《五行志》谓"建康元年正月凉州都郡六地震,从去年(汉安二年)九月以来至四月,凡百八十日震,山谷坼裂,坏败城寺,伤害人物"。当时地震的严重,由诏书中可以反映出来,以前各帝尚没有把地震伤害当成救济的对象,而顺帝时却数以救济地震伤害为言。如永建三年,因京师地震,汉阳地陷裂,"诏实核伤害者,赐年七岁以上钱人二千,一家被害,郡县为收敛"。永和三年，因京师及金城、陇西地震，二郡山岸崩，地陷，因"遣光禄大夫案行金城、陇西，赐压死者年七岁以上钱人二千，一家皆被害，为收敛之"。建康元年，因凉州地连震百八十日，又遣光禄大夫案行救济。是年九月，京师及太原、雁门亦地震，三郡水涌土裂。我们知道大科学家张衡所做的"候风地动仪"（地震仪），即是这时期的产物，于阳嘉二年（公元一三三年）制成，这是一件能代表时代特征的伟大劳动成果。

此后在桓帝、灵帝至献帝初，这五十年中（公元一四七年至一九七年），各种灾害仍继续不断。此期间以连绵大雨最多，如桓帝延熹二年夏，霖雨五十余日；灵帝建宁元年夏，霖雨六十余日；熹平元年夏，霖雨七十余日；中平六年夏，霖雨八十余日。桓帝建和元年，郡国六地裂，水涌井溢，《注》引《续汉志》曰，"水溢坏城寺室屋，杀人"。永兴元年秋七月，郡国三十二蝗，河水溢，"百姓饥穷，流冗道路，至有数十万户，冀州尤甚"。永康元年，六州大水，渤海海溢，"诏州郡赐溺死七岁以上钱人二千，一家皆被害者，悉为收敛"。灵帝建宁四年，河东山水大出，漂坏庐舍五百余家。中平五年，山阳、梁、沛、彭城、下邳、东海、琅琊等七郡水大出。总计，此五十年中霖雨、大水十八次，旱灾六次，蝗虫六次，地震二十一次，其他较小的风雹等灾不计。

总计自和帝至灵帝末年（公元八九年至一八九年），前后一百年中，各种灾害连续不断，加以西羌、南蛮、南匈奴、鲜卑等边疆乱事，简直没有一年安静时期。在这种情况下，劳动人民只有大量死亡，或四处流徙，或群起为盗。试以桓帝在位的二十一年中为例，那时人民大批死亡，以至无法掩埋，或者人相食。如建和元年二月，"荆、扬二州人多饿死，遣四府掾分行赈给"。三年十一月诏曰，"今京师厮舍，死者相枕，郡县阡陌处处有之，甚违周文掩骼之义，其有家属而贫无以葬者，给直人三千，丧主布三匹，若无亲属，可于官壖地葬之"。元嘉元年，"京师旱，任城、梁国饥，民相食"。永寿元年，"司隶、冀州饥,人相食"。延熹九年,"司隶、豫州饥,死者什四五,至有灭户者"。除死亡外,人民为逃避各种灾害,到处流徙,如永兴元年秋七月,因郡国三十二蝗,河水溢,"百姓饥穷,流冗道路,至有数十万户,冀州尤甚"。而贫穷人民群起暴动的更多,计桓帝二十一年中,大小乱事共四十八起,其中边疆少数民族的暴动三十起(包括南匈奴、鲜卑、西羌及南蛮),内地人民的暴动十八起[24]。桓帝时的情况既如此,所以陈蕃称有"三空之厄",即"田野空,朝廷空,仓库空"[25]。

除以上各种灾害外,东汉时代更有一项极可注意的灾害,即"大疫"。大疫的流行,甚于安帝以后,而也是始于东汉初年。《后汉书·五行志》注引《古今注》,"光武建武十三年扬、徐部大疾疫(即扬州、徐州),会稽、江左甚"。《后汉书·钟离意传》亦云,"建武十四年会稽大疫,死者万数"。《古今注》又记,建武二十六年,郡国七大疫。可见光武时疾疫已经很盛,惟安帝以前未见其他记载,安帝以后也成了最严重的灾害。如安帝元初六年夏四月,会稽大疫,延光四年冬,京都大疫,次年张衡上封事言其状云,"臣窃见京师为害兼所及,民多病死,死有灭户,人人恐惧,朝廷燋心,以为至忧"。可以想见当时情形的严重了。桓帝、灵帝间更甚。桓帝元嘉元年正月,京都大疫;二月,九江、庐江大疫;延熹四年正月,大疫。灵帝建宁四年三月,熹平二年正月,光和二年春,光和二年五月,中平二年正月,皆大疫。因为疾疫的流行,死亡太多,使当时腐化黑暗的政府,亦不能不重视,经常加以救济。如桓帝元嘉元年,因京师大疫,"使光禄大夫将医药案行"。灵帝建宁四年,大疫,"使中谒者巡行致医药"。熹平二年,大疫,"使使者巡行致医药"。疾疫经献帝至三国中叶始渐息。献帝建安十三年有名的"赤壁之战",曹操的失败,似乎是受了疫病的影响。《三国志·魏志·武帝本纪》,建安十三年十二月,"公至赤壁,与备(刘备)战不利,于是大疫,吏士多死者,乃引军还"。这话并非托辞,据《蜀志·刘璋传》记当时事云,"会曹公军不利于赤壁,兼以疫死"。可见赤壁之战曾受疾疫影响是事实。又献帝建安二十二年,又一次大疫,死亡亦甚大。《三国志·魏志·王粲传》记,当时著名文学家,所谓"建安七子"中的徐幹、陈琳、应玚、刘桢四子,皆死于是年的疫病。魏文帝曹丕与吴质书云,"昔年疾疫,亲故多离其灾,徐、陈、应、刘,一时俱逝"。又陈思王曹植亦说是年疫气,云"家家有僵尸之痛,室室有号泣之哀,或阖门而殪,或举族而丧"。都是指建安二十二年的大疫。这样长时期的大疫,三国中叶后始渐停止㉖。

东汉时代这种大疫,究竟是什么疫病?以现在看来,很可能包含各种烈性传染病,而热带病菌的传入,实为其起因。试看东汉初年,疫病都起于东南沿海一带,以会稽郡为最甚,由扬州、徐州然后及于京师,其为海上传入甚明。西汉海外交通虽以日南郡为重点,然会稽沿海亦必有繁盛口岸,《汉书·地理志》谓"会稽海外有东鳀人,分为二十余国,以岁时来献见",是此二十余国皆由会稽入境,因而将病菌传入。传说为"医圣"张仲景(献帝间人,详下章)所撰之《伤寒论》,其《序》云,"余宗族素多,向余二百,建安纪年以来,犹未十稔,其死亡者三分有二,伤寒十居其七"。如此序为张仲景亲撰,则"伤寒"必为当时大疫之主要病患。又东汉匈奴地区,疫病亦流行,《后汉书·南匈奴传》谓,建武二十二年间,"匈奴连年旱蝗,赤地数千里,草木尽枯,人畜饥疫,死耗太半"。匈奴地区的疫病,可能为鼠疫。据欧洲史家传说,公元一世纪间,东部亚洲发生严重的"黑死病"(即鼠疫),流行极广,于二世纪初传入欧洲,日耳曼民族的大迁徙,其原因之一即系逃避疫病的侵袭。是东汉时代的大疫,亦必与鼠疫有关。由此可见,东汉大疫的流行,是西汉以来海外交通的发展,和匈奴关系的加密,产生的一种结果,这种结果,和其他天灾人祸,就都加到不幸的东汉人民头上了㉗。

东汉时代人民遭受这许多灾难——政府的极端腐败黑暗、官吏的贪污、豪族地主的横行以及各种灾害的侵袭,在这许多遭遇下,东汉时代就产生了另外一种现象,即宗教。列宁说过,"宗教首先就在灾祸奇重，艰苦至极，悲观失望，和痛心疾首的地方，得到繁荣滋长的机会"㉓。由此可见，东汉时代形成中国式的宗教，是极自然的了。

【注释】

① 见崔实《政论》，《全后汉文》卷四十六。
② 见仲长统《昌言》，《全后汉文》卷八十八。
③ 见《后汉书·逸民传》。
④ 见《后汉书·独行传》。
⑤ 见《后汉书·崔骃传》。
⑥ 见《后汉书·光武纪》记光武兄刘伯升"素结轻客"，《刘陶传》亦称"剽轻剑客之徒"，皆指长于技击之人。《论衡·别通篇》所谓"剑技之家斗战必胜者"是。
⑦ 东汉故吏对长官称"主人"，如春秋、战国间"家臣"对"大夫"的称呼一样。《后汉书·臧洪传》，臧洪复陈琳书，称袁绍为"主人"，如说"自以辅助主人，无以为悔，主人相接，过绝等伦"云云。因臧洪为东郡太守，系袁绍所任，绍为其长官，故称主人。
⑧ 五府：太尉、司徒、司空，本为"三公"，亦称"三司"；有时设太傅，为"上公"，合为"四府"；又大将军或车骑将军亦比"三公"开府，故为"五府"。下交"有道"，系东汉选举科目之一。
⑨ 见《后汉书·桓帝纪》。
⑩ 见《后汉书·朱穆传》。
⑪ "宦官悉用阉人"一句，恐有误字，宦官本系阉人，又何必说，宋刘邠疑"宦"字乃"内"字之误，当是。原语当系内官悉用阉人，不复参用士人。
⑫ 见《后汉书·窦宪传》。
⑬ 以上所引皆见《后汉书·梁冀传》。
⑭ 见《后汉书·酷吏传》。
⑮ 见《后汉书·宦者传》及《单超传》。
⑯ 张俭是汉初赵王张耳之后，其父曾任江夏太守，见《党锢传》《张俭传》。
⑰ 见《宦者传》《侯览传》。
⑱ 见《单超传》。
⑲ 以上皆见《后汉书·党锢传》。
⑳ 见《后汉书·儒林传·序》。
㉑ 见崔实《政论》，《全后汉文》卷四十六。据其所言，并非一二人如此，而系五原全郡皆然，因不知纺绩，又无力购买布匹所致。
㉒ 见《后汉书·刘瑜传》。

㉓ 见《后汉书·陈忠传》。

㉔ 以上所引皆见《后汉书·桓帝纪》。

㉕ 见《后汉书·陈蕃传》。

㉖ 《太平御览》八七九引臧荣绪《晋书》云,"魏文帝黄初四年三月,宛、许大疫,死者数万"。又云"魏明帝青龙三年正月京师大疫"。《抱朴子·道意篇》记吴孙权时,吴曾有大疫,死者过半。

㉗ 很可奇怪,据说当时疫病,专在贫穷人家流行,豪富地主阶级人家受传染的很少。魏曹植《说疫气》云:"或以为疫者鬼神所作,人罹此者,悉被褐茹藿之子,荆室蓬户之人耳,若夫殿处鼎食之家,重貂累蓐之门,若是者鲜焉。"(《全三国文》卷十八)这也许是事实,因劳动人民的营养、医药卫生设备都极差,自易受传染。总之百余年的疫病流行,死亡甚多,而并没有因此削弱了豪富地主阶级的统治。

㉘ 《马克思列宁主义论宗教》,中央文委会印。

第十四章　形成宗教的时代（下）
——和帝、安帝、顺帝至桓、灵间现象

（公元八九——一八三年）

一　方术。太平道和五斗米道。佛教的传布。

中国的宗教，从古以来仍一直流传由原始氏族社会各族图腾神反映而成的"多神多鬼教"，和由奴隶社会反映而成的"祖先崇拜"，及崇奉"天"或"上帝"的"礼教"。周代封建的统治阶级即利用这些旧有的宗教信仰，以愚弄劳动人民。但由秦、汉到东汉，在豪族地主阶级发展下，在劳动人民被各种灾难熬煎下，那些旧有的空洞陈腐的天神地祇以及祖先的威灵等等，都已不能起作用。在这时，无论豪华奢侈的统治阶级，无论熬煎欲死的劳动人民，都有一种追求，即是怎样能把自己变成"神"样的人——长生不老，有金童玉女侍奉，住的是金碧辉煌的宫殿，穿的是冰纨绮绣的衣履，吃的是琼浆玉液，用的是珠玑玳瑁——必须变成这样的"神人"或"仙人"，才能满意。当然作这种追求的动机是各各不同的，统治阶级是过惯了这种生活，所以要求永远保持这种生活，因此他们才追求"修炼""服食"，把自己变成"仙人"；而被煎迫的劳动人民，是看见了地主家庭的这种生活，他们也幻想如何能把自己也变成这样的生活，于是也"修炼"，也"服食"，也想变成"神仙"。因此，追求神人、仙人，或神仙的幻想，成为秦、汉以降最普遍的要求。这种要求，如我们所熟知的，已经起

于战国末年,由西汉到东汉,因为生活日趋于两个极端,想成神仙的要求愈来愈烈,于是各种方术就应运而生,渐渐形成道教。恰巧这时佛教传入中国,佛教正是同样幻想下的产物,它可以修行成罗汉,成菩萨,最高的成佛,并有"极乐世界"的神话,正合了这时期的需要,所以就很快的传布开来。因此道教的产生和佛教在初期的传播,这种新宗教的形成,其本质就是门阀地主、豪族地主统治时代的宗教,它的最大特色就是人要变成神,和古代那种以神统治人的宗教是不同的。

东汉各种方术的基本思想,已起于战国末年,当时已有宋毋忌、正伯侨、充尚、羡门子高诸仙人,皆能"为方仙道,形销解化"。又传说海外有蓬莱、方丈、瀛洲三神山,"诸仙人及不死之药皆在焉",其地"禽兽尽白,而黄金银为宫阙"。又有能和仙人接近并制造长生不老之药的人,称为"方士"。秦始皇时有许多方士,如燕人卢生、徐福等,为秦始皇求药。至汉代更盛,汉武帝时有李少君、少翁、栾大等人,皆能"使物却老"(使物谓役使鬼物),化丹沙为黄金。同时淮南王(刘)安亦招致宾客方术之士数千人,著书言神仙黄白之术。秦、汉间的这些方术,到了东汉,尤其在东汉中叶以后,更形发达起来。

东汉盛行的方术,有占验、符箓、炼养、幻术、经典、丹鼎诸种。

占验即西汉今文学家以阴阳五行解释天变灾异学说的演变。自西汉末年起,今文家的学说,已不为上层知识分子所重视,而为古文经学所代替。东汉时代,所有著名的经学大师(如郑兴、郑众、马融、许慎、服虔、郑玄等),几皆为古文家,今文经学虽仍有传授,政府所设的"五经博士",虽亦仍为今文家包办,但事实上已无学术价值,不为学者所重视,其学说乃流为方术之一,以种种方法占验吉凶。其占验的方法很多,据《后汉书·方术传·序》,有风角、遁甲、七政、元气、六日七分、逢占、日者、挺专、须臾、孤虚、望云、省气、推处祥妖,种种名目。当时据说长于此种占验的人很多,如《郎顗传》记其父郎宗,即长于风角、星算及六日七分(风角系因风的方向占吉凶,星算系占星术,六日七分近于后世打易经卦),《方术传》《杨由传》记由长于七政、元气、风云占候等是(七政系由日月五星的现象推吉凶,亦星占一类;元气系谓开辟阴阳之书)。

符箓,即画符治病、召神、劾鬼等术。如《方术传》记费长房由其师卖药老翁授一符,能治鬼魅,后失其符,为众鬼所杀。又有麹圣卿,"善为丹书符劾,厌杀鬼神而使命之"。又被后世尊为道教始祖的"张天师"张陵,为顺帝时人,其初起时亦以画符治病为号召。黄巾起义的领袖张角,亦以符水治病。这种法术起于何时,不能知道了①。

炼养,系修炼气息,有"胎食胎息"之法,谓可以不死。如有冷寿光、唐虞、鲁女生等三人,皆一二百岁,他们皆献帝时人,而能讲王莽末年赤眉起义时事,"须发尽白,而色理如三四十时"。又有王真、郝孟节,皆百岁以上,而视之面有光泽,似未五十者。他们大率都能行"胎食胎息"之法(闭气而吞之名曰胎息,嗽舌下泉而咽之曰胎食),或"屈颈鹜息",或"鸱视狼顾""呼吸吐纳",以为修炼。

幻术,系念咒作禁,作种种幻术。如有赵炳,能以气禁人,人不能起;禁虎,虎伏地;低头闭目,便可执缚。又有解奴辜、张貂二人,皆能隐沦,出入不由门户。献帝时有左慈,能在许昌取松江鲈鱼及蜀中生姜之类。此种幻术当时称为"越方",大约系自海外传入,先在沿海越地流行,故名。

经典,系造作经书,讲神仙事迹及其言论,以为学神仙的人所本。如顺帝时有琅琊人宫崇,上其师于吉所得《太平清领书》一百七十卷,书中记"真人""神人"和"天师"的问答,阐明阴阳五行的道理,有兴国、广嗣之术,也有除灾治病的神咒等等。此为道教最初的经典,以后又有《混成经》《甲乙经》《大洞真经》《黄庭景经》等等,陆续产生的甚多,成为后世的《道藏》。

丹鼎,即配合药物,烧炼丹药,或以制造黄金,或为长生不死之药,系战国以来最盛行的方术,惟东汉时此派无著名人物,不见于

《后汉书·方术传》。三国吴孙权时有葛玄，以烧炼丹药著名，六朝时传其术的颇多，人尊为"葛仙翁"。

以上各种方术，虽有种种不同，然有一共同目标，即能长生不老，却病延年，可以任意享受各种豪华的生活，可以制止各种灾害如水火、疾疫，可以腾云驾雾，来去自由，可以预知各种事变，能趋吉避凶。一切这些，都是秦、汉以来实际生活反映而成的幻想和要求，而到东汉时代特别是中叶以后达到顶点。这种要求，一方面是穷奢极欲的豪富地主阶级需要永久享受，一方面是贫困愁苦的人民想解除灾难，追求幸福，以致普遍形成这些方术。这许多方术，本来都各有它的来历，各有一个幻想家造作这些玩艺，但他们却都归结到道家的老子身上，以为都是老子发明的。秦、汉间以"清静无为"的治道，称为"黄老言"，归于老子还有可说，及东汉，把各种方术也都变成老子的本领。王充《论衡·道虚篇》谓，"世或以为老子之道，可以度世"，这是说学老子可以成神仙。东汉末年的仲长统作《乐志论》，谓"安神闺房，思老氏之玄虚，呼吸精和，求至人之仿佛"②，这是把房中、炼养诸术也归于老子。黄巾起义时的张修，本为五斗米道，以符水治病，而亦主《老子》五千文③。于是老子成了各派方术的"教主"，无论那一派方术，都自称为"道"，方士亦渐称"道士"，因此后世就把这些方术总称为"道教"。

不过东汉时代还没有道教的名称，只有各派方术分别传布。在这些方术中，以崇奉《太平清领书》的"太平道"和专以符水治病为号召的"五斗米道"，影响最大。

太平道所崇奉的《太平清领书》，亦称《太平经》，自顺帝间宫崇上其书后，有司以其妖妄不经，即收藏之，然事实上其徒已互相传授。桓帝时有"善天文阴阳之术"的襄楷，大概是今文家兼为方术的一类人，曾上书桓帝，又推荐此书。《后汉书·襄楷传》载其所上书说，"前者宫崇所献神书，专以奉天地顺五行为本，亦有兴国广嗣之术，其文易晓，参同经典，而顺帝不行，故国胤不兴"。当时桓帝因其上书主要在攻击宦官,震怒,收下狱,判处二年徒刑(司寇)。及灵帝时,领导黄巾起义的张角,即崇奉其书,称为太平道④。可见黄巾起义是太平道号召起来的,是这一派发生了极大的影响。于此我们应记起,西汉成帝时齐人甘忠可造《包元太平经》十二卷,"以言汉家逢天地之大终,当更受命于天",宫崇所上的《太平清领书》不知是否和《包元太平经》有联系。按甘忠可一般强调汉家"当更受命于天",他们做推翻汉室的运动很久,其最初领导此种运动的当为董仲舒,已见本书前章⑤。宫崇所上《太平清领书》,亦称为《太平经》的,既皆以"太平"为名,而崇奉其书的张角所领导的太平道,即实行为推翻汉室的起义,其间或当有多少渊源。若如此,那东汉末年的暴动,是历史很长久的一种活动了。

五斗米道起于张陵,亦顺帝时人。张陵本沛国人(今安徽宿县境),客于蜀,得咒鬼术书,因学道于鹤鸣山(今四川崇庆县境),自称"天师",造作符书,谓能治病,受其道的出米五斗,因称"五斗米道",亦称"天师道",当时统治阶级称之为"米贼"。张陵卒后由其子张衡及弟子张修传其教⑥,张衡又传其子张鲁。灵帝中平五年,刘焉任益州牧,张鲁及张修皆降于焉,鲁为督义司马,修为别部司马。张鲁旋袭杀汉中太守苏固,又杀张修并其众,因据汉中,汉室政府即任张鲁为汉宁太守。张鲁据汉中后,似乎即按五斗米道教义治理,他自号"师君",其弟子初称"鬼卒",后号"祭酒",高级的称"理头",不设官吏,即以祭酒治理。"诸祭酒各起'义舍'于路,同之亭传,悬置米肉,以给行旅,食者量腹取足,过多则鬼能病之"。"犯法者先加三原,然后行刑"⑦。据此,五斗米道的教义,完全反映当时贫苦人民的思想,行旅饮食按需要供给,犯法先经三原,不遽加刑,这都是劳动人民对政治的一些要求。据《三国志·魏志·张鲁传》说,其治"大都与黄巾相似",可见黄巾起义对政治和社会有强烈的革命性质,这是东汉以前历次农民暴动未尝看见的。因此,张鲁据汉中后,"民夷便乐之","雄踞巴、汉,垂三十年"(公元一八八年至公元二一五年,实二十七年)。汉献帝建安二十年,曹操进攻汉中,张鲁降操,受封为阆中侯。后张鲁卒,传说其子张盛即徙居于龙虎山(今江西贵溪县境),成为道教的根据地。按东汉各种方术很多,独五斗米道这一派因有张陵子孙世世承继,且有一定教义⑧,故五斗米道传布最久⑨,成为道教正统。

东汉除由各种方术酝酿成道教外,同时佛教亦开始传布。

印度佛教何时传入中国,各种说法甚多。就现在所知,比较确实的是汉武帝交通西域以后,在西汉末年佛教当已传入,东汉初佛教已开始传布。《三国志·魏志》注引《魏略》云,"昔汉哀帝元寿元年(公元前二年),博士弟子景卢,受大月氏王使伊存,口授浮屠经"。"浮屠"即 Buddha(佛)的译音,后世译作"佛陀",此为佛教传入中国的最初记载。《魏书·释老志》亦记此事,而云,伊存口授浮屠经后,"中土闻之未之信了也"。是西汉末年尚未引起人的信仰,但数十年后,至东汉初年,已开始传布。《后汉书·楚王英传》记,明帝永平八年(公元六五年)诏令罪人得入缣赎罪,当时楚王英喜黄、老及浮屠,为做好事,特入缣帛三十匹替罪人赎罪,诏报曰,"楚王诵黄、老之微言,尚浮屠之仁祠,洁斋三月,与神为誓,何嫌何疑,当有悔吝,其还赎以助伊蒲塞、桑门之盛馔"。是楚王英已明明信佛,而明帝政府中人亦对佛教有相当了解。惟亦有谓汉明帝永平十年佛教始传入中国的,《魏书·释老志》谓,"孝明帝夜梦金人,顶有白光,飞行殿廷,乃访群臣,傅毅始以佛对。帝遣郎中蔡愔,博士弟子秦景等,使于天竺,写浮屠遗范。愔仍与沙门摄摩腾、竺法兰东还洛阳,中国有沙门及跪拜之法,自此始也"。据谓蔡愔等系于永平七年出国,于永平十年(公元六七年)归。按楚王英于永平八年明明已信佛教,可见佛教之传入必在永平八年以前,绝不待蔡愔等于永平十年归后始有佛教,此事甚明。但蔡愔等此行亦绝不能认为没有,因《释老志》载蔡愔等得《四十二章经》以归,于洛阳城西建白马寺居摄摩腾等。据《后汉书·襄楷传》记,其于桓帝时上书,述浮屠不爱女色事,谓"天神遗以好女,浮屠曰,此但革囊盛血,遂不盼之"。此故事正出《四十二章经》,桓帝时襄楷已述其事,正与永平年间传入此经事吻合。或以为永平七年(公元六四年)东汉尚未与西域恢复交通(西域在永平十六年始通),不能至印度。其实政府与西域关系之通绝为一事,而普通之来往又一事,虽在与西域断绝时期,商贾之来往自若,本书前章已言及。永平七年之事,要为佛教传入中国的一重要环节,中国之有佛寺自此始。明帝以后,西域僧人还有继续来中国的⑩。东汉末年,信佛教的当更多,如汉桓帝即信仰,《后汉书·桓帝纪·论》谓桓帝"设华盖以祠浮图、老子"。大概初时佛教尚只传布于贵族官吏间,东汉末年更流行到社会上。《后汉书·陶谦传》记,献帝时有陶谦部下一官吏,名笮融,在今江苏北部扬州、徐州一带,"大起浮屠寺,上累金盘,下为重楼,又堂阁周回,可容三千许人。作黄金涂像,衣以锦彩。每浴佛,辄多设饮饭,布席于路,其有就食及观者,且万余人"。是当时普通人民信佛教的亦多起来了。

必须了解,东汉时代是把佛教当作道教一样来信仰的,所以楚王英和汉桓帝都是把老子和浮图同祠,且开始造作"老子化胡"的神话,以为佛教始祖释迦牟尼是老子所化⑪。当时信仰佛教,无非因为佛教也有种种修炼方法,经过修行也可以"成佛作祖",也有"极乐世界"可到,这些正和道教的神仙洞府一样,正是东汉时代的人们所追求的。

二 极端命运论和王充的《论衡》。统治阶级的腐朽——颓废,放荡,浮华。

东汉时代,在天灾人祸长期交迫下,人们除追求宗教的幻想外,还有另外一种极普遍的思想,就是相信命运。命运的观念,从古已有,但到东汉可以说是相信命运的典型时代,形成极端的命运论。其所以过分相信命运,正和当时产生宗教一样,也是门阀地主、豪族地主统治下的产物。因为当时阶级生活那样悬殊,一方面极端豪华奢侈，一方面贫穷至出卖首级，生活上这样强烈的对比，对统治阶级说来，莫妙于以命运做解释。因为只有说成是命运支配，那就反抗斗争都是徒然，只好听天由命，一切付之无可如何，这样统治阶级就可安享其豪华的生活，永远可以肆无忌惮地剥削人，压榨人了。所以命运的说法，是豪族地主阶级统治时代，麻痹劳动人民最可恶的伎俩。我们所以说这是门阀地主、豪族地主统治下的产物，因为夏、商、周时代的奴隶主或领主贵族地主，他们是"天生烝民"，有天神佑护，或神样的祖宗威灵保护，所以以天，或神，或祖先，就可以吓住人。但秦、汉以降的地主阶级，已不是贵族，不是神灵的裔胄，他们自然不能再以"神道设教"。西汉时代的地主阶级，说阴阳五行，说天变灾异，就是不能以"神道设教"后，乃改以阴阳五行来设教。但阴阳五行的占验，早已不能作准，西汉末年已吓不住人，除流为宗教的方术外，已没有思想的价值。所以东汉时代，一方面以经古文家倡导封建道德，代替今文家的阴阳五行说，以制造广泛的封建关系，来扩大地主阶级的势力；另一方面发挥极端的命运论，以麻痹劳动人民。这种命运论，以自然主义的宇宙观做基础，一切归于自然的演变，非人力所能改变。同时又以自然主义的观点，否定古代流传的神鬼的作用，也否定西汉今文家以阴阳五行为有意识的变化，能按人事发生天变灾异的说法，用以证明只有命运学说最为真理，从而证明地主阶级的统治，无论你愿意不愿意，只有接受，只有服从。这就是命运论的本质。

  东汉时代建立命运学说的完整体系的，是王充的《论衡》。王充是明帝、章帝间会稽上虞县的人。据其自述[12]，他的祖先曾因从军有功受封，后以农桑为业，兼营贾贩，其祖与父皆好"任气"，"勇势凌人"，大约是豪侠一类的家庭。汉代的豪侠，实质上是地主阶级的帮凶、帮闲人物。因为他的家庭一贯为地主阶级服务，所以养成王充绵羊似的性格，王充自称，"得官不欣，失位不恨，处逸乐而欲不放，居贫苦而志不倦"。这样安分守己，正是地主阶级社会的君子、好人,是地主阶级需要的人物,所以王充就完成了安分守己的学说——命运论。

《论衡·命禄篇》说:"凡人遇偶,及遭累害,皆由命也,有死生寿夭之命,亦有贵贱贫富之命,自王公逮庶人,圣贤及下愚,凡有首目之类,含血之属,莫不有命。命当贫贱,虽富贵之,犹涉祸患矣;命当富贵,虽贫贱之,犹逢福善矣。"又说:"故夫富贵若有神助,贫贱若有鬼祸。命贵之人,俱学独达,并仕独迁,命富之人,俱求独得,并为独成,贫贱反此,难达、难迁、难成!"富贵、贫贱全决于命,与人之才能高下无关,如说:"是故才高行厚未必保其必富贵,智寡德薄未可信其必贫贱。或才高行厚,命恶,废而不进;知寡德薄,命善,兴而超踰。""命贫以力勤致富,富至而死;命贱以才能取贵,贵至而免。"不过还有一说,"命富之人筋力自强,命贵之人才智自高,若千里之马,头目蹄足自相副也"。这样决定一切的命,是从那里来的呢?是元气变化自然来的,《无形篇》说:"人禀元气于天,各受寿夭之命,以立长短之形,犹陶者用土为簋廉,冶者用铜为柈杆矣。气形已成,不可小大;人体已定,不可增减。用气为性,性成命定,体气与形骸相抱,生死与期节相须,形不可变化,命不可增减。"《命义篇》说:"故寿命修短,皆禀于天;骨法善恶,皆见于体。命当夭折,虽禀异行终不得长;禄当贫贱,虽有善性终不得遂。"但命有三种,"一曰正命,二曰随命,三曰遭命。正命谓本禀之自得吉也,性然骨善,故不假操行以求福而吉自至,故曰正命。随命者,戮力操行而吉福至,纵情施欲而凶祸到,故曰随命。遭命者,行善得恶,非所冀望,逢遭于外而得凶祸,故曰遭命"。一切既定于命,人已毫无能为力,而且经常更有偶然、忽然的事,《幸偶篇》说,"凡人操行有贤有愚,及遭祸福有幸有不幸;举事有是有非,及触赏罚有偶有不偶。并时遭兵,隐者不中,同日蔽霜,蔽者不伤,中伤未必恶,隐蔽未必善,隐蔽幸,中伤不幸"。"蝼蚁行于地,人举足而涉之,足所履,蝼蚁乍死,足所不蹈,全活不伤。火爇野草,车轹所致,火所不爇,俗或喜之,名曰幸草。夫足所不蹈,火所不及,未必善也,举火行有适然也"。由此以推,人之禀命,有富贵、贫贱之差,也都是"适然"的结果。如说,"俱禀元气,或独为人,或为禽兽。并为人,或贵或贱,或贫或富。富或累金,贫或乞食;贵至封侯,贱至奴仆。非天禀施有左右也,人物受性有厚薄也"。再进一步推论,不惟个人的富贵、贫贱,是命运幸偶的结果,即国家的治乱兴衰,也都是命运的结果。《治期篇》说,"人皆知富饶居安乐者命禄厚,而不知国安治化行者历数吉也。故治世非贤圣之功,衰乱非无道之致。国当衰乱,贤圣不能盛;时之当治,恶人不能乱。世之治乱,在时不在政;国之安危,在数不在教。贤不贤之君,明不明之政,无能损益"。"夫贤君能治当安之民,不能化当乱之世,良医能行其针药使方术验者,遇未死之人得未死之病也,如命穷病困,则虽扁鹊未如之何。夫命穷病困之不可治,犹夫乱民之不安也,药气之愈病,犹教导之安民也。皆有命时,不可令勉力也"。照王充这些议论,那不惟豪华奢侈、横行霸道的地主阶级,可以安心"侵陵小民,鱼肉乡里",即那些穷凶极恶的外戚、宦官和那些荒淫无道的昏君,也可以委过于"乱民之不可安",更可以肆无忌惮地暴虐了!至于那些穷困贫贱的一般人民,只有怪自己所禀的"元气"不好,只有安分守己,静受宰割,静受鱼肉了!

王充这样强烈的命运论,是有意的,是有目的的,他是在替汉代的统治阶级找根据,同时麻痹劳动人民。他的思想尚远不如安帝、顺帝间的王符和献帝间的仲长统。王符、仲长统尚极力指摘那些豪人、豪强,指摘当时"官无善吏,位无良臣"。而王充却极力替汉代政治辩护,认为胜于周代,《论衡》有《宣汉篇》《恢国篇》,专门宣扬汉政,他说:"夫实德化则周不能过汉,论符瑞则汉盛于周,度土境则周狭于汉,汉何以不如周?"可见王充是极其忠实地为汉代的统治阶级服务了。

王充的命运论,其理论上的来源,是道家的自然主义。正因为一切听自然的演变支配,所以才成为"命运"。《论衡·自然篇》说,

"天动不欲以生物而物自生,此则自然也;施气不欲为物而物自为,此则无为也。谓天自然无为者何？气也,恬静无欲无为无事者也。"相信自然主义,也是东汉时代极普遍的思想,那些崇尚方术的人不要说了,即号称儒家"经师"的今文家、古文家,也无不兼通老、庄,崇尚"自然""无为"。但东汉的自然主义,表面上是源于老、庄,而实质上和老、庄的自然主义绝不同。老子、庄子是没落阶级的代表者,他们把没落的过程,推源于自然的演变,无可如何,只有忿世嫉俗,或达观逍遥。但东汉的自然主义者,却都是官僚士大夫,是门阀、豪族地主阶级中人,他们是现实的统治阶级,而也竞学老、庄,崇尚无为,主张自然主义。其所以如此,恰恰和老、庄相反,他们认为一切现实制度、豪门地主、奴婢佣客、官僚大族、贩夫走卒,一切富贵贫贱,种种差别,都是自然演变的结果,不可改易,照王充的话说,都是"命",不能增减。这样,没落阶级无可奈何的自然主义,到了东汉,就变成永远不能改变的统治阶级的自然主义了。

但是以这样极端倡导命运论,为他的统治阶级忠实服务的王充,近来却有许多人被他迷惑,恭维他是唯物论者。这是因为他曾利用自然主义的观点,批判了许多更较落后的思想。如他反对人死为鬼的说法,《论死篇》说,"世谓死人为鬼,有知能害人。试以物类验之,死人不为鬼,无知不能害人。何以验之？验之以物。人,物也,物,亦物也,物死不为鬼,人死何故独能为鬼!"他又反对汉代今文家灾异的说法,《谴告篇》说,"论灾异,谓古之人君为政失道,天用灾异谴告之也。灾异非一,复以寒温为之效,人君用刑非时则寒,施赏违节则温。天神谴告人君,犹人君责怒臣下也"。王充对这种看法批评说,"寒温之气系于天地,而统于阴阳,人事国政安能动之"(《变动篇》)。"夫天道自然也,无为,如谴告人,是有为也,非自然也"(《谴告篇》)。他又反对东汉时代流行的各种神仙方术,《道虚篇》说,"世或以老子之道为可以度世,恬淡无欲,养精爱气……世或以辟谷不食,为道术之人,谓王子乔之辈,以不食谷与恒人殊食,故与恒人殊寿,踰百度世,遂为仙人,此又虚也"。总之,王充确曾对许多古代的落后的思想加以批判,而最后终归结于自然的演变、命运的决定和偶然的遭遇等等,但可惜他这些思想,也并没有比他所批判的那些思想高明了多少。说王充是唯物论,那是侮辱唯物论的!

东汉时代的统治阶级,得到像如王充这样的一些学者,替他们支持,捧场,这些生来"命禄厚"的人,应当益发"富饶居安乐"了。但他们的生活怎样呢?东晋时的葛洪记述的最明白,《抱朴子·汉过篇》说,"历览前载,逮乎近代,道微俗弊,莫剧汉末也"。"于时率皆素飡偷容,掩德蔽贤,忌有功而抑之,疾清白而排之,讳忠谠而陷之,恶特立而摈之"。那时的人,"嗜酒好色,阘茸无疑者,谓之率任不矫。求取不廉,好夺无足者,谓之淹旷达节。蓬发裸服,游集非类者,谓之通美泛爱"。"懒看文书,望空下名者,谓之业大志高"。"输货势门,以市名爵者,谓之轻财贵义。结党合誉,行与口违者,谓之以文会友"。《抱朴子》对于这些门阀世家的名士,直称为"汉末诸无行"。《刺骄篇》说,"闻之汉末诸无行,自相品藻次第,群骄慢傲,不入道检者为都魁雄伯,四通八达,皆背叛礼教,而从肆邪僻,讪毁真正,中伤非党,口习丑言,身行弊事,凡所云为,使人不忍论也"。这些情况,说明东汉末年专制君主的统一帝国,固然要崩溃了,而那些门阀世家地主阶级中人,也完全腐朽了。他们一方面"求取不廉,好夺无足","群骄慢傲","结党合誉",即是尽量压榨人民,仗势欺人,同时又"掩德蔽贤","中伤非党",互相排挤;另一方面,"嗜酒好色","蓬发裸服","口习丑言,身行弊事",过着极端颓废腐化的生活,而这些颓废腐化的名士们,除谈论外又几于百无一用。献帝初平元年袁绍起兵讨董卓时,是如魏文帝曹丕所说,那是"名豪大侠,富室强族,飘扬云会"的[13],而郑浑对董卓批评他们说,"袁本初(绍)公卿子弟,生处京师,体长妇人。张孟卓(张邈)东平长者,坐不窥堂。孔公绪(孔伷)能清谈高论,嘘植吹生,无军帅之才"[14]。当时所谓"名豪大侠,富室强族",不过是这样一些人。孔融是东汉末年最负盛名的人物之一,而"才疏意广,迄无成功",为青州刺史,被袁谭围攻,"自春至夏,战士所余裁数百人,流矢雨集,戈矛内接,融隐几读书,谈笑自若,城夜陷,乃奔东山"[15]。又焦和为青州刺史,"入见其清谈干云,出则浑乱命不可知,州遂萧条,悉为丘墟也"[16]。东汉末年的名士,大率皆如此类,所以后来曹操执政,专门要破除这些"浮华交会之徒"[17],不是无因的。

这些颓废浮华之士,不惟百无一用,即其生活亦变成空虚烦闷,并不是如王充所说"富饶居安乐"的。献帝时的名士仲长统,有一首《见志诗》,可以代表这一般名士的心情。他说:"寄愁天上,埋忧地下,叛散五经,灭弃风雅!百家杂碎,请用从火!抗志山栖,游心海左;元气为舟,微风为柂,敖翔太清,纵意容冶!"[18]这就是汉末名士们的志趣。他们究竟是快乐呢,还是不快乐呢?很明白,他们不是快乐的。他们似乎有极大的苦闷,要"寄愁天上,埋忧地下"。他们好像有失意者的厌世思想,要以"元气为舟","敖翔太清"。为什么如此呢?他们不是"富饶居安乐"么?为什么还要"寄愁""埋忧"呢?其实这不是普通的愁和忧,而是阶级地位发展的过高,生活脱离现实过久,空虚无内容的生活引起来的烦闷。王充的理论显然是不正确的,仅有"富饶"是得不到快乐的,快乐是由劳动得来,不断的劳动,不断的充实生活内容,才能得到快乐。像如东汉末年那些统治阶级,已经完全腐朽,感觉不到快乐了。这是一切剥削阶级发展到最高点时共同有的情况。

三 劳动人民的创造。纸的发明。生产工具的改进。农业生产力的发展。医药的发达。

东汉一代,固然天灾人祸奇重,使许多人,或为永远保持他们的幸福生活,或为解除各种灾难,都追求成仙学道的方术,因而形成了宗教。但这并不是说,所有的劳动人民,就都被天灾人祸征服,只能以宗教的幻想解决问题;或都被命运论所迷惑,只能听天由命,除此以外，就再无其他办法。不是的，绝不是这样！劳动人民绝没有全被天灾人祸征服了，也没有被宗教的幻想和命运论迷惑了，他们以伟大的劳动，和天灾人祸搏斗，用许多新的创造，来克服天灾人祸。而且正因为东汉时代天灾人祸奇重，东汉劳动人民的许多新创造也特别有价值，这许多新创造，给东汉统治阶级——专制君主和豪族地主——造成的乌烟瘴气的社会，放出一条灿烂的光芒。

在这许多创造里边，我们首先应当提到纸的发明。纸是我国劳动人民最伟大的创造之一。我们古代使用文字，除商代刻在龟甲、兽骨上边，和商、周间铸或刻或用漆写在铜器上边以外，周代以来一般都是刻或写在木板或竹板上边，称为"简"。较便利的是写在绸子（帛）上。汉代似乎有一种专用以书写的帛，称为"纸"。用木简或竹简书写，既不便利，且累赘。用帛书写当然很贵，非普通人所能使用。及东汉，劳动人民始发明用树皮、麻、烂布、渔网等造纸的方法，才有了我们现在所用的纸。这个伟大的发明，最初始于何人何时，已不能知，现在所能知道的是和帝时的宦官蔡伦。《后汉书·宦者列传·蔡伦传》记，"自古书契多编以竹简，其用缣帛者谓之为纸，缣贵而简重，并不便于人。伦乃造意，用树肤、麻头及敝布、鱼网以为纸，（和帝）元兴元年（公元一五年）奏上之，帝善其能，自是莫不从用焉，故天下咸称蔡侯纸"。此谓"伦乃造意"，似乎即认为是蔡伦发明的，其实应当说是蔡伦总结劳动人民的经验造成的。古代宦官多出身微贱，蔡伦必有所承受始能造此意，否则一个不劳动的宦官，根本接触不到烂布、渔网，如何能用以造作？自蔡伦完成了这一项发明后，因其用处太大，所以立刻就广泛传布开来。据安帝、顺帝间的崔瑗《与葛元甫书》云，"今遣奉书钱千为贽，并送《许子》十卷，贫不及素，但以纸耳"[19]。安帝即位于公元一〇七年，距初造纸只三年，顺帝最后一年为公元一四五年，距初造纸亦只四十年，当时无力用"素"（白帛）写字的人，已可用纸，可见传布的快了。同时不仅传至国内各地，且已传至国外，四十余年前帝国主义分子斯坦因（英国人）曾在甘肃西部发现用粟特文写的残纸，系公元二世纪中叶的遗物，即是东汉顺帝及桓帝间的物品，可见那时西域人亦使用中国的纸了。以后到七世纪中叶（唐玄宗天宝年间），中国的造纸法传入阿拉伯帝国，才由阿拉伯人传入欧洲，欧洲人始知用纸。中国的这一项发明，对人类文化的贡献极大，如果没有纸，知识的积累和传播，那效力要差多了。

东汉时代另一重大创造，是生产工具有极大的改进，特别是已能用水力发动工具，因使生产力大大提高。我们前边说，东汉时代的豪富地主对财富的积累，远较西汉时代为高，他们的生活也更较西汉时代为豪华奢侈，这就意味着东汉的生产力比西汉为高，社会总的生产量增加，否则单凭压榨是压榨不出来的。

东汉时代开始知用水力发动工具，舂米、磨面，并以冶铁。光武时著名的古文家桓谭曾谓："宓牺之制杵臼，万民以济，及后世加巧，因延力借身重以践碓，而利十倍杵臼；又复设机关用驴赢牛马，及役水而舂，其利乃且百倍！"[20]这是说，用水力舂米，其效力超过手舂甚多。此种用水力舂米的工具，东汉以后见于记载的极多，称为"水碓"——碓本是石制而用足舂米的工具，今以水舂，故称"水碓"。另有"水硙"，系用水力磨面的工具，其使用较后，或当在东汉末年[21]，东汉以后见于记载的亦甚多。除舂米、磨面外，同时又用水力冶铁、铸造工具，称为"水排"。《后汉书·杜诗传》记，光武建武七年时，杜诗为南阳太守，"造作水排，铸为农器，用力少，见功多，百姓便之。"所谓"水排"，据《注》云，"冶铸者为排以吹炭，令激水鼓之也"。"排"亦称"橐"，即后世之风箱，其起源甚早，当在春秋时[22]，系最简单的鼓风设备。其最初制作，系以皮革为囊鼓风，杜诗所作，系以水力鼓囊吹风，其效力当然大增，应近于鼓风炉的设备了。

水碓、水排的制作，除能用水力外，当然还联系简单机械的采用。东汉时代，对机械的知识已达到能造较复杂的仪器，如安帝、顺帝间的张衡，能造准确的宇宙仪和地动仪是。《后汉书·张衡传》

记,张衡字平子,"善机巧,尤致思于天文阴阳历算",安帝时为太史令,作"浑天仪",顺帝阳嘉元年复作"候风地动仪"。其浑天仪,据《晋书·天文志》记其状云:"张平子既作铜浑天仪,于密室中以漏水转之,令伺之者闭户而唱之,其伺之者以告灵台之观天者曰,璇玑所加某星始见,某星已中,某星今没,皆如合符也。"据此可知浑天仪也是用水力转动。所谓"漏水",原是中国古代的"计时器",亦称"滴漏",其起源甚古,亦当在春秋时代,系以铜壶注水,按时滴水以记时刻。张衡即利用"漏水"按时滴水的性能,使滴水亦按时转动齿轮,以控制列在仪器上的星辰的出没。其"候风地动仪",《张衡传》云:"以精铜铸成,员径八尺,合盖隆起,形似酒尊,饰以篆文山龟鸟兽之形,中有都柱,傍行八道,施关发机。外有八龙,首衔铜丸,下有蟾蜍,张口承之。其牙机巧制,皆隐在尊中,覆盖周密无际。如有地动,尊则振,龙机发吐丸,而蟾蜍衔之,振声激扬,伺者因此觉知,虽一龙发机而七首不动,寻其方向,乃知震之所在。"此机成后,人多不信,"尝有一龙机发,而地不觉动,京师学者咸怪其无征,后数日驿至,果地震陇西,于是皆服其妙"。据此可知张衡所造是一部极精密的地震仪了。我们知道,安帝、顺帝时代,正是地震最多、最剧烈的时代,张衡造这种仪器,企图克服地震不能预知、预防的困难,这种精神比仪器本身的成就尤为可贵,他和王充那种向命运投降的思想相较,相差真不能以道里计了!

此外,东汉时代又发明了水车,以引水溉田。据《后汉书·宦者列传·张让传》记,灵帝时有宦官毕岚,"铸天禄虾蟆,吐水于平门外桥东,转水入宫。又作翻车、渴乌,施于桥西,用洒南北郊路,以省百姓洒道之费"。此所谓"天禄虾蟆"与"翻车",当系一物。翻车,《注》云"设机车以引水",明即后世的水车。大约系以翻车引水至地面,由特设之虾蟆口中吐出,然后流入用水处。"天禄虾蟆"之下部,非有翻车不能吸水,可知其必为一物。至于"渴乌",《注》云,"为曲筒以气引水上也"。据此当系一种抽水机,亦必与翻车合用,即由翻车引水至地面,然后由一种名"渴乌"的抽水机吸水喷出,以洒道路。这些制作,必系宦官毕岚尝见农民使用翻车引水溉田,因加设"天禄虾蟆"或"渴乌",使吐水或喷水,是在毕岚以前翻车必早已存在了。

由以上这些制作,说明东汉时代对生产工具确有很大改进,生产力必大大提高,这是东汉时代劳动人民的光辉成就,也是东汉的豪富地主能积累更多财富的根源。这种改进一直继续到东汉以后,在魏、晋、南北朝时代,新的机械的制作仍甚多,其详在下章另述。

东汉劳动人民的光辉成就,表现在农业方面的亦极显著,如耕作技术的改进,产量的提高,技术作物的增加,皆有特殊表现。桓帝时的名政论家崔实,著有《四民月令》[23],按月详记农民的活动事项,可以表示一般农业情况。其中除按季节记及农民种植各种谷类外,其他蚕桑、蔬菜、果木以及竹、漆、桐、梓,皆普遍经营。而最突出的是对各种染料、油料作物和亚麻类的种植,似乎特别注意。染料以蓝为主,二月、五月皆可种植,并记及染青绀杂色及捣地黄根染彩色的方法。油料主要为胡麻,二、三、四、五等月皆种植;又种葵,收子以榨油;又种苴麻,即苎麻,以其纤维织布,以其子作烛。麻类的经营特别注意,正月即"粪畴",畴指麻田,二月、三月种苴麻,五月种牡麻,至十月析麻绩布——东汉时尚无棉布,衣着除丝织品外,主要为麻布。丝织品的纺织,从四月开始,四月"蚕既入簇,趣缫剖线,具机杼,敬经络",六月"织缣练",即绢及纱縠之属,八月"趣织缣帛"。凡以上这些作物,不论谷类、果木、油料、染料、丝、麻、布、帛等物,除农民自己消费一小部分外,大部分皆变作商品出售,《月令》中几乎每月皆记及有出售的产物,如二月"粜粟、黍、大小豆、麻、麦子"等,三月"粜黍买布",五月"可粜大小豆、胡麻",七月"粜大小麦豆",十月"卖缣帛"。各种作物中,以作染料用的蓝草经济价值最大,后魏时的贾思勰《齐民要术》谓,"种蓝十亩,敌谷田一顷",此种情况亦可适用于东汉。东汉末年以注《孟子》著名于后世的赵岐,有《蓝赋》,其序云"余就医偃师,道经陈留(今河南陈留县),此境人皆以种蓝染绀为业,蓝田弥望,黍稷不植"㉔,于此可见种蓝之盛。同时亦可见东汉末年已至"桓、灵之间,主荒政缪"的时代,而纺织工业尚很发达,致使陈留阓县成了一个大染坊,所有农田亦都经营了染料,这是非常值得注意的。

另外,东汉在农业方面有所谓"区田法",其收获粮之多,甚为魏晋间人所称道。《后汉书·刘般传》载,东汉初年明帝时即推行区田法,其法当起于西汉末年,《注》引成帝时的氾胜之《农书》云:"上农区田法,区方深各六寸,间相去七寸,一亩三千七百区,丁男女种十亩,至秋收区三升粟,亩得百斛。中农区田法,方七寸深六寸,间相去二尺,一亩千二十七区,丁男女种十亩,秋收粟亩得五十一石。下农区田法,方九寸深六寸,间相去三尺,秋收亩得二十八石。旱即以水沃之。"此种种植方法的特征,是密植深耕,是园艺式的耕作法。《刘般传》记当时因"郡国以牛疫,水旱垦田多减,故诏敕区种",可见推行区种的原因,是缺乏耕牛。区种必系用手经营,而其收获量之所以多,则在密植深耕。如三种区田法,每区皆深六寸,而亩收百斛的,区方六寸,间相去只七寸;其次等区方七寸,间相去二尺;再次区方九寸,间相去三尺。可见区愈小,相距愈密,收获量亦愈大。种田用密植的方法,崔实《四民月令》亦提及,如谓二月种穊禾,"美田欲稠,薄田欲稀";四月种大小豆,"美田欲稀,薄田欲稠"。可见东汉人对耕作技术极为讲求。区种收获量之所以多,主要原因在于密植深耕,甚明。此法甚为魏晋间人所称道,魏废帝时邓艾曾用其法,《晋书·段灼传》记,"(邓)艾欲积谷强兵,以待有事,是岁少雨,又为区种之法"。嵇康《养生论》亦谓,"夫田种者一亩十斛,谓之良田,此天下之通称也,不知区种可百余斛也。田种一也,至于树养不同,则功收相悬"㉕。贾思勰《齐民要术》亦谓,"区种天旱常溉之,一亩常收百斛"。又说,"以区种之,天旱浇之,其收至亩百石以上"。每亩收获多至百斛或说百石,后世多疑其不可能,然两汉斗称均小,每斛只当宋以来的二斗余,百斛为二十余石,氾胜之、嵇康、贾思勰所言皆同,或非虚语。

总之,东汉时代,在各种天灾人祸的长期侵袭下,劳动人民仍有极光辉的创造,在手工业和农业方面,都有新的发展,这些发展,和其他各代比较起来,都是显著的、突出的。这些发展,能不能起些什么作用呢?它是不是封建地主阶级发展下而产生的呢?我们可以肯定地说,绝不是的,封建地主阶级的发展,只有使技术停滞,只有束缚生产力的发展,绝不能成为推动工具技术改进的动力。而东汉一代的事实却是,一方面门阀豪族地主阶级有高度的发展,他们分明已形成割据,而另一方面,社会经济却同样分明有突出的创造和发展。这是什么原故呢?这就是秦、汉以降社会的情况。秦、汉以降的社会,我们已经交代过,是封建地主阶级统治着,而商品经济却已发达起来的社会。商品经济一方面和地主阶级结合在一起,巩固了封建的统治,而一方面却又在腐蚀封建地主阶级,企图独立的发展。东汉时代和其以后其他各朝代都一样,所有工具技术的改进,生产力的发展,都是商品经济发达的刺激下产生的,而绝不是地主阶级发展的结果,其道理甚明。商品经济的这些发展,虽尚不能成为独立的新的统治阶级——资产阶级,但它却起着削弱封建地主阶级的作用,而使社会经济有新的发展,这就是秦、汉以降历史的进步性。东汉时代并不例外,门阀、豪族地主阶级虽在发展着,而在商品经济刺激下,社会经济也在发展着,东汉的社会绝没有停滞。

东汉社会的发展,还有表现在另外一方面的,是医药知识的发达,这又是东汉时代另一种新的创造。我们前边已说过,东汉时代因为疫病的猖獗,使许多人都求助于神鬼,求助于符箓,以消除灾难。但正如东汉社会并不全是古老的封建经济支配的一样,它还有商品经济方面许多崭新的发展。对于东汉的疫病也一样,并不完全都是用古老的宗教方式去解决,而也有许多人用科学的方法去克服它,制止它,这样就发达了医学。

首先，中国在医学方面卓越的创造——针灸的方法，似乎就始于东汉。《后汉书·方术传》记，和帝时有郭玉，善针术，据谓其术传自一老父，不知名，"常渔钓于涪水，因号涪翁"。其人"见有疾者，时下针石，辄应时而效"，著有《针经》《诊脉法》，传于世。这个涪翁，是以针石治病见于记载最早的。东汉末年著名的医人华佗，亦以针灸治病，著神效。华佗又长于外科疗法，其传谓，"若疾发结于内，针药所不能及者，乃令先以酒服麻沸散，既醉无所觉，因刳破腹背，抽割积聚，若在肠胃，则断截湔洗，除去疾秽，既而缝合，傅以神膏，四五日创愈，一月之间皆平复"。此所谓"麻沸散"，即麻醉剂，华佗大概是人类历史上最早使用麻醉剂动手术的人。东汉时在医学上贡献最大的另一人，是献帝时的张机，字仲景，后世号为"医圣"。张仲景即是因为受了疫病的损害，因而发愤要制止疫病，乃钻研医学，后遂活人无算。后世视为医家宝库的《伤寒论》及《金匮要略》二书，传说即为张仲景所撰。但此二书绝不是张仲景自己编著的，惟《伤寒论序》所言张仲景因受疫病损害，因而学医的事，切合当时事实，不为无因。《伤寒论》及《金匮要略》二书，虽非张仲景自撰，但其中必包含有张仲景的方剂，因魏、晋间即流传有"张仲景方"，甚为当时人称道。如魏、晋间的著名学者皇甫谧，所著《释劝论》[26]有云："华佗存精于独识，仲景垂妙于定方。"《太平御览》七百二十二引有《张仲景方序》。可见张仲景所定的方剂必甚多，当时已起过极大的影响，如另外一个著名于后世的医人王叔和，其时期较张仲景稍后，西晋初曾为太医令，据皇甫谧《甲乙经序》云，"近代太医令王叔和，撰次仲景，选论甚精"。同时张仲景的弟子，河东人卫汛本其师传，亦撰方剂甚多。是当时的名医皆本张仲景以传于后世，无怪乎被推为"医圣"了。

以上东汉时代的历史，统一政权和割据政权的争哄，各级统治阶级的残酷暴虐和腐化，劳动人民的悲惨和痛苦，迷信的追求等等，一切这些都还得继续下去，都还没有解决。必须经过劳动人民更大的斗争,更多的创造,把那些最腐朽的统治阶层推翻下去,才能有新的转变。以下就是大斗争的开始,转变的过程是非常复杂的,我们在下几章叙述。

【注释】

① 《汉书·景武昭宣元成功臣表》辕阳侯江喜下记,元帝"永光四年(侯江仁)坐使家臣上书还印符随方士,免",可见西汉时代的方士已有"印""符"了。

② 见《后汉书·仲长统传》。

③ 见《后汉书·刘焉传》注引《典略》。

④ 张角为太平道,见《三国志·魏志·张鲁传》注引《典略》,《后汉书·刘焉传》注引《典略》误为五斗米道。

⑤ 见本书第十一章《今文家的禅代运动》节。

⑥ 裴松之《三国志注》以为张修即张衡,按张修后为张鲁所杀,而张衡为张鲁之父,不应为一人。但张修奉五斗米道,为黄巾起义领袖之一,当为张陵弟子。

⑦ 以上据《后汉书·刘焉传》,《华阳国志》《汉中志》谓"鲁行宽惠""其市肆贾平"可参看。

⑧ 除张鲁在汉中所行教义外,曹丕《典略》又谓其"依月令,春夏禁杀,又禁酒"。

⑨ 《晋书·王羲之传》谓"王氏世事张氏五斗米道",又《孙恩传》"世奉五斗米道",可见东晋时仍盛行。

⑩ 桓帝时有安息国太子安世高为僧来中国,开始翻译佛经三十余部。灵帝时先后有大月氏僧人支娄迦谶、印度僧人竺佛朔、安息国僧人安玄等来中国。

⑪ 《后汉书·襄楷传》记,"或言老子入夷狄为浮屠",可见老子化胡的说法,起于东汉。

⑫ 见王充《论衡》卷三十。

⑬ 见《全三国文》卷八《魏文帝自序》。

⑭ 见《三国志·魏志·郑浑传》注引张璠《汉记》。

⑮ 见《后汉书·孔融传》。

⑯ 见《三国志·魏志·臧洪传》注引《九州春秋》。

⑰ 见《后汉书·孔融传》曹操与孔融书。

⑱ 见《后汉书·仲长统传》。

⑲ 见《全后汉文》卷四十五。

⑳ 见《全后汉文》卷十五引《桓谭新论》。

㉑ 三国吴褚陶有《水硙赋》(《世说》注引《褚陶家传》)，为水硙见于记载最早的。按水硙磨面，而中国古代不知面食(古代食麦饭而不知面食，晋束皙有《饼赋》言之)，磨面制饼当起于东汉(东汉末赵岐因逃难卖饼为生，至迟东见汉末已盛行)，水硙之初用，不能早于东汉末年。

㉒ 《老子》："天地之间其犹橐籥乎。"王弼注："橐，排橐也。"春秋时已知冶铁，橐初用于春秋时，完全可能。

㉓ 见《全后汉文》卷四十七。

㉔ 见《全后汉文》卷六十二。

㉕ 见嵇康《养生论》，《全晋文》卷四十八。

㉖ 见《晋书·皇甫谧传》。

第十五章　黄巾起义。割据的实现。门阀政治。民族迁徙。

——东汉灵帝、献帝及三国时代

（公元一八四—二六四年）

一　黄巾起义。地主阶级的割据。

公元一八四年，即汉灵帝中平元年，受尽苦难的东汉人民，再忍耐不住了，暴发了大乱。当然，这并不是说，东汉时代的人民恰好忍耐到这一年才起义，事实上早已在起义，如前所说，单桓帝时代起义的已经有三十多起，灵帝初年已又有十余起。这些乱事虽都被扑灭下去，但革命的情绪是扑灭不下去的，只有激起更大的起义。中平元年起义的太平道领袖张角，他假借符水治病，宣传、鼓动已十余年，聚集了徒众数十万人，才成了颠覆东汉帝国的大暴动。

张角，钜鹿人（今河北平乡县），是太平道的"大贤良师"。他有弟子八人，分别在各地活动，徒众分布青、徐、幽、冀、荆、扬、兖、豫八州（今河北、山东、河南、湖北、安徽、江苏各省），置三十六方——方等于坊或部，犹言三十六部——大方万余人，小方六七千，各有统帅。中平元年是甲子年，他们早已选定这一年起义，说是"苍天已死，黄天当立，岁在甲子，天下大吉"。各地墙壁上皆书"甲子"字，以为符号。他们原决定于是年三月五日起事，由大方马元义等，先集合湖北、江苏各地信徒数万人于邺（今河南临漳县境），又买通宦官数人为内应。正要起事，不料在二月间，有张角的另一弟子唐周，告发其事，马元义立刻被捕车裂死，其他被杀的还有千余人，并逐捕张角。张角知事已露，乃仓卒起事，参加的皆以黄巾为标帜，故号黄巾。统治阶级诋为"蛾贼"，蛾即蚁字，言其如蚂蚁一样众多。张角称天公将军，其弟张宝称地公将军，张梁称人公将军。与张角同时起事的，颖川（今河南禹县一带）有波才，汝南（今河南汝南县一带）有彭脱，南阳（今河南南阳县一带）有张曼成，东郡（今河南濮阳县一带）有卜己，大率皆为太平道。七月间，五斗米道的张修亦起于四川。事起后，东汉政府当然震动，一方面急下诏解除党禁，以收拾人心；一方面收集所有兵力，先后派北中郎将卢植及东中郎将董卓讨张角，派左中郎将皇甫嵩、右中郎将朱儁，后又加派骑都尉曹操，共讨颖川、汝南黄巾。当时东汉政府固已腐烂不堪，但要对付那些大部分都是赤手空拳的农民军，当然还是绰有余裕的。皇甫嵩、朱儁的军队，不到几个月就把颖川、汝南、南阳和东郡的黄巾压下去，数万农民被杀戮。可是卢植在河北讨张角却不甚顺利，后又派董卓前往，亦失败。八月间，河南的黄巾大体平定，乃改调皇甫嵩到河北，经过两次大战，张梁被擒，张宝被杀，其时张角已先死，剖棺戮尸，农民被杀的有十余万人。皇甫嵩因此极被地主阶级称赞，说是"天下大乱兮市为墟，母不保子兮妻失夫，赖得皇甫兮复安居"——这些话显然是地主阶级的文人造的。其实地主阶级安居了，人民就不能安居，黄巾的许多领袖虽被杀戮，而不能安居的人民还是起义。中平二年，又有黑山、黄龙、白波、左校、郭大贤、于氐根、青牛角、张白骑、刘石、左髭、丈八、平汉、大计、司隶、掾哉、雷公、浮云、飞燕、白雀、扬凤、于毒、五鹿、李大目、白绕、畦固、苦酒等并起，不下百余万人，以河北、山西间连绵数百里的山中为根据，东汉政府就无法平定了。此外，凉州境内的匈奴北宫伯玉和羌人边章、韩遂起于金城（今甘肃兰州境），马腾、王国起于扶风（今陕西兴平县），张纯、张举起于渔阳

（今河北密云县），黄巾余众郭大起于西河（今山西离石县境），马相起于益州（今四川），其他江夏、荥阳、汝南，黄巾仍继续起义，大率此仆彼起，迄未能定。

这样的大乱，必然要摇动并削弱了封建阶级的统治权，但因为首先被摇动的是已经腐朽了的统一政权，因而反倒为那些企图割据的门阀、豪族地主阶级制造好条件，实现了割据。东汉政府在把河南、河北的农民大批屠杀以后，他们很高兴，大行庆祝，可是在黑山等黄巾继起后，牵涉的面愈广，他们没了办法，只有向瓦解的路上走。于是有的官僚图自便，想找块安静地方自己发展，如宗室刘焉，一方面要求到交阯，"以避时难"，一方面又"以为刺史威轻"，不足以镇压叛乱，因"建议改置牧伯"，并"清选重臣以居其任"，以加重刺史的威权。用此建议，遂以九卿重臣出任州牧，时刘焉为太常，任益州牧，太仆黄琬为豫州牧，宗正刘虞为幽州牧。这样州牧的权力是加重了，却正好让他们割据①。有的官僚因和宦官争权夺利不得意，谋废立，如冀州刺史王芬，被宦官所杀的陈蕃的儿子陈逸，及名士许攸等，谋废汉灵帝，另立天子，但失败未成②。而宦官的凶横，较前更甚，当时有张让、赵忠等十个宦官，横行无忌，号称"十常侍"，除"多放父兄子弟，婚亲宾客，典据州郡，辜榷财利，侵掠百姓"外，又公开卖官，郡守较大的卖二三千万，余各有差，凡当到任的皆先"谐价"，即讲妥价钱，然后到官③。政府成了这样的情况，当然使那些争权夺利的士大夫们更加愤慨。中平六年，灵帝崩，外戚何进为大将军，立少帝，与虎贲中郎将袁绍谋诛宦官，恐力不敌，密诏并州牧董卓带兵至洛阳协助，董卓未至而谋已泄，宦官乃先下手将何进杀掉。袁绍愤极，率兵将宫殿包围，将所有宦官尽数杀掉，共杀二千余人。宦官诛后，董卓率兵亦至，乃自行专政，将何进所立的少帝废掉，另立献帝，又放兵在洛阳大掠。那时各地虽扰乱，而洛阳为首都，官僚、豪富的家室都在洛阳，最为富饶，却正好供董卓吞食。《董卓传》说，"是时洛中贵戚，室第相望，金帛财产，家家殷积，卓纵放兵士，突其庐舍,淫略妇女,剽虏资物,谓之搜牢"。这些行径,当然比起义的黄巾厉害百倍,算是使那些世家大族受点报应。这样一来,那些豪富、贵戚、世家大族当然把董卓恨死,纷纷起兵讨伐董卓,以改任渤海太守的袁绍为首,集合十余路兵马,一齐起兵。据魏文帝曹丕记当时的情况说,"名豪大侠,富室强族,飘扬云会,万里相赴"[④]。这些"名豪大侠,富室强族",都是公报私仇。《袁绍传》就说的很明白,"是时豪杰……感其家祸,人思为报"。董卓听见山东兵起,就爽性将洛阳附近二百里内尽行焚掠,俘掠男女数百万口,包括汉献帝在内,逃往长安,却说是"迁都长安"。那些起兵的豪富大家,一方面本是"感其家祸,人思为报",一方面实在也是乘机扩张势力,进行割据。董卓逃走后,据魏文帝说,这些起兵者,他们"大者连郡国,中者婴城邑,小者聚阡陌,以还相吞并"[⑤]。就是说大大小小的割据者,都割据开来,并互相吞并。当时割据和吞并的情形如下。

在董卓劫献帝至长安后(初平元年,公元一九〇年),那时刘虞为幽州牧;韩馥为冀州牧,旋让位于渤海太守袁绍;陶谦为徐州刺史,后改称徐州牧;曹操为东郡太守,后为兖州牧;袁术为南阳太守,后称徐州伯;孙坚初为长沙太守,后为豫州刺史;刘表为荆州刺史,后称荆州牧。其他刘焉为益州牧,据四川;凉州为羌人韩遂、马腾所据;公孙度据辽东,称平州牧;并州为南匈奴所据。这些割据者中,初时以刘虞的声势最大,因幽州未为黄巾乱事波及,其他地区避黄巾乱的多逃入幽州,前后有百余万口,刘虞又能安辑流亡,所以最为富盛。初平元、二年间,袁绍、韩馥等曾拟拥戴刘虞为帝,刘虞未允。其他袁绍、袁术、曹操、陶谦等,势力皆较小。但刘虞有一个部下公孙瓒,原为辽东属国长史,因讨伐乌桓、鲜卑并平黄巾有功,封为蓟侯。他当然想占一个大地盘,欲驱逐袁绍,夺取冀州,刘虞不赞成他用兵,因此又反对刘虞,初平四年,竟攻杀刘虞而自据幽州,从此情形一变。

由初平四年到建安四年(公元一九三年至一九九年),以袁绍的势力发展的最大,而曹操亦开始得势,形成袁、曹对峙的局面。当时公孙瓒和袁绍的兄弟袁术连合,经常攻击袁绍。袁术虽是袁绍的兄弟,但因争权不和,反和公孙瓒结合。可是公孙瓒却数次皆为袁绍所败,袁绍又消灭其境内的黑山黄巾等,势力反日大。献帝兴平二年(公元一九五年),袁绍和刘虞旧部联合,大举进攻公孙瓒,公孙瓒大败,其所领幽州、并州、青州土地,皆入于袁绍,公孙瓒只得退回其根据地易京(今河北雄县境),不敢出。

正在袁绍发展的时候,曹操尚狼狈不堪。那时董卓在长安已为反对他的人买通其部下吕布,把他杀死(初平三年,公元一九二年)。董卓的另外两个部将李傕、郭汜又起兵为董卓报仇,杀董卓的吕布不敢在长安居住,逃依袁术后又至袁绍处,兴平元年又逃至陈留郡(今河南陈留县,属兖州)。适其时兖州牧曹操方进攻徐州牧陶谦,陈留太守张邈与曹操部下陈宫等,皆因不满意曹操,乃奉吕布为兖州牧,一时颇使曹操极为狼狈,乃放弃陶谦,回攻吕布。

当曹操回攻吕布时,徐州牧陶谦虽得解围,但却得了重病,乃将徐州牧让于平原相刘备而卒。那时刘备尚无势力,因少时与公孙瓒为友,得为平原相。陶谦被曹操进攻时,求救于公孙瓒,公孙瓒命刘备往救,恰值曹兵退走,而陶谦病重,乃受让为徐州牧。刘备做徐州牧未久,不料吕布为曹操所败,兖州复归于操,吕布奔徐州依刘备,而却乘虚击败刘备,自为徐州牧。刘备不得已,乃往许昌依曹操,曹操以备为豫州牧。时为建安元年(公元一九六年)事。

这时曹操做了一件投机的事,情况开始好转。原来那个在长安受罪的汉献帝,自李傕、郭汜起兵,攻破长安,大行焚掠,不久他两人又互相攻战,分别劫持汉献帝及其政府官吏,混战于长安附近,汉献帝不堪其苦,乃向劫持他的李傕苦苦哀求,欲东归洛阳,幸得李傕允许,即日东还。不久李傕、郭汜又后悔,沿路追杀,汉献帝的官吏及其眷属被劫掠、践踏,死亡殆尽,过黄河时只得数十人。幸沿途地方官吏迎接、保护,于建安元年七月总算回到洛阳。到洛阳后,保护他的官吏们又争功骄恣，紊乱不堪。时曹操已击败吕布，复据兖州，汉献帝的其他官吏乃密召曹操到洛阳保护，于是汉献帝又堕入曹操手中。当时曹操以洛阳残破，恢复不易，乃迁献帝，都于许昌（今河南许昌县）。从此曹操就"挟天子令诸侯"，把持政柄，号令四方，不久又击败袁术，并吞吕布，尽有其地，形成和袁绍对峙的局面。

那时袁术在南阳，终日荒唐，把南阳弄的残破不堪，而他却想进一步做皇帝。当李傕、郭汜在长安混战时，他以为"海内鼎沸，刘氏微弱，吾家四世公辅，百姓所归，欲应天顺民"，即是欲称帝。和他的部下商量，他的部下看见他不像，都不拥戴，一直拖延到建安二年，才不顾一切，即皇帝位，自称"仲家"。他因欲和吕布结为婚姻，吕布不从，乃派大军攻吕布，却为吕布所大败，兵士大都死亡。吕布虽战胜袁术，但当时曹操资助刘备，又东攻吕布，欲夺取徐州。刘备战吕布不胜，曹操自往征之，布军大败，为曹操所擒，被杀，时为建安三年。是时袁术自为吕布所败后，兵士已丧失大半，中间又因侵扰曹操的领地陈国（今河南淮阳县），又为曹所败，其境内又遭饥馑，穷迫无所归，欲北上投袁绍，曹操又使刘备扼之不得过，建安四年，死于寿春（今安徽寿县）。于是吕布、袁术的领地，即今河南南部，安徽、江苏北部，皆入于操。同时那个表面上依靠曹操，实际上在时时找机会，欲自图发展的豫州牧刘备，当他受曹操命出兵阻挡袁术北上以前，已和汉献帝及车骑将军董承等密谋，欲诛曹操。因当时汉献帝已感觉受曹操的挟制，甚至比董卓还要厉害，所以把刘备引为心腹，欲除曹操。不料刘备引兵出去后，事情败露，董承等皆为曹操所诛。刘备当然不敢再回许昌，乃遣使北上，和袁绍通好，又去依靠袁绍。

那时袁绍已进一步将公孙瓒灭掉。公孙瓒自退归易京后，筑堡垒十层，积谷三百万斛，自以为"食此足以待天下之变"。不料在建安三年，袁绍又大举进攻，公孙瓒连败，最后只剩下易京的堡垒，袁绍围之数重，公孙瓒觉着无望，乃于建安四年（公元一九九年）三月自焚死。

于是到了建安四年,黄河流域成了袁绍、曹操两人对峙的局面,袁绍据有幽、冀、并、青四州,曹操据有豫、兖、徐三州,看起来袁绍势力还要大些,所以初时曹操对袁绍还不得不退让几分。当时袁绍因为曹操处多一个皇帝,终觉不便,曾建议迁都,曹操不愿;后来又打算自立为帝,也未成;最后乃决心大举攻曹操,操亦以全力御之。建安五年九月间,两军大战于官渡(今河南中牟县境),袁绍大败,兵士被杀八万余人。绍因此羞愤,不两年病卒。其子袁谭、袁尚又因争立互攻,曹操趁之,分别击破,建安九年大破袁尚,平冀州,操自领冀州牧,袁尚逃至乌桓境内,次年又破袁谭,斩之。于是袁绍所领幽、冀、并、青四州,皆入于曹操。所以到建安十年、十一年之间,淮河以北黄河流域地区,已为曹操一个人的势力了。

至在长江流域方面,刘焉在益州,刘表在荆州,皆没有黄河流域竞争的那样激烈。刘焉于兴平元年卒,由其子刘璋继为益州牧。刘表在荆州颇能与当地大地主联络,故地方甚安静,黄河流域人民因避乱逃至荆州的甚多。当袁术势力尚盛时,也曾有意并吞刘表,曾于初平三年遣其所置豫州刺史孙坚攻荆州,初时刘表不敌,退保襄阳,孙坚围之,却为刘表部下黄祖的兵士射死,荆州复安。孙坚死后其子孙策继领其众,仍依袁术。袁术又欲向扬州发展,以孙策为殄寇将军,率兵千余,逐渐占领扬州各郡,策遂自为会稽太守,时为兴平元、二年间事。及曹操迎献帝都许昌后,即以孙策为讨逆将军,封吴侯。建安五年,孙策为其仇家射杀,由其弟孙权继为会稽太守。这时正是袁绍与曹操相持于官渡的时候,当时刘备在袁绍处,已知袁绍未必能胜曹操,欲南至荆州依刘表,因劝绍遣人与刘表连合,共同击操,绍即派刘备前往。备率所部数千人至荆州,刘表深相接纳,令屯于新野(今河南新野县)。曹操定冀州后,即南下追击刘备,并谋取荆州。适其时刘表卒(建安十二年),其子刘琮继立,即降于曹操。其时刘备屯樊城,因事出意外,仓卒奔夏口(今湖北汉口),乃遣诸葛亮至吴,与孙权连合,于建安十三年(公元二〇八年)十月间与曹操大战于赤壁(今湖北嘉鱼县境),操军大败,兼遇疾疫,遂引归。

赤壁战后,刘备占领荆州各郡,自为荆州牧。而曹操归后,又消灭韩遂、马腾,平定凉州,颇有南下入蜀意,益州牧刘璋恐力不敌,乃遣使迎刘备入蜀相助。刘备遂留诸葛亮、关羽守荆州,自引兵入川,于建安十九年袭刘璋取之,遂并有益州。

至此,献帝初年以来那种混乱割据的局面,渐成为三个大的割据,即魏、蜀、吴三国分立的割据。

以上东汉末年分裂割据的情况,事实上还不是当时完全的情况,因为在这些大的割据者之下,还有无数小的割据者,和他们联系着,结合着。这些小的割据者,即是一般大地主阶级,也就是曹丕所谓"中者婴城邑,小者聚阡陌"的割据者。一般大地主早已过分裂割据的生活,他们的生活正是大分裂割据的基础。这些生活者东汉末年随处都可看到,如《魏志·田畴传》记,右北平、无终(今河北蓟县)人田畴,率宗族入徐无山中,"营深险平敞地而居,自耕以养父母,百姓归之,数年间至五千余家"。《王修传》说,"高密(今山东高密县)孙氏素豪侠,人客数犯法,民有相劫者,贼入孙氏,吏不能执"。又"胶东人公沙卢,宗强,自为营堑,不肯应发调"。又《许褚传》,谯国(今安徽亳县)谯人许褚,"汉末聚少年及宗族数千家,共坚壁以御寇"。又《李典传》,山阳钜野(今山东巨野县)人李典,"从父乾,有雄气,合宾客数千家在乘氏(巨野县西南)"。《吴志·鲁肃传》,有郑宝者,家在巢湖,"拥众万余,处地肥饶,庐江间人多依就之"。像如这样自行屯聚的小割据者,几于处处皆有,那些号称州牧、刺史、太守或将军的大割据者,皆必须和这些小割据者结合,也就是说必须建立在这些小割据者的基础上,才能维持其统治,否则就不能存在。比方曹操就是最能吸收各地的小割据者的,他的部下文武将吏几乎都是随时随地吸收来的"名士"⑥,所以曹操是被称为最能"接纳贤俊"的。刘表在荆州所以能安顿几二十年,也是因为他"招诱有方,威怀兼洽,其奸猾宿贼,更为效用,万里肃清,大小咸悦而服之"⑦。孙策、孙权兄弟所以能据有江东,也是因为一开始就能得到当地大族周、张、顾、陆的拥护,继又能"招延俊秀,聘求名士,鲁肃、诸葛瑾等,始为宾客"⑧。其更甚的如凉州一带,许多地方皆由当地大地主自行治理,《魏志·仓慈传》说,"太和中迁敦煌太守,郡在西陲,以丧乱隔绝,旷无太守二十岁,大姓雄张,遂以为俗,前太守尹奉等循故而已"。反过来,如果大割据者不和豪族大姓结合,就不能长久,公孙瓒的失败,就是因此。《后汉书·公孙瓒传》说,"瓒恃其才力,不恤百姓,记过克善,睚眦必报,州里善士名在其右者,必以法害之。常言衣冠皆自以职分富贵,不谢人惠,故所宠爱类多商贩庸儿,所在侵暴",因此"百姓怨之","于是代郡、广阳、上谷、右北平各杀瓒所置长吏",而与刘虞旧部合以攻瓒。又如刘焉、刘璋父子,在益州二十余年,最后终为刘备所夺,原因亦在此。刘焉初到蜀,欲自立威权,即托他事,"杀州中豪强王咸、李权等十余人"。李傕、郭汜之乱,陕西一带流民入四川的甚多,刘焉多收以为兵,号为"东州兵"。这些东州流民,多与土著冲突,刘璋继位不能禁,益州士民更加怨望。当刘表未卒前,蜀中大姓即欲连刘表以逐刘璋,据《蜀志·刘璋传》注引《英雄记》说,刘璋所任州大吏赵韪,"因民怨谋叛,乃厚赂荆州请和,阴结州中大姓,与俱起兵"。此事虽未成,但不久蜀人张松、法正等,又与刘备勾结,终以驱逐刘璋。当时的割据者,为豪族大姓所左右,类多如此。这就是割据政治的实况。

二 曹操的改革。魏、蜀、吴三国的分立。三国的发展。

在东汉末年的割据者中,曹操的统治实是最进步的,他一方面虽到处招致那些豪族大姓,供他驱使,另一方面,他却有独立的政策,以巩固并发展他自己的统治。他的政治所以是进步的,因为他不是徒徒和那些豪族大姓结合,专门维持他们的利益,反倒是力行裁抑大地主阶级,而大量培养小生产者,企图消灭割据,以建立统一政权。这种政治是从春秋、战国时代发展出来的独立自由生活的农民共同的要求,也是秦、汉以来统一国家的基础,不管它的发展状况如何,而这种政治适合了绝大多数人民的需要,那它就是进步的。曹操所推行的政策正是如此。

首先,我们看曹操和当时几个较大的割据者,如刘虞、刘表、孙权等,就绝不同,他绝不是徒徒"安辑流亡""爱民养士",以维持地主阶级统治的现状,而是大力培养、制造小生产者,其具体办法即是"屯田"。屯田政策,汉武帝用于边疆,汉光武实行军屯,皆收了很大效果。在东汉末年大乱之后,人民死亡、流徙,经济凋敝的情况下,别的不说,即就恢复经济言,也是最必要的措施。

曹操实行屯田,始于建安元年(公元一九六年),即初迁献帝定都许昌的时候。《魏志·武帝纪》建安元年条下记,"是岁用枣祗、韩浩等议,始兴屯田"。《任峻传》记此事的缘起说,"是时岁饥旱,军食不足,羽林监颍川枣祗建置屯田,太祖以峻为典农中郎将。数年中所在积粟,仓廪皆满"。当时系以任峻为典农中郎将,枣祗为典农都尉,共同进行。因为这一年的效果甚好——《武帝纪》注引《魏书》说,"得谷百万斛"——立即推行到各地。那时在大乱之后,人口稀少,皆系"募民"屯田,如《武帝纪》注引《魏书》说,"是岁乃募民屯田许下"。《仓慈传》说,"建安中,太祖开募屯田于淮南"。《袁涣传》说,"是时新募民开屯田,民不乐,多逃亡,涣白太祖曰,夫民安土重迁,不可卒变,易以顺行,难以逆动,宜顺其意,乐之者乃取,不欲者勿强。太祖从之,百姓大悦"。屯田除给土地外,且供耕牛,《卫觊传》说,"夫盐国之大宝也,自乱来放散,宜如旧置,使者监卖,以其直益市犁牛,若有归民,以供给之,勤耕积粟,以丰殖关中,远民闻之,必日夜竞还"。《武帝纪》建安七年曹操诏令说,"其举义兵以来,将士绝无后者,求其亲戚以后之,授土田,官给耕牛"。屯田赋税征收办法,《魏志》不载,不知其详,惟西晋初年有称道屯田旧制的,尚可参考。《晋书·傅玄传》谓,"旧兵持官牛者,官得六分,士得四分,自持私牛者,与官中分"。又《晋书·慕容皝载记》记封裕云,"魏、晋虽道消之世,犹削百姓不至于七八,持官牛田者,官得六分,百姓得四分,私牛而官田者,与官中分,百姓安之"。当时屯田极讲究耕作技术,故收获量甚大,《傅玄传》说,"近魏初课田,不务多其顷亩,但务修其功力,故白田收至十余斛,水田收数十斛"。当时屯田范围甚广,西起甘肃,东迄山东,北起河北、山西,南达安徽、江苏北部,凡曹操领内,皆到处设有典农都尉、典农校尉等官。其效果当然甚大,据曹操自言,消灭当时的割据,皆由于此。《任峻传》注引《魏武故事》,载枣祗死后,曹操封赠枣祗的教令说,枣祗"为屯田都尉,施设田业,其时岁则大收,后遂因此大田,丰足军用,摧灭群逆,克定天下,以隆王室,祗兴其功。"

　　其实,当时的屯田政策,不仅仅有经济价值,且有社会意义,它是向豪强大姓争取农民,培养小生产者,而削弱地主阶级。这种意义,在当时也明白表露出来。《卫觊传》记觊与荀彧书说,"关中膏腴之地,顷遭荒乱,人民流入荆州者十万余家,闻本土安宁,皆企望思归,而归者无以自业,诸将各竞招怀,以为部曲,郡县贫弱,不能与争,兵家愈强,一旦变动,必有后忧"。他因建议以卖盐利息市耕牛,给归民耕种,如此"远民闻之,必日夜兢还",然后"使司隶校尉留治关中,以为之主,则诸将日削,官民日盛"。这话就说的很明白,当时那些"诸将",各竞招怀流民,以为部曲,即是形成自己的势力,这种势力,分明是和国家对立的,所以"兵家愈强","郡县贫弱,不能与争"。必须把这些流民争取过来,然后"诸将日削,官民日盛",也就是割据的势力削弱,国家的力量才能提高。这就是本书一再指出,秦、汉以来的君主专制国家,必须培养小生产者,而消灭割据的地主阶级,才能维持其统一政权的具体说明。同样的说明,也见于《仓慈传》。仓慈于魏明帝太和中迁敦煌太守,那时敦煌以丧乱隔绝,旷无太守二十岁,"大姓雄张,遂以为俗",慈到官,"抑挫权右,抚恤贫羸,甚得其理。旧大族田地有余,而小民无立锥之土,慈皆随口割赋,稍稍使毕其本直"。"又常日西域杂胡,欲来贡献,而诸豪族多逆断绝,既与贸迁,欺诈侮易,多不得分明,胡常怨望。慈皆劳之,欲诣洛者为封过所欲,从郡还者官为平取,辄以府见物与共交市,使吏民护送道路,由是民夷翕然"。这就是统一国家的政治和地主阶级的割据政治根本不同的具体写照。当时执行这种政策的官吏还很多,如司马芝,曹操平荆州后为菅县县长,当时有刘节,"旧族豪侠,宾客千余家,出为盗贼,入乱吏治",其家向来不担任繇役,芝裁之以法,不稍假借;其后历为甘陵、沛、阳平太守及河南尹,所在皆"抑强扶弱,私请不行"⑨。又如王修,初为高密令,因高密孙氏素豪侠,人客数犯法,修力裁之,"使豪强慑服";后为胶东令,"胶东人公沙卢,宗强,自为营堑,不肯应发调",修斩卢兄弟,由是寇少止;其后为魏郡太守,"为治抑强扶弱,明赏罚,百姓称之"⑩。曹操自己也始终是实行这种政策,《魏志·武帝纪》建安十五年条下注引《魏武故事》载曹操的教令,叙述他自己:"故在济南(灵帝末操为济南相),始除残去秽,平心选举,违忤诸常侍,以为强豪所忿,恐致家祸,故以病还。"建安九年平冀州后,特"重豪强兼并之法",《注》引《魏书》载是年的教令说:"有国有家者不患寡而患不均,不患贫而患不安。袁氏之治也,使豪强擅恣,亲戚兼并,下民贫弱,代出租赋,衒鬻家财,不足应命。审配宗族,至乃藏匿罪人,为逋逃主,欲望百姓亲附,甲兵强盛,岂可得邪? 其收田租亩四升,户出绢二匹、绵二斤而已,他不得擅兴发。郡国守相明检察之,无令强民有所隐藏,而弱民兼赋也。"像曹操这样的政治,"重豪强兼并之法",不使"豪强擅恣""弱民兼赋",在正是豪强割据的时代,这种政治,能说不是进步的么?

曹操裁抑豪强的办法,尚不止此,更重要的是,他竟欲打破由西汉以来即已是豪富地主阶级包办官吏的选举制度,而要不分贫富,一律以才能选用。他作济南相时,已经要"平心选举",及为丞相执政(建安十三年),有所谓"魏武三教令"。建安十五年令说:"今天下尚未定,此特求贤之急时也。孟公绰为赵、魏老则优,不可以为滕、薛大夫,若必廉士而后可用,则齐桓其何以霸世?今天下得无有被褐怀玉而钓于渭滨者乎?又得无盗嫂受金而未遇无知者乎?二三子其佐我明扬仄陋,唯才是举,吾得而用之。"十九年又令说:"夫有行之士未必能进取,进取之士未必能有行也,陈平岂笃行,苏秦岂守信耶,而陈平定汉业,苏秦济弱燕。由此言之,士有偏短,庸可废乎?有司明思此义,则士无遗滞,官无废业矣。"二十二年又令说:"今天下得无有至德之人放在民间,及果勇不顾,临敌力战,若文俗之吏,高才异质,或堪为将守,负污辱之名,具笑之行,或不仁不孝,而有治国用兵之术,其各举所知,勿有所遗。"这"三教令",都是明白批评汉代的选举,而欲加以改革的。汉以来的选举,都是重名誉,重德行,要廉吏、秀才以及什么"志节清白""敦朴有道"等等,其实都是为豪富世家设法。曹操是极力打破这些标准,只要有才,即使无行的人,也都选用。所以他的部下精明干练之士极多,而不是门阀世族,反过来,对那些门阀世族却尽力打击,专以破除那些"浮华之士"为政。他答孔融书说:"孤为人臣,进不能风化海内,退不能建德和人,然抚养战士,杀身为国,破浮华文会之徒,计有余矣。"⑪因此他对那些世家大族,毫不客气,任意诛戮。如杀自西汉初年伏生起以世传经学著名的大世族伏完,又杀清河崔氏子孙崔琰、弘农杨氏子孙杨修以及当时所谓名士,实际都是些浮华夸诞之士的孔融、边让、祢衡等,或杀或逐。曹操这样裁抑豪族世家,和刘焉、公孙瓒那种做法自然不同,刘焉、公孙瓒只是单纯为建立自己的威权,裁制豪族以趁威风,却并无积极的政策,在政治上和经济上形成自己的基础,如曹操那样,所以刘焉、公孙瓒只有失败,而曹操的统治却真正建立起来。

　　曹操采用以上这些措施,在黄河流域经营了二十多年,奠定了魏国的基础——他由丞相进为魏公(建安十八年),再进为魏王(建安二十一年),始终保持汉献帝的名义。但他并没有把孙权和刘备两方的割据消灭了,因为他那种裁抑世家大族而培养小生产者的政策,并不能立刻推行到长江流域,长江流域的世家大族还很多,对曹操的这种政策,当然不欢迎。曹操自己也有点骄傲自满,对长江流域的大族并不能如原先对豫、兖、徐、冀各州的大族一样,先采取尽量吸收的策略。所以荆州、扬州、益州等地的大族,对曹操始终是持抗拒的态度。如益州大族张松、法正在劝刘璋迎接刘备入蜀以前,原先本拟引曹操入蜀,但"张松见曹公,曹公方自矜伐,不存录松","松以此怨",归后乃"劝璋自绝",而改迎刘备⑫。总之是那时世家大族到处都还很多,割据的力量很强,还不能形成全国统一的基础,所以只能成为三方对立的局面。

至在孙权、刘备方面,又自不同。孙权自赤壁战后,始终据有扬州、交州及徐州南部。荆州初为刘备所据,后刘备入蜀,孙权杀其守将关羽,将荆州夺归。凡所领区域,在西汉时代尚多荒芜,人口稀少,及东汉以来,黄河流域人民因天灾人祸流入荆、扬二州的甚多⑬。尤其东汉末年的扰乱,世家大族亦多有南迁的。孙氏的家族本是会稽郡的大地主,他和附近的世家大族都有姻戚关系,所以孙策占有江东即能稳定下来。试看辅佐孙氏的功臣,周瑜是庐江郡的世家,张昭、鲁肃皆是从徐州南迁的大族,顾雍、陆逊是旧江东大族,孙氏弟兄对这些人都优礼备至,所以能得到他们的悉心拥护⑭。孙权对其部下文武官吏,皆用封建方法酬劳,大臣皆有"奉邑",相当于春秋、战国间大夫的采地、食邑,每家皆有农奴、客户,不担任国家赋役,为其私有,至以功封侯的更不待论。大率三国的统治中,以孙权最为落后,而其境内也因为始终得到世家大族的拥护,遂能巩固其割据政治几十年。权初为会稽太守,赤壁战后,刘备领荆州牧,权领徐州牧,后从刘备(手中)夺得荆州后,又兼领荆州牧。

至于刘备,自建安十九年从刘璋手中夺得成都后,即领益州牧。那时汉中尚为张鲁所据,曹操闻刘备据益州,乃急攻汉中,降张鲁,派兵入蜀,欲与刘备争益州。建安二十四年,刘备出兵汉中,大破曹兵,夺得汉中,那时曹操已称魏王,刘备乃亦称汉中王。益州及汉中本皆为肥富区域,尤其益州从古以来手工业及商业亦皆发达。但自刘备占领后,在其军师将军诸葛亮治理下,对经济方面毫无发展,而经常用兵,益州财富为之枯竭。诸葛亮治蜀,其最大特点在善于管理。他对益州的豪族大家亦皆优礼罗致,但和孙权不同,绝非专为豪族大家谋利益,而是利用豪族大家维持其统治。他们的政治目标是"兴复汉室",以为汉室政府为曹操所窃据,诋之为"贼",刘备自以汉宗室,应继承汉统,故经常以"讨贼"为己任,事实上是和曹操争雄,欲以此为号召,进而统一中国,也可以说是假借此名义以维持其汉中王的统治。刘备和诸葛亮把他们的军事和政治,都按这一目标进行,在组织和管理方面,可以说进行的很好,使益州那些豪富大地主大体上都服从了他们的统治。但诸葛亮顶多可以说是个伟大的管理人才,而不是个大政治家,因为他在经济方面几乎等于毫无措施,所进行的也不过是些极普通的劝课农桑、兴修水利,对整个的社会经济丝毫没有发生大影响,尚远没有曹操的设施有进步意义。所以益州本来是如诸葛亮在隆中时对刘备所说"沃野千里,天府之土",可是仅仅二十有一年,到诸葛亮提《出师表》伐魏时,已说"今天下三分,益州疲敝"。大概以后愈来愈坏,后来诸葛亮自己又说:"今民贫国虚,决敌之资,惟仰锦耳。"⑮锦是四川自古以来的名产,诸葛亮治蜀数十年,经济上别无办法,只有依靠对锦的搜括,恐怕正因为搜括过甚,连锦的生产也不会发展,只有缩小,所以才弄得"民贫国虚"。这是诸葛亮最失败的地方,也是他不如曹操的地方,所以"汉贼不两立",最后却是被"贼"的区域把他们并吞了。

三国的分立,虽然是从建安十三年赤壁之战后即已形成,但到建安二十四年以后才到了三国时代。因为在这以前东汉的名义还始终存在,及建安二十五年曹操卒,其子曹丕继为魏王,于是年,即公元二二〇年,才把那个名义上是皇帝而实际上一直在受罪的汉献帝推翻了,自己做了皇帝,改国号为魏,是为魏文帝。于是那个以

"兴复汉室"为己任的刘备,也于次年称帝,自谓继续汉代系统,仍称为汉,是为蜀汉昭烈帝。只有孙权,这时正因夺取荆州,杀死关羽(建安二十四年),激起刘备的愤怒,大举伐吴,孙权不能不恐惶,只得连络曹魏,上书魏文帝称臣,魏文帝封他为吴王(公元二二二年)。但刘备却为孙权所大败,于公元二二三年病卒,由其子后主刘禅继位。再过数年,即公元二二九年时,孙权才也称帝,是为吴大帝。三国正式分立以后,蜀汉差不多扮演了主要角色,诸葛亮贯彻了他一向主张的政策,东和孙吴,而对魏讨伐。在短短的几年中,他曾六次出兵伐魏,皆被抗拒无成,最后一次在公元二三四年卒于军。诸葛亮卒后,他所培养起来的姜维继其志,又继续伐魏,终无成就。在这些年月中,魏、吴两方亦皆互有战争,惟都无大的影响。

在三国分立的时期中,统治者的情况固各有不同,不过在劳动人民的努力下,社会经济方面还是有所发展,绝不是如有些人所想像的那样,以为长期扰乱后必然是被破坏而停顿着的。其实任何时期的扰乱,固然要破坏,甚至是大量的破坏,但它绝不能阻止已经萌芽的新的发展。比方东汉时代发展出来的水力事业和简单机械,仍然在发展中。如曹操时雍州刺史张既,在陇西、天水、南安等郡,造作"水碓",以兴农业,安定人心[16]。当时又有韩暨,为曹操"监冶谒者",推行"水排"冶铁方法,其传谓,"旧时冶作马排,每一熟石,用马百匹,更作人排,又费功力,暨乃因长流为水排,计其利益,三倍于前"[17]。魏明帝时有扶风人马钧,继毕岚后改进了"翻车",据《魏志·杜夔传》注引傅玄《马先生传》云,"城内有地可以为园,患无水以灌,乃作翻车,令童儿转之,而灌水自覆,更入更出,其巧百倍于常",此当即后世常用的脚踏水车。马钧又改良织绫机,传谓,"旧绫机五十综者五十蹑,六十综者六十蹑,先生患其丧功费日,乃皆易以十二蹑",即是比旧绫机效力增加了五倍。马钧又系制造"指南车"见于记载的第一人。指南车的发明传说很古,战国间称为"司南",其制法久已失传,故当时颇有人疑惑"古无指南车",马钧言其必有,乃作成之。自马钧以后,造指南车的始日多。指南车既然"指南",必系应用磁针无疑,乃近来有人根据欧洲人故意歪曲的说法,以为中国的指南车只是机械的转动,并非应用磁针,真正应用磁针即通称为"罗盘针"的,乃发明于阿拉伯人。此说明系有意诬蔑,如指南车仅为机械的转动,那原来何以不指东、指西、指北,为什么从来只是说指南呢?要知磁针指南的性能,中国人早已知悉,已有汉代的实物证明。三十年前,日本人曾在今朝鲜平壤附近发掘汉代乐浪郡古城遗址,所得古物中有汉代占卜所用之"式盘"[18],其物实即后世之"罗盘",乃系用磁针指南的性能,确定方位,以天干加地辰推算吉凶。是中国古代早已知用磁针,又焉能有明明是指南车而又不用磁针的道理?此外,马钧又改良了当时几种军器。当时有一种"发石车",即系"石炮",以机鼓轮,发大石,为攻城之用,此物亦发明甚古。马钧嫌其每次只发一石,不能连续而至,"欲作一轮,悬大石数十,以机鼓轮为常,则以断悬石飞击敌人,使首尾电至"。马钧又见诸葛亮所作之"连弩",以为"巧则巧矣,未尽善也",乃更作之,效力增加五倍。当时诸葛亮亦以长于制作传于后世,其实并非诸葛亮自作,诸葛亮军中有"作部",专门制造各种军器,后世所传"木牛流马",系其西曹掾蒲元所作,据《蒲元别传·与丞相诸葛亮牒》云,"元等辄率雅意作一木牛,廉仰双辕,人行六尺,牛行四步,人载一岁之粮也"[19]。此物虽不知其详,但明代有人以为即后世之"独轮车",恐非。《蒲元别传》记其为诸葛亮铸刀三千口,锋利无比,以此著名于世,可以想见当时冶炼技术之进步。

因为三国时代的农业和手工制造业继续有所发展,所以当时的商业范围仍然很广。《魏志·东夷传》谓:"魏兴,西域虽不能尽至,其大国龟兹、于阗、康居、乌孙、疏勒、月氏、鄯善、车师之属,无岁不奉朝贡。"所谓"朝贡",我们已说过,即是古代各民族进行国际贸易的形式。当时西域来贸易的情况,亦见于《仓慈传》和《崔林传》,《仓慈传》所记已引于前,《崔林传》谓曹丕时,"龟兹王遣侍子来朝,朝廷嘉其远至,褒赏其王甚厚,余国各遣子来朝,间使连属"。那时西域来贸易的仍以洛阳为中心,故《仓慈传》谓贾胡"欲诣洛者为封过所欲"。洛阳在董卓时本已焚掠殆尽,"二百里内无复孑遗",但仅仅五十余年,到魏废帝嘉平(公元二四九年)初,洛阳已又是"多豪门大族,商贾胡、貊,天下四方会利之所聚"了[20]。除西域外,曹魏又与日本数通贸易。那时辽东至朝鲜一带,自汉末分裂以来,为公孙度父子所据。公孙度于灵帝中平六年由董卓任为辽东太守,后遂自称辽东侯、平州牧。至其子公孙康时,扩充汉代的乐浪郡,于今朝鲜南部置带方郡,当时日本似在带方郡来往甚繁,故《魏志·东夷传》谓公孙康置带方郡后,"倭、韩遂属带方"。魏明帝时,公孙康子公孙渊继位,自称燕王,颇侵扰曹魏边境。景初二年(公元二三八年),魏派太尉司马懿征辽东,斩公孙渊,于是日本遂直接与曹魏通商。据《魏志·东夷传》记,景初二年六月,倭女王遣大夫难升米及副使牛利诣带方郡,"求诣天子朝献",带方郡太守刘夏送往许昌,得到丰富的物品而归,其后尚来数次,曹魏亦两度遣使至日本册封其国王。

在孙权境内,海上贸易亦甚广。公孙渊在辽东,与孙权交往,"往来赂遗",极为曹魏所不满。据《魏志·公孙度传》注引《魏略》,言及孙权船只常到辽东贸易事云,"比年以来,(孙权)复远遣船,越渡大海,多持货物,诳诱边民,边民无知,与之交关,长吏以下莫肯禁止,至使周贺浮舟百艘,沈滞津岸,贸迁有无,既不疑拒,赍以名马"。据此可知孙权系以货物到北方交易战马的,其船舶一次多至百艘,可见海上贸易之盛。当时海上贸易的重要口岸交阯郡属于吴,惟事实上自东汉末年以来,交阯为太守士燮一族所据,那时因中国扰乱,"中国士人往依避难者以百数"。士燮雄长一州,威尊无上,每出,"胡人夹毂焚烧香者,常有数十"[21],可见外国商人在交阯贸易的甚多。孙权黄武五年(公元二二六年),有大秦国商人秦伦至交阯,交阯太守吴邈遣送至武昌,厚赐而归[22]。这是欧洲商人来中国的又一次记载。孙权并曾遣宣化从事朱应、中郎康泰,出使海南诸国,经历并所闻见有百数十国,亦可见当时海上交通的发达。

商业方面的发展,惟蜀汉较弱。蜀汉在经济上除"仰锦"外,实依赖其对今云南境内的开辟。当刘备征孙吴失败后,益州郡(今云南晋宁县境)大姓雍闿即举兵反叛。及刘备卒后,越嶲郡(今西康昌县境)夷王高定元和牂牁郡(今贵州平越县境)太守朱褒亦起兵反。此次乱事似和孙吴的煽动有关,《吴志·士燮传》说,"燮又诱道益州豪姓雍闿等,率郡人民,使遥东附"。蜀汉建兴三年(公元二二五年),诸葛亮大举南征,渡金沙江(当时称为泸水),入云南境。雍闿为其部下所杀,由孟获代之。诸葛亮七次战败孟获,擒之,又七次释放,使其再战,最后孟获使降,乃利用孟获等当地豪帅为官吏,统治各少数民族,改益州郡为建宁郡(今云南曲靖县境),又分设云南郡(今云南祥云县境)及兴古郡(今贵州普安县境),以搜括当地物资。《蜀志·诸葛亮传》说,"亮率众南征,其秋悉平,军资所出,国以富饶"。《李恢传》说,南中平定后,"赋出叟、濮耕牛、战马、金银、犀革,充继军资,于时费用不乏"。可见诸葛亮的开辟南中,对其讨伐曹魏用兵,帮助是很大的。

三 门阀政治——九品官人法。门阀阶级的学说——玄学。门阀阶级的争哄。

三国时代的发展,以曹操的各项改革是最基本的,是最具推进力量的,但曹操的改革却失败了。曹操的改革,在他卒后,都被从本质上加以改变,变成门阀地主阶级巩固其统治权的资本。

比方曹操的屯田政策,它培养出大量为国家生产的小生产者,把大量土地和劳动人口掌握在国家手中,那是从根本上削弱割据性的门阀、豪族地主阶级的。当时的屯田户,极有新的希望,可以产生新的生产关系。《魏志·司马芝传》说"先是诸典农各部吏民,末作治生,以要利入",又说"自黄初以来,听诸典农治生,各为部下之计",又说"臣愚以为(诸典农)不宜复以商事杂乱,专以农桑为务"。

就这些话，可以看出当时的屯田吏民，兼以"末作治生"，"以商事杂乱"，是兼营工商事业的。这不是说明农业和手工业的结合，而是说明屯田农民兼营商业，已经走上农业商业化的路线，这是一个完全新的趋势。但是当时过惯封建性的生活者，门阀、豪族地主阶级中人，害怕这种趋势，所以司马芝强调"崇本抑末，务农重谷"的重要，因建议"不宜复以商事杂乱，专以农桑为务"。大概当时作这种建议的人很多，所以曹操的屯田制，在他卒后不久即大坏，大都为官僚、贵戚据为己有，把独立生产的新式农业，又变为地主阶级的家业。《晋书·王恂传》记，"魏氏给公卿已下租牛客户，数各有差，自后小人惮役，多乐为之，贵势之门动有数百"。这就是把屯田区域的官牛、民户，都分给公卿以下各大小官僚，为其私有。屯田民户既不能以"末作治生"，同样是当农奴，所以有许多也情愿庇荫于官僚地主手下。除魏氏公开分配给公卿外，一些新起的官僚、贵戚，还要私自霸占。如《魏志·曹爽传》记，曹爽得势后，信任一般向来不甚得意的人物，如何晏、邓飏、李胜、丁谧等，于是"晏等专政，共分割洛阳、野王典农部桑田数百顷，及坏汤沐地，以为产业"。这样把屯田分割抢夺以后，屯田自然所剩无几，到曹魏末年，在大门阀司马氏专政下，就爽性将屯田制废掉。《魏志·陈留王奂纪》说，咸熙元年（公元二六四年），"罢屯田官，以均政役，诸典农皆为太守，都尉皆为令长"。事实上诸典农、都尉到这时恐怕都只是空名义，无田可屯，现在把他们改任太守、令长罢了。曹操以后屯田制度的这一个变化，影响很大，这是使东汉末年到三国时代的扰乱，并没有把门阀地主的统治削弱，反倒使他们继续维持下去的重要原因。

其次，曹操欲打破西汉以来即已是为地主阶级包办官吏便利而设的选举制度，也完全失败。曹操根据他的"三教令"的精神，打破贫富贵贱的界限，一以才能用人，确曾选用了些在当时制度下不能任用的人物。比方张既，为曹操所重用，且以功封侯，但要不是曹操，恐怕是止于"郡小吏"的。据《魏志·张既传》注引《魏略》说，

"既世单,家富,为人有容仪,少小工书疏,为郡门下小吏,而家富,自惟门寒,念无以自达,乃常畜好刀笔及版奏,伺诸大吏有乏者,辄给与,以是见识焉"。像如张既这样的人,家庭是豪富,在西汉初年一定被选举做官,那是不成问题的。但东汉以来,选举要看门阀,这在章帝时的韦彪即已说过,所以张既虽然"家富",但"自惟门寒",就觉着"无以自达",乃不得不格外侍候那些大吏,冀被赏识。这就是东汉以来选举实况的说明。可是曹操把他提拔起来了。像如这样曹操所提拔的门第单寒的人应当很多,但是曹操部下门高望尊的世家大族也很多,如平河北后,所辟青、冀、幽、并知名之士甚多即是。而且替他典选举的也多是这些知名之士。《魏志·毛玠传》说,"太祖为司空丞相,玠尝为东曹掾,与崔琰并典选举"。这崔琰是著名大世族清河崔氏,后因不满曹操的政治被杀。毛玠的家世虽不详,但他典选举时,"其所举用皆清正之士,虽于时有威名,而行不由本者,终莫得进",可见他所举用的要"清正之士",要行由"本"的,这就和曹操的"三教令"——不怕"不仁不孝",不怕"负污辱之名,见笑之行",只要有才能治国用兵的人就行——和这种精神就显然不合。崔琰被杀后,毛玠"内不悦",可见他和崔琰是一气的。另一个替曹操典选举的何夔,曾对曹操说,"自军兴以来,制度草创,用人未详其本","以为自今所用,必先核之乡闾,使长幼顺序,无相踰越"㉓。这就不啻是明白批评曹操的用人办法是"未详其本",主张以后要"先核之乡闾",即是要恢复汉代的办法,乡举里选。其后又以陈群典选举,陈群是东汉以来颍川郡著名的世家,遂在魏文帝篡位前,名义上是汉献帝的延康元年时(曹操卒后,曹丕改建安二十五年为延康元年,不久篡位,又改为黄初元年,实际都是公元二二〇年),即创立"九品官人法"。

"九品官人法"是以后两晋、南北朝时代一直沿用的制度,这种制度是较西汉以来施行的选举制度更进一步,使门阀阶级永远把持政权的一种办法。这种办法是在各州郡选择最著名的世家大族担任"中正"或"大中正"官,经常考查当地人物,按上、中、下又各分三等,共九等,以为高下。凡合他们标准的,即由下品升为中中,或上中,或上上;不合标准的,即由上品降至中上、中下,或下下。政府选任官吏时,必先下"中正"官考查其品第,如在上品,即予任用,如在下品,即不用。而品第高下的标准,又全视门第高低而定。凡祖宗世代做官,愈高愈久,即门第愈高,必在上品;反是,如做官较低,或祖宗从未做过官的,即系家世单寒,必列下品。这种做法,实不始于陈群定"九品官人法"以后,东汉以来实早已如此,上文所举张既,"自惟门寒,念无以自达",即系因此。州郡所设专管品第高下的"中正"官,东汉末年亦早已存在。如《魏志·崔琰传》,"年二十三,乡移为正",其时约在黄巾起义以前灵帝光和初年。又《崔琰传》注引《续汉书》,谓"山阳张俭以中正为中常侍侯览所忿疾",张俭当系任山阳郡之"中正"职务,其时在灵帝建宁二年以前。《续汉书》又谓孔融为北海相时,"以彭璆为方正,邴原为有道,王修为孝廉",孔融为北海相在献帝初平元年。是东汉末年以来,各郡国已设有"中正""正""方正"等名,惟尚非一种正式官吏,当系由地方长官或本乡推举担任的一种职务。陈群创立"九品官人法",显系根据东汉末年以来这些事实,加以整齐划一,使成为定制。同时我们知道不仅曹魏立此制,东吴孙权亦立此制,惟称"中正"为"大公平"[24]。可见不论"中正""方正"或"大公平",皆说明门阀阶级认为必须由他们掌握选举,品第人士,才是最中正、最公平的,这就是门阀阶级欲永远把持政权、包办官吏最具体的办法。既然这样,"九品官人法"既是至少在东汉末年以来即已产生的一种门阀阶级把持政权的办法,那末"上品无寒门,下品无势族",不惟是当然的结果,而且是原来创立此制的本意就是如此,原来的意思就是要使选举完全以门阀为高低的,后世乃误以"上品无寒门,下品无势族"系"九品官人法"流弊的结果,那是错误的。魏晋间人又有的说,"九品官人法"是由于当时人口流徙,寒门、势族无法辨别,乃立此制,以为考查。这话是对的,但也只对了一半。如魏末已任侍中，西晋初做到司空的卫瓘，曾上书晋武帝说，"魏氏承颠覆之运，起丧乱之后，人士流移，考详无地，故立九品之制，粗具一时选用之本耳"㉕。卫瓘为魏晋间人，他了解此制应较后世为亲切，他说，当时"人士流徙，考详无地"，即是因为人口流徙，贵贱混杂，是否门阀世家，难免冒充，不易辨别，乃立此制，由一个最标准的门阀世家中人为"中正"，以长期考验而定其品第，这的确是建立"九品官人法"的本意。不过这话也只对了一半，因为即使人口不流徙，门阀阶级为掌握选举，分别门第高下，也有建立此制的必要，所以张俭的做"中正"，早在灵帝初年或桓帝末年，那时社会尚未大动摇，其建立此制自是有用意的。不过愈是到人口流徙的时代，这种制度愈有必要，这就是三国、两晋、南北朝间必须采用此制的原因。总之，这是门阀阶级专政下产生的制度，它的本质就是维护门阀阶级的利益，绝不是什么流弊。曹操在这样的时代，欲打破这种制度，不分门第高下，要一律以才能用人，这好像阴云密布的天气，太阳突然破空而出，放出一道光芒，但一刹那间浓云四合，这一道光芒只得在以后再出现了。

曹魏时代的门阀阶级，既建立了便于他们专政的制度，同时也建立了维持他们阶级利益的学说，这种学说成为两晋、南北朝时代最普遍也最正统的思想，称为"玄学"。历来人多根据《晋书·王衍传》，以为玄学起于魏废帝正始年间（公元二四〇至二四八年）的何晏、王弼，《王衍传》说，"魏正始中，何晏、王弼等祖述老、庄，立论以为天地万物皆以无为本，无也者，开物成务无往不存者也"。其实，玄学家的根本思想，早在东汉时代已经产生，东汉士人已多崇尚老、庄，而王充《论衡》根据老、庄自然主义的观点，以为贫富贵贱皆由自然演变安排，不可强求，亦不能改变，劝人一律听天由命。他的意思，无非是说明，贫富贵贱既然是自然演变的"道"，不可改变，那寒门素族、贫弱下户，只有规规矩矩服从门阀地主阶级的统治，不必妄想更改，这就是玄学家的根本论点。王充是凝结这种思想，把它学说化、系统化的第一人,何晏、王弼更加以推阐,用"清谈""玄言"到处宣传这些思想论点,那门阀阶级的统治才愈益巩固,这就是魏晋间人盛行"谈玄"或"清谈"的原因。

何晏、王弼是道地的门阀阶级的知识分子,何晏是因谋杀宦官反被宦官杀掉的大将军何进的孙子,王弼是桓、灵间号称"八俊"的大名士司空王畅的孙子。魏、晋间以善谈老、庄著名的人很多,而何晏、王弼独有著述。何晏在魏废帝时任尚书,典选举,王弼任尚书郎,两人皆有盛名。何晏有《论语注》,王弼有《周易注》及《老子注》,西晋初向秀、郭象又有《庄子注》,皆为当时"谈玄"的所本。

玄学家皆号称"祖述老、庄",但其实他们的学说,恰恰和老、庄相反,老、庄是没落阶级逃避现实的学说,而玄学家却是赞美现实、维持现实的学说。玄学家自以为"祖述老、庄","立论皆以无为本",但其实,他们所谓"无"和"无为",和老、庄完全不同。老、庄所谓"无",是真正的"无",以为从"无"才能生"有","无为"才能"无不为"。但玄学家所谓"无",却是"有",以为一切"有",皆是自然演变的结果,一切任自然,不加人为,即是"无为"。若说真正的"无"和"无为",玄学家是反对的,以为没有这种境界。比方老子说"天地不仁,以万物为刍狗","圣人不仁,取百姓为刍狗"。老子的意思是很明白的,他是怪天地和圣人"不仁",使万物互相吞食,这是骂天地和圣人过于"有为",制造万物,治理百姓,徒徒残害生产,这是"不仁","不仁"是不仁慈,即不好的意思。但王弼在这里的注解却说,"天地任自然,无为无造,万物自相治理,故不仁也,仁者造立施化"。王弼明明白白曲解了老子的话,他拿"万物自相治理"解释"无为",同时又拿"不造立施化"解释"不仁",这样,那"以万物为刍狗""以百姓为刍狗",都成了合理的,只要让他们"自相治理",不要管他们,一任自然,让他们互相吞食,那就是"无为无造",那就是"仁"。试问老子是这样的意思么?这不是老子的学说,是门阀阶级的学说。对于这几句话的意思,郭象注《庄子·在宥篇》说的更露骨。郭象说:"无为者非拱默之谓也,直各任其自然,则性命安矣。""有思有为,造立施化,则物失其真,有思有为则物不具存,物不具存则不足以备载矣。地不为兽生刍而兽食刍,不为人生狗而人食狗,无为于万物而万物各适其用。"这样,"无为"非拱默之谓,只是任其自然,一任万物互相吞食,使万物"各适其用",就是最合理的。这样,玄学家的意思,我们可以明白了,他们是以任自然之为,以万物自相治理,来释"无为"——这是第一点。

既然这样,那社会上的一切文物制度、礼乐刑政,在老子看来,都是"有为"的结果,都要不得,所以老子要"绝圣弃智""绝仁弃义",要"剖斗折衡",一切都不要。但玄学家却完全不然,玄学家以为一切都需要,都是好的,因为都是任自然之为的结果,也就是"无为"的结果。所以郭象注《庄子·大宗师篇》说,"人之生也,形虽七尺,而五常必具,故虽区区之身,乃举天地以奉之。故天地万物凡所有者,不可一日而相无也。一物不具,则生者无由得生;一理不至,则天年无缘得终"。又注《天运篇》说,"夫仁义者人之性也","夫先王典礼所以适时用也","夫礼义当其时而用之则西施也。"这不是明明白白和老、庄相反了么?玄学家名义上是"祖述老、庄",其实是真正在"挂羊头卖狗肉",他们是借老、庄的招牌,发挥玄学家自己所需要的学说,因此有的地方他们就明白反对老、庄,郭象在《齐物论》注中说,"若谓拱默乎山林之中,而后得称无为者,此老、庄之谈所以见弃于当涂者"。这样,我们又可以明白,玄学家所谈的老、庄,至少不是"拱默乎山林之中"的老、庄,而是要以"区区之身,乃举天地以奉之"的老、庄,其实这不是老、庄,老、庄没有这样阔,这是门阀阶级——这是第二点。

既然这样,那就自然得了如下的结论,郭象注《庄子·逍遥游篇》说,"夫质小者所资不待大,则质大者所用不得小矣;故理有至分,物有定极,各足称是,其济一也","夫大鸟一去半岁,至天池而息,小鸟一飞半朝,抢榆枋而止,此比所能则有间矣,其于适性一也",于是"臣妾之才,而不安臣妾之任,则失矣!故知君臣上下,手足外内,乃天理之自然,岂真人之所为哉!夫臣妾但各当其分耳,未为不足以相治也,若手足耳目四肢百体,各有所司而更相御用也。夫时之所贵者为君,才不应世者为臣,若天之自高,地之自卑,首自在上,足自在下,虽无错于当而自当也"。至此,玄学家的理论,我们已可以全盘明了,他们所以要那样释"无为",那样强调"任自然之为",强调"万物自相治理",说穿了,只是说一切阶级差别,都是自然之为的结果,是"无为",不是谁有意如此的,那是"道"。因此,谁是剥削者,谁是被剥削者,谁该欺负人,谁该受人欺负,那都是"自然之为"的结果,谁也不必怪怨谁,要知"地不为兽生刍而兽食刍,不为人生狗而人食狗",那末,穷人不是为门阀地主而生,却应供门阀地主的宰割,这是若"首自在上,足自在下",认清楚这种道理,安心供宰割,受压迫,那就是"逍遥",快乐;否则"臣妾之才而不安臣妾之任,则失矣"。至于门阀阶级要过那么舒服的生活,因为那是自然生来的"大鸟",穷人吃不饱,穿不暖,那是生来的"小鸟","各足称是","其于适性一也",谁也不必羡慕谁,也不必妄图非分。对被剥削阶级经常灌输上这些理论,那不是很巧妙的统治方法么?这就是玄学的本质。

门阀阶级既创出这样巧妙的统治学说,同时又创出宣传这种学说的方式,即"清谈"。每个门阀地主的宗族、宾客、门生、故吏,当然好多,经常会聚在一起,由一个"妙善玄言"的人主谈。谈的人必须是"神情明秀,风姿详雅","吐辞清亮",且通常要持一把"玉柄麈尾",如"玉柄麈尾与手同色",那就更妙。这样的人一谈,就"一座嗟服"。这种清谈的风气,正和玄学思想一样,已早起于东汉,曹操欲破除的"浮华文会之徒",正是指这班人。后世多指"清谈误国",其实门阀阶级中人本没有"国"的观念,他们只知有"家"。说"清谈误国"还可以,但却不能说"清谈误政治"。要知道清谈的政治意义极大,那是要把玄学通俗化、普遍化,使人人了解门阀世族应当永远掌握统治权的道理,国家尽管可以改朝换姓,但门阀世族的统治却永远不能变更,这就是清谈的政治意义。

东汉到三国的演变,是门阀地主为实现其割据政治的演变,中间经过曹操,像流星一样,一瞬而过,到三国的后半段,门阀阶级的统治达到了最高点,以后就形成两晋、南北朝的局面。这个局面的特点之一,就是门阀阶级的分裂、争哄和没落的局面。因为任何一个剥削阶级,凡是达到最高点的时候,也就是开始破裂并没落的时候。其所以开始破裂,是在被压迫阶级不断的反抗斗争下,统治阶级感到恐惶,愈恐惶就愈要挣扎,愈挣扎就愈要争夺政权,因而也就不停地争哄,到三国后半期,门阀阶级正开始了这种过程。那时门阀阶级根据九品中正制度,可以"安流平进",高官厚禄、富贵荣华不怕没有,所顾虑的是如何能永远保持富贵。文帝、明帝间,太原王氏的族长王昶,以书戒其子侄,谆谆以"保身持家,永全福寿"为言[26],可以想见他们的思想。为要"永全福寿",自然要争夺并把持政权,那时曹魏的政权,自魏文帝以后,是在新、旧两派门阀势族手中,旧门阀是以骠骑大将军司马懿为首,新的势族是曹氏贵戚如大司马曹休、大将军曹真等。明帝时,两派已倾轧甚烈。明帝崩,立齐王芳,以曹真的儿子曹爽为大将军,和司马懿共受遗诏辅政。当时曹爽为壮大自己的势力,拉拢了许多不甚得意的旧世族,如邓禹的后人邓飏、何进的孙子何晏及曹氏的戚族夏侯玄等,欲自行专政,把司马懿改成太傅,夺其实权。司马懿为避其锋,诈称病,不问事,可是暗中布置,最后终将曹爽及其一派都杀掉,将曹氏政权都握入司马懿手中,时为魏废帝嘉平元年(公元二四九年)。当时司马懿一派攻击曹爽等"轻改法度""变易旧章"[27],其实曹爽那一派并不是真有什么革新,只不过是改变一些旧办法,以便把权力握到他们手中而已。其中如夏侯玄曾极力攻击九品中正制,颇为后世所称道,但他是要恢复汉代的选举制度,并无新的气味[28]。他们不过是门阀势族互相争权,彼此彼此,谁也没有什么可称赞的。我们要记住,这种争夺,到了以后两晋、南北朝时代愈来愈多,我们只当作戏台上的"全武行"看罢了。

自司马懿和曹爽的争夺胜利后,他把当时著名的门阀世家都拉拢住,曹魏的统治已名存实亡。司马懿卒后(公元二五一年),其子司马师继之,于公元二五四年废齐王芳,另立高贵乡公。次年,司马师卒,又由其弟司马昭继为大将军。在这期间,虽先后有王凌、毋丘俭、诸葛诞等起兵反对司马氏的专政,但皆失败。公元二六〇年,司马昭自为相国,封晋公。高贵乡公忍受不住司马昭的侮辱,但自己没有一个兵,只得率其家人、僮仆数百人,亲自讨伐司马昭,当即为司马昭的部下所杀,司马昭另立陈留王奂。再过六年,即公元二六五年,司马昭卒,其子司马炎继立,才把曹魏的名义推翻掉,自己做了皇帝,改国号为晋,是为晋武帝。

当司马昭未卒前,已于公元二六三年(魏陈留王奂景元四年,蜀后主炎兴元年)将蜀汉灭掉,蜀后主刘禅投降。司马炎篡魏后,又过了十五年,即公元二八〇年(晋武帝太康元年,吴孙皓天纪四年),才又将吴灭掉,孙权的孙子孙皓也投降。到这一年,三国分立的局面,算是又统一了,但这并不是统一,只是已经腐朽并萎缩了的魏、蜀、吴三国统治阶级,被更强大的门阀势族所推翻了,以后掌握统治权的,还是大大小小的门阀势族,西晋并没有统一了什么,不久以后,只有演成更大的分裂了。

四 黄河流域人口的南迁。边疆民族的迁入。

在门阀地主的分裂割据下,形成的另外一种现象,是人口的大量流徙。门阀地主阶级的统治,特别是东汉末年的割据者,充分表现了地主阶级贪婪、残酷的本性,他们到处都是用最落后的封建统治方法,敲骨吸髓似的压榨,非把地方残破了不止。袁术初到南阳,"户口尚数十百万","而不修法度,以抄掠为资,奢恣无厌",及到寿春称帝,"淫侈滋甚,媵御数百,无不兼罗纨,厌粱肉",但"天旱岁荒,士民冻馁,江、淮间相食殆尽",结果"资实空尽,不能自立"㉙。袁绍在冀州,公孙瓒在幽州,成年攻战,"粮食并尽,士卒疲困,互掠百姓,野无青草"㉚。而公孙瓒积谷至三百万斛,所居易京,围堑十重,皆高五六丈,为楼其上,楼数以千计。至若董卓及李傕、郭汜之在长安,残暴更不待论。董卓将其在洛阳掳掠所得,于长安附近的郿县建一堡垒,名曰"万岁坞",高厚七丈,积谷为三十年储。卓被杀后,搜坞中所藏,有金二三万斤,银八九万斤,绵绮缯縠,纨素奇玩,积如丘山。当董卓初至长安时,三辅户口尚数十万,后经李傕、郭汜之乱,"长安城空四十余日,强者四散,羸者相食,二三年间关中无复人迹"㉛。

在这样残暴、混乱的统治下,历来政治、经济、文化中心的黄河流域,人口为之锐减。西晋初年的山简说,"自初平之元,迄于建安之末(公元一九〇—二一九年),三十年中,万姓流散,死亡略尽,斯乱之极也"㉜。皇甫谧的《帝王世纪》说,"是以兴平、建安之际,海内凶荒……割剥庶民三十余年,及魏武皇帝克平天下,文帝受禅,人众之损,万有一存"㉝。建安十三年,赤壁之战前,吴朱治对孙权的从兄孙贲说,"今曹公阻兵,倾覆汉室,幼帝流离,百姓元元未知所归,而中国萧条,或百里无烟,城邑空虚,道殣相望"㉞。及曹操大量屯田,经济虽比较恢复,而至魏明帝时(公元二二七—二三九年),曹魏诸臣,仍以人口稀少为言。太和年间,杜恕说,"今大魏奄有十州之地,而承丧乱之弊,计其户口,不如往昔一州之民"㉟。青龙中陈群说,"今丧乱之后,人民至少,比汉文、景之时,不过一大郡"㊱。景初中,蒋济说,"今虽有十二州,至于民数,不过汉时一大郡"㊲。

当时人口的减少,除大量死亡外,黄河流域人口的向长江流域迁徙,实为一重要原因。如以北方郡县和南方比较,就迥然不同。如《后汉书·郡国志》记涿郡(今河北涿县一带)户数为十万二千二百一十八㊳,而《魏志·崔林传》注引《魏名臣奏》载孟达说,"今涿郡领户三千,孤寡之家参居其半",是仅有原户数的三十四分之一。

《郡国志》载金城郡（今甘肃兰州一带）户数三千八百五十八，而《魏志·苏则传》注引《魏名臣奏》引魏文帝时的雍州刺史张既说，"金城郡昔为韩遂所见屠剥，死丧流亡，或窜戎狄，或陷寇乱，户不满五百"，只及原数七分之一强。《郡国志》载河东郡（今山西夏县一带）户数九万三千五百四十三，而《魏志·杜畿传》记畿于曹操时说，"河东有三万户，非皆欲为乱也"[39]，只有原户数的三分之一。其他地区残破情况可以概见。但当时长江流域各地却相反，如庞统对刘备说，"今益州国富民强，户口百万"[40]，而《后汉书·郡国志》所载益州各郡户口总计亦不过百余万。鲁肃对孙权说，"吾闻江东沃野万里，民富兵强，可以避害"[41]。按东汉时代扬州、交州各郡人口，已远较西汉为增加，前已述及。大约自西汉末年起，黄河流域人口已逐渐向长江流域甚至珠江流域迁徙，如吴孙权的交阯太守士燮，其先原系鲁国汶阳人（今山东宁阳县），于王莽时避地交州，至士燮时已六世，即其明征。及东汉末年，黄河、淮河流域人口流入江东的甚多，扬州一带人口应更较东汉时代为增加。如张昭本为彭城（江苏铜山县）人，"汉末大乱，徐方士民多避难扬土，昭皆南渡江"[42]。又如诸葛亮、诸葛瑾兄弟，本为琅琊诸县（今山东诸城县）人，诸葛亮随其叔父诸葛玄至荆州，诸葛瑾"汉末避乱江东"[43]，他们原姓葛氏，迁徙后为与其他地区的葛氏分别，乃冠其原籍诸县于上，称为诸葛。又如程秉，本为汝南南顿（今河南项城县）人，"后避乱交州"[44]。薛综，本为沛郡竹邑（今安徽宿县）人，"少依族人避地交州"[45]。鲁肃，本为临淮东城（今安徽定远县）人，汉末"携老弱，将轻侠少年百余人"，渡江依孙策[46]。其他孙策、孙权的名将，程普为右北平土垠（今河北丰润县）人，韩当为辽西令支（今河北迁安县）人，其原来如何随从孙坚，虽不可知，要亦为迁徙所致。诸如此类很多。黄河流域人口的这样南迁，是使长江流域开辟，成为后世经济、文化中心的重要因素。这种迁徙，到西晋、东晋时代，还要大量继续。

于此，必须说明一点，即对人口的迁徙，绝不能认为系延长封建社会并巩固封建制度的因素,恰恰相反,人口迁徙乃是削弱封建制度并产生新的经济生活的前提。我们知道,封建地主的统治是要把农民紧紧束缚在土地上,绝对禁止迁徙,但农民是坚决要把这种束缚打破,争取独立自由的生活。人口的大量流徙,即是说明封建的束缚力已趋薄弱,已不能严格禁止人民的迁徙。当然在大乱时期和平日的迁徙,性质上有所不同,但大乱时期幸免于死亡的农民,能够跑到他处过比较自由的生活,那对社会无论如何是有益处的。所以在原则上应当是人口的流徙愈大,那就说明封建的束缚愈弱,独立自由的经济生活应当愈益滋长。绝不能认为中国的土地广大,迁徙愈多,就意味着封建统治的扩大和延长,这种看法是非马列主义的。列宁曾指出,农民的迁徙,主要的为两种人,一种是中等家境的农民,一种是农业工人,而留在家乡的总是两极的农民,即大地主和尚不能摆脱大地主束缚的人。这两种人的迁徙,对封建统治的削弱和新经济生活的发展,都是有利的㊼。中国在东汉以后的人口流徙,虽在大乱时期,和平常的迁徙固不同,但基本上还是和列宁的结论一致的。比方东汉末年的大乱,许多地方固然残破不堪,但若干大的门阀势族,却始终在他们的家乡,并没有迁徙,如号称山西、山东"郡姓"的杨、杜、裴、韦、崔、卢、李、郑等等大世族,一直在他们的原地,虽经过两晋、南北朝更大的流徙时期,也未动摇。其间虽有些大族,如太原王氏、琅琊王氏等,也都南迁,那是因为随着他们的政府南迁,情况又自不同。由此可知迁徙最大的确是"中等家境的农民"和流浪的雇佣工人,两极的农民确是不迁的。迁徙的结果,逐渐削弱了封建统治,产生了新的经济,这是使将来能建立新的统一国家的基础。如果在这几百年的大波动中,新的生活毫无发展,而旧的封建统治反愈来愈强大,形成所谓隋唐时代更高级的、更强大的封建统治,这种看法如果要有,那可断言,绝不是马列主义的。

东汉以来的大迁徙,还不仅仅黄河流域人口的南迁,更有关系的还有边疆民族的迁入。这也符合了列宁的分析,凡是迁出的地区,必然要有新的劳动力迁来补充,那些割据的门阀大地主,他们感到劳动力的缺乏,就诱致那些本来愿意到中国过生活的各种边疆民族住入黄河流域,于是边疆民族遂大批拥入,这是和门阀地主的割据政治分不开的又一种现象。

当时迁来的——应当说"被迁来的"——边疆民族很多,大略有如下几族。

首先如匈奴。自和帝以后,鲜卑侵占北匈奴故地,南匈奴一直住在中国边境,时叛时服。灵帝中平中,因黄巾到处起义,汉室政府应付不过来,乃命匈奴单于羌渠派兵助讨山西、河北境内黄巾,羌渠派其子于扶罗率兵前来。但其国人颇反对此举,乃杀羌渠而另立单于,于扶罗不能归,即留居山西境内,到处侵扰。汉献帝兴平二年,于扶罗卒,其弟呼厨泉继立。建安二十一年,呼厨泉入朝于许昌,曹操留之不使归,乃将山西境内的匈奴分为五部,选其贵族为部帅,并以汉人为司马统之。曹魏末年,又改部帅为都尉,其左部都尉所统有万余落,居太原泫氏县(今山西高平县);右部都尉可六千落,居祁县(今山西祁县);南部都尉可三千余落,居蒲子县(今山西隰县境);北部都尉可四千余落,居新兴县(今山西忻县);中部都尉可六千余落,居大陵县(今山西文水县)。于是山西境内几全成了匈奴的区域。

其次为乌桓。乌桓自东汉初年已多入居塞内,灵帝时,三郡乌桓甚强,皆称王。辽西郡(今河北东北至辽宁)乌桓大人丘力居有众五千余落,上谷郡(今河北中部)乌桓大人难楼有众九千余落,皆称王。辽东属国(今辽宁至吉林间)大人苏仆延有众千余落,称峭王。右北平郡(今河北北部至热河)大人乌延众八百余落,称汗鲁王。灵帝末,丘力居侄子蹋顿继为大人,统摄三郡乌桓,与袁绍连结,共攻公孙瓒。及后袁绍为曹操所破,其子袁尚等奔依蹋顿。建安十一年,曹操已定河北,乃征蹋顿,斩之,遂将三郡乌桓万余落共二十余万人,一律迁至河南境内,用其人以为兵,由是"三郡乌桓为天下名骑"。

其次鲜卑。鲜卑自和帝时侵占北匈奴故地后,至顺帝、桓帝间,其大人檀石槐势甚强,东却夫余,西击乌孙,尽有匈奴故地,造成一鲜卑帝国。灵帝初,檀石槐卒,其子和连继立,统率不善,鲜卑分裂为数部,东部辽西一带以素利弥加、厥几等为大人,西部雁门、代郡一带以步度根、轲比能等为大人,各部互相攻战。至魏明帝时,轲比能等先后卒,各部无所率领,分裂益甚,大概居今热河、辽宁间的为段氏、宇文氏、慕容氏等,居今内蒙古自治区间的为拓拔氏,居今宁夏、甘肃间的为乞伏氏、秃发氏等,大小部落不下百余族,皆分布沿边各地。

其次氐、羌。自西汉以来,今甘肃、陕西及四川境内已多有羌人、氐人杂居。东汉末年李傕、郭汜乱后,陕西地空,羌人徙入的更多,羌人韩遂、马腾因以作乱,后虽为曹操平定,而氐、羌族皆留居不去。及刘备据有汉中,曹操为防刘备侵扰计,更将武都(甘肃东南)氐人大批徙于陕西中部,于是陕西北部冯翊、北地、新平、安定诸郡,皆为羌人区域,陕西中部扶风、始平、京兆诸郡,皆为氐人区域。

此外,魏废帝正始中(公元二四七年),毋丘俭征高句骊时,迁高句骊人数百落于河南荥阳县。又匈奴、鲜卑以北,今西伯利亚境内之丁零人,亦随鲜卑族之南迁,入居塞内的甚多。大率自东汉末年至三国分立期间,今黄河流域各省——河北、山西、陕西及河南境内,皆成为北方及西北各民族杂居地带。这些民族皆被当地的官僚、地主极端虐待,到处被掠卖为奴,卖时往往"两胡一枷",防备逃跑,《晋书·载记·石勒传》记石勒少时的遭遇,可以概见。正因为这些残暴的统治,不久以后遂激起各民族的大乱。

西晋的统一,不能说是统一,那只是更大的分裂和混乱的开始。这种分裂和混乱,是两汉以来豪族地主阶级发展的自然结果,必须把豪族地主的统治大大削弱,使久已萌芽的新的经济生活进一步发展,才能有新的时代到来。两晋、南北朝的历史,就是向这个方向演变,我们必须在这个混乱时期,寻出旧的统治怎样削弱,新的生活怎样发展,才是应尽的责任。以下几章即本着这个任务叙述。

【注释】

① 见《后汉书·刘焉传》。
② 见《三国志·魏志·武帝纪》。
③ 见《后汉书·宦者列传·张让传》。
④⑤ 皆见《全三国文》卷八,魏文帝《自叙》。
⑥《魏志·郭嘉传》注引《傅子》:"河北既平,太祖多辟召青、冀、幽、并知名之士,渐臣事之,以为省事掾属。"
⑦ 见《后汉书·刘表传》。
⑧ 见《吴志·孙权传》。
⑨ 见《魏志·司马芝传》。
⑩ 见《魏志·王修传》。
⑪ 见《后汉书·孔融传》。
⑫ 见《蜀志·刘璋传》及《注》引《汉晋春秋》。
⑬ 如荆州的零陵郡,西汉只有人口十三万余,东汉增至百万以上;桂阳郡,西汉只十五万余,东汉达五十万以上;长沙郡,西汉只二十三万余人,东汉达百五万九千余人。扬州的豫章郡,西汉只三十五万余人,东汉达一百六十六万人以上。交州的南海郡,西汉只九万余人,东汉达二十五万以上。而黄河流域州郡,东汉人口却皆较西汉有减少。
⑭ 如孙权以兄事周瑜。顾雍母至吴,孙权亲拜其母于庭等。
⑮ 见《全三国文》卷五十八。
⑯ 见《魏志·张既传》。
⑰ 见《魏志·韩暨传》。
⑱ 式亦作栻。《史记·日者列传》:"分策定卦,旋式正棋。"《索隐》谓栻之形,上图象天,下方法地,用之则转天纲,加地之辰,故云旋式,《汉书·王莽传》"天文郎按栻于前,日时加某,莽旋席随斗柄而坐",皆是。
⑲《蒲元别传》见《艺文类聚》《北堂书钞》及《太平御览》,《全三国文》卷六十辑其文。
⑳ 见《魏志·傅嘏传》注引《傅子》。
㉑ 见《吴志·士燮传》。
㉒ 见《梁书·诸夷传》。
㉓ 见《魏志·何夔传》。

㉔《三国志·吴志·潘濬传》注引《襄阳记》曰,"襄阳习温为荆州大公平,大公平,今之州都",州都即大中正,其时在孙权时。

㉕ 见《晋书·卫瓘传》。

㉖ 见《魏志·王昶传》。

㉗ 见《魏志·蒋济传》及《刘放传》注引《孙资别传》。

㉘ 参看《魏志·夏侯玄传》。

㉙ 见《后汉书·袁术传》。

㉚ 见《后汉书·袁绍传》。

㉛ 见《后汉书·董卓传》。

㉜ 见《晋书·山简传》。

㉝ 见《后汉书·郡国志》注引。

㉞ 见《吴志·朱治传》注引《江表传》。

㉟ 见《魏志·杜恕传》。

㊱ 见《魏志·陈群传》。

㊲ 见《魏志·蒋济传》。

㊳《后汉书·郡国志》所载户口数皆桓帝以前情况。

㊴ 见《魏志·杜畿传》。

㊵ 见《蜀志·庞统传》。

㊶ 见《吴志·鲁肃传》。

㊷ 见《吴志·张昭传》。

㊸ 见《蜀志·诸葛亮传》《吴志·诸葛瑾传》。

㊹ 见《吴志·程秉传》。

㊺ 见《吴志·薛综传》。

㊻ 见《吴志·鲁肃传》。

㊼ 参看列宁《俄国资本主义的发展》第二章及第三章。